本书受华南师范大学外国语言文化学院高水平大学建设项目资助

语言服务书系·语言教学研究

华南师范大学外国语言文化学院学术文库

中国日语学习者写作的实证研究

以逻辑写作能力的养成为目标

刘伟　著

中国人日本語学習者のライティングに関する実証的研究

論理的文章作成を目ざす指導方法の改善に向けて

暨南大學出版社
JINAN UNIVERSITY PRESS

中国·广州

图书在版编目（CIP）数据

中国日语学习者写作的实证研究：以逻辑写作能力的养成为目标/刘伟著.—广州：暨南大学出版社，2017.9
（语言服务书系.语言教学研究）
ISBN 978-7-5668-2018-1

Ⅰ.①中…　Ⅱ.①刘…　Ⅲ.①日语—论文—写作—研究　Ⅳ.①H365

中国版本图书馆CIP数据核字（2016）第306861号

中国日语学习者写作的实证研究：以逻辑写作能力的养成为目标
ZHONGGUO RIYU XUEXIZHE XIEZUO DE SHIZHENG YANJIU: YI LUOJI XIEZUO NENGLI DE YANGCHENG WEI MUBIAO
著　者：刘　伟

出 版 人：徐义雄
策　　划：杜小陆　刘　晶
责任编辑：刘　晶　尹　敏
责任校对：周海燕
责任印制：汤慧君　周一丹

出版发行：暨南大学出版社（510630）
电　　话：总编室（8620）85221601
营销部（8620）85225284　85228291　85228292（邮购）
传　　真：（8620）85221583（办公室）　85223774（营销部）
网　　址：http://www.jnupress.com
排　　版：广州市科普电脑印务部
印　　刷：佛山市浩文彩色印刷有限公司
开　　本：787mm × 1092mm　1/16
印　　张：14.125
字　　数：248千
版　　次：2017年9月第1版
印　　次：2017年9月第1次
定　　价：45.00元

序　文

本書は、著者の劉偉氏が、日本に留学中、すなわち、大阪大学大学院言語文化研究科博士後期課程に在籍中に執筆した博士論文を基礎として、加筆等の改訂作業を施した、日本語教育学の専門書です。本書のテーマは、中国人日本語学習者のライティングに関するもので、大学での日本語教育にふさわしい論理的文章作成のための指導方法の改善を目指しています。

日本においては昨今、大学の初年次教育としてのアカデミック・ライティング入門教育や大学院生のためのアカデミック・ライティング教育、さらには、企業への就職のため、実務者や研究者のためのライティングに関する教育や啓発がますます盛んになってきています。この背景には、国境を超えて厳しく求められる研究倫理教育の充実という流れもあることと思います。

このようにライティング教育は、専門分野を問わず、非常に重要な教育であるにもかかわらず、特に日本以外の国における日本語教育では、教育実践の蓄積や研究の深化の観点からは、会話や漢字･語彙、読解に比べて、未だ発展途上の段階にあるように見受けられます。

そのような状況の中、劉偉氏は、あくまでも教育現場を重視し、アンケートやインタビューによる学習者のライティング学習に対する意識や論理展開の観点からのライティングの自己推敲の実態、教員への調査等、ライティング教育の現場において膨大なデータを収集し、質的および量的の両面から、すぐれた知見を残す考察を行っています。文法重視ではなく、論理展開の重視、実用的な目的に適う説明的文章ジャンルの重視等を力説し、それらを実現するための母語話者と非母語話者との協働体制の構築に向けた貴重な提言も行っています。

ライティングは単に、「てにをは」のネイティブチェックを行うような、すなわち文法の理解度をはかる練習の場では決してなく、文章に必ず存在する目的、読み手、テーマや場面、媒体等、ライティングを取り巻く多くの要因に十分に配慮しながら論理的な結束性を維持できるよう表現や構成を選択し、推敲を極めていく過程であると言えます。劉偉氏は、この研究を進めながら、執筆者自身として、推敲作業も徹底して行ってきた優秀な研究者であり教育者です。今改めて私の大学院のゼミで時間を忘れて議論を続けたことをなつかしく思い出しています。

読者の方々には、多くの豊富なデータをもとにライティング教育を「科学」した本書を是非読んでいただき、今後の中国の大学における日本語教育に反映していただければ、また、読後のフィードバックもお寄せいただければ、望外の喜びであります。本書を契機としてさらにアカデミックなコミュニケーションの輪が広がることを心より願っております。

大阪大学国際教育交流センター・大学院言語文化研究科兼任教授
村岡貴子

导　语

本书是关于我国高校日语专业高年级学习者（CLJ：Chinese Learners of Japanese）逻辑写作能力培养的实证性研究。

本书将可以正确高效地传达信息，基于客观事实等依据阐述主张和意见的写作能力定义为“逻辑写作能力”。认为此能力与CLJ的目标语言，即日语的语言表达能力和逻辑性思考能力密切相关。因此，在写作教育中应积极探索能有效培养这一能力的教学模式。

自20世纪90年代以来，伴随着相关政策的变化，中国高等教育机构中开始增设日语专业、增加定员，学习者数量急剧增加，学习目的和需求也呈现多样化发展趋势。在这一背景下，日语专业迎来了转换期，需要重新审视教育理念和人才培养目标。3、4年级的高年级学习者面临大学毕业后就职或赴国外进一步深造，对于他们来说，必要的商务文书或学术性文章等实用性写作训练更加迫切。逻辑写作能力的培养就成为满足学习者这一需求的新课题。

另外，对于日语写作教育在这一新形势下的定位，至今尚未展开充分讨论和研究。教学实践中的写作课程多成为巩固“精读”等语法课程所学句型或表达方式的手段，写作本身的传情达意功能未能受到应有重视。写作课虽涵盖书信、感想文、议论文乃至毕业论文等多种文章体裁，课程指导项目或教师修改的重点却往往偏重于追求语法和表达方式的准确性。同时，目前关注CLJ日语写作的研究尚不多见，处于转换期的日语教育对写作教育进行再定位所必需的系统性研究还未充分展开。

鉴于上述问题，本书将CLJ大学毕业后的需求纳入视野，立足于专门用途日语教育中逻辑展开的观点，以改善教学方法、培养学习者的逻辑写作能力为目标，进行了一系列的连续性研究。

作为研究背景，第1章首先概观了我国高校中日语专业教育的历史变迁和专门用途日语教育的发展历程，探讨了日语写作教育的相关问题。在此基础之上，明确了本书的定位和各章的研究目的。第2章在追溯专门用途日语教育研究发展轨迹的基础上，重点梳理了从逻辑展开的观点出发进行的写作研究，从详尽把握CLJ写作需求的必要性和研究中关注逻辑展开的重要性两方面总结了前人研究对本研究的启示。

基于上述整理归纳，第3章概述了本研究所使用的各种数据和文本材料的收集方法。第4章至第7章从不同角度对这些数据和文本进行了分析，第8章讨论了本研究结果对教学实践的启示。

第4章总结了基于问卷和采访调查所获得的意识调查结果，对CLJ的日语写作学习现状进行了定量、定性分析，验证了在写作指导中导入说明性文章的必要性。具体来说，首先，调查了CLJ在写作课上受训过的文章体裁，明确了说明性文章所占比例较低这一现实。其次，分析对于写作练习中应导入的文章体裁所持的认识，指出了实用性文章和说明性文章等体裁训练的必要性。另外，还通过讨论教师在写作教学中所持有的信念，分析了文学性文章占比较高的原因。

第5章基于意识调查的结果，对CLJ的写作意识进行了定量和定性分析，指出了对逻辑展开进行指导的必要性。具体来说，首先，分析了CLJ对教师进行指导的认识和评价，明确了他们对逻辑展开指导的迫切期望。其次，分析了CLJ自身的写作意识，明确了他们接受了语法和表达、语体、逻辑展开等三个项目的指导，并在写作时给予重视，但依然感到难度较高。再次，讨论了CLJ对于写作课程的期待和教师所持信念之间的差异。基于上述讨论结果，明确了日语专业写作教育的现状，并对学习者的写作需求，以逻辑写作能力的养成为目的的指导内容和指导方法等进行了综合考察。

第6章从逻辑展开的观点出发，进一步对CLJ在说明性文章写作中的自我推敲进行了定量和定性分析。在概观前人研究成果的基础上，首先抽取文本中的所有推敲处，将它们分为“表层推敲”“语言标识和信息排列的调整”和“信息的调整”三个层面，以及“添加”“消除”“改写”“顺序变更”和“分割/结合”五个项目。研究发现，关于逻辑展开的自我推敲整体上所占比例较小，其中对于叙述信息的添加等“信息的调整”层面的推敲多于“语言标识和信息排列的调整”层面。基于上述定量分析的结果，基于具体实例，对比例显著高于其他的推敲项目进一步进行了定性研究，分析中重点关注推敲之处是否有益于文章逻辑性的改善。结果发现，CLJ在逻辑展开的推敲中欠缺对文章整体和题目整合性的考虑。

第7章聚焦于分析CLJ所写说明性文章中的逻辑展开。在把握文本整体特征的基础上，首先提出了“重点的明示”“内容的说服力”“排列的恰当”和“视点的连贯”等作为逻辑性文章必备的基本条件。其次，基于主题句的出现情况明确了文本整体的逻辑展开类型和CLJ在说明性文章中“重点”明示的倾向。再次，重点关注议论文中例证的论证构造，讨论了逻辑展开的问题，指出CLJ“内容的说服力”和“排列的恰当”等相关问题。最后，验证了基于母语的内省对发现和解决上述问题的有效性，启示了教学实践。

第8章综合第4章至第7章的分析结果，提出在以培养CLJ的逻辑写作能力为目的的指导中：①充分把握CLJ的需求，并将其反映在教学计划中实施和评价的必要性；②写作教育中重视说明性文章，并导入逻辑展开相关指导的必要性；③构筑可最大限度发挥中日教师双方优势的协同指导体制的必要性。

本研究所获成果总结如下：

（1）明确了CLJ写作教育的现状和问题，基于调查验证了培养他们逻辑写作能力的必要性。

（2）明确了CLJ写作学习的实际状态和写作意识，指出了基于说明性文章进行逻辑展开相关指导的必要性。

（3）提出了关注逻辑展开对推敲进行分类的新方法，明确了CLJ在文章产出中对逻辑展开的操作方法，指明了问题所在。

（4）就逻辑性文章所满足的基本条件进行了提案，并基于对具体文章实例的分析验证了这一提案的有效性。

（5）基于具体实例探讨了CLJ所产出文章中逻辑展开的问题，指出了基于母语的内省对他们监控各自问题的有效性。

（6）基于上述结果，就中日教师的协同指导体制进行了提案。

最后，为今后课题提出了三个研究方向，即①对中国教师写作信念的研究；②本研究成果在教学一线的应用及发展；③对CLJ在文章产出中元认知的探讨。

目　次

序　文……1

导　语……1

はじめに……1

第1章　問題の所在と研究の目的……4

1.1　日本語専攻教育の歴史的変遷……4

1.2　専門日本語教育の発展……7

1.3　ライティング教育に関する問題……10

1.4　本研究の位置付けおよび種々の分析の目的……15

1.5　研究の意義……17

第2章　関連研究の概観……20

2.1　専門日本語教育研究の概観……20

2.2　アカデミック・ライティング研究の概観……27

2.3　先行研究からの示唆……33

第3章　本研究における調査方法……36

3.1　意識調査……36

3.2　フィールドワーク……40

第4章　CLJにおけるライティング学習の実態……48

4.1　CLJの作成した経験のある文章ジャンル……48

4.2　タスクの必要な文章ジャンルに関する認識……51

4.3　教員のライティング教育に対する信念……55

4.4　本章のまとめと総合的考察……57

第5章　CLJのライティングに対する意識……59

5.1　教員の指導項目に対するCLJの認識(T)および評価(t)……59

5.2　CLJのライティングに対する意識……66

5.3　CLJにおけるライティング授業への期待……72

5.4　教員のライティング指導内容に対する信念……74

5.5　本章のまとめと総合的考察……76

第6章　CLJの説明的文章の産出における自己推敲……79
6.1　先行研究の概観……79
6.2　自己推敲の抽出および分類……82
6.3　自己推敲の傾向に関する量的分析……84
6.4　論理展開に関する推敲例に基づいた質的分析……89
6.5　本章のまとめと総合的考察……95
第7章　CLJの説明的文章における論理展開……97
7.1　CLJの産出した説明的文章の概要……97
7.2　論理的文章に求められる基本条件……99
7.3　文章全体の主題文の出現状況と論理展開の型……102
7.4　〔例証〕における論理展開の問題……105
7.5　CLJにおける文章作成後の論理展開に関する内省……112
7.6　本章のまとめと総合的考察……117
第8章　CLJの論理的文章作成を目ざす指導への示唆……120
8.1　CLJのニーズの把握……121
8.2　ライティング教育の指導内容……122
8.3　協働指導体制の構築……124
第9章　結論と展望……127
9.1　本研究の総括……127
9.2　今後の課題……129
参考文献……131
付録1　アンケート調査票（卒業生）……161
付録2　アンケート調査票（在学生）……173
付録3　博士論文調査協力者募集のお願い……184
付録4　調査協力承諾書……186
付録5　初回作文サンプル……187
付録6　推敲作文サンプル……192
付録7　フォローアップ・インタビューのサンプル……197
謝　辞……215

はじめに

本研究は、中国の4年制本科大学（以下、大学）[①]における、日本語専攻[②]の高学年学部生（CLJ: Chinese Learners of Japanese）の論理的ライティング力の育成に資する実証的研究である。

本研究では、情報伝達を正確かつ効率的に行い、主張や意見を根拠に基づいて論理的に書く能力を論理的ライティング力と定義する。この能力は、CLJの目標言語である日本語に依拠した言語表現力とともに、彼らの論理的思考力にも深く関係している。そのため、ライティング教育においては、いかにして論理的思考力を用いて整合性のある意味内容に基づいた文章を生成するかに注目した学習活動を取り入れる必要があると考えられる。

中国の大学における日本語専攻教育は、1990年代以来、教育政策の変化による学科の新設や定員増により、学習者が急増し、学習のニーズが多様化しつつある。そのため日本語専攻教育では、教育理念と人材育成の目標の見直しがなされており、転換期を迎えつつある。特に高学年の学部3、4年生に対しては、彼らの卒業後のニーズに応えるための論理的ライティング力を育成することが新たな課題になっている。

一方、ライティング教育のあり方に対する再検討は、現状ではあまりなされていない。教育の現場におけるライティングは、「精読」の授業[③]で学習

---

① 中国では大学課程が、専科課程、本科課程、修士課程および博士課程に分けられている。本科課程は基本修業年数が4～5年である（独立行政法人 日本学生支援機構 留学情報センター http://www.jasso.go.jp/study_a/documents/oversea_info_24.pdf 2010.1.11アクセス）。

② 現在、中国の大学における日本語教育には、日本語を専攻する学部生や大学院生が学ぶ「日语专业（日本語専攻）」、別の専攻を持つ学部生や大学院生が日本語を第1外国語、または第2外国語として学ぶ「非日语专业（日本語非専攻）」という体制が整っている。「日本語非専攻」はさらに「非専攻第1外国語」と「非専攻第2外国語」に分けられる。前者の教育対象は、主として中等教育で日本語を第1外国語として勉強し、大学入学試験の外国語科目も日本語であった学習者である。このような学習者には、大学で日本語を必修科目として二年間勉強することが義務付けられている。一方、「非専攻第2外国語」の教育対象は、「日本語専攻」と「非専攻第1外国語」以外のすべての学生であり、この科目は英語などの外国語とともに選択科目として開講されている。

③ すなわち、「総合日本語」や「基礎日本語」である。「精読」は日本語教育のカリキュラムの中心的な科目である。『高等院校日语专业高年级阶段教学大纲（高等教育機関の学部高学年における日本語専攻教育指導要領）』(2001）によると、主な学習内容として、1、2年目の低学年では、発音、語彙、文型などの基礎文法が中心であり、3、4年目の高学年で、小説やエッセイなど文章の講読、日本語として特徴的な表現および言語の文化的背景に対する理解が中心となる。

した文型や表現を定着させる手段とされており、本来の意味伝達の機能は必ずしも十分には重視されていない。ライティングのタスク①で扱う文章ジャンルは手紙や感想文、意見文から卒業論文にまで至るものの、授業での指導項目や教師添削の重点は日本語の文法や表現の正確さにかなり偏っている。また、CLJのライティングに注目する研究はごく少数に限られており、転換期にある日本語専攻教育のライティング指導の見直しに必要で、体系的な研究が十分に行われているとは言いがたい。

本研究ではこうした問題を踏まえ、CLJの大学卒業後の就職や進学/留学に求められるビジネス文書やアカデミックな文章といった、実用的なライティングのニーズを視野に入れ、専門日本語教育（後述）の観点を取り入れた論理展開の側面から、論理的ライティング力の育成を目ざす指導方法の改善について検討する。

なお、本研究では、「ライティング」を日本語の文法や表現を習熟するための手段ではなく、日本語という言語手段によって意味伝達を図ることを主な目的とする書く活動および産出された文章に限定する②。また、明示された個所を除き、本文や脚注における中国語の日本語訳は筆者によるものである。調査対象者の個人情報保護のため、大学名などはすべてアルファベットで示す。

本研究の主な目的は以下の通りである。

(1) 中国の大学の日本語専攻教育におけるライティング指導の問題を探り、CLJの論理的ライティング力を育成する必要性を調査に基づいて検証する。
(2) CLJのライティング学習の実態およびライティングに対する意識を明らかにし、必要な指導内容と指導体制を分析する。
(3) CLJの文章産出時における自己推敲の論理展開の扱い方を明らかにし、問題点の有無を探る。
(4) 論理的文章に求められる基本条件を検討し、それに基づいてCLJの産出した文章における論理展開の問題およびその原因を明らかにする。
(5) 上記の議論を踏まえ、CLJの実用的なニーズを視野に入れたライティング教育における指導体制について総合的に考察する。

本研究の構成は下記の図に示した通りである。

---

① 「タスク」とは、「特定の目的を達成するために行う作業や活動。外国語教育においては、言語習得を目的として行う課題や作業」（白畑他，1999: 300）である。本研究では、CLJがライティング授業で与えられた日本語によるライティングの課題を「タスク」とする。

② 同様の意味を表す表現には「作文」という用語もあるが、本研究では、先行研究の引用を除き、統一して「ライティング」と呼ぶ。

第1章では目的（1）を扱い、中国の大学の日本語専攻教育におけるライティング指導の問題を概観し、本研究の位置付けを示してから各分析の詳細な目的と研究の意義を示す。第2章では、専門日本語教育研究の流れをたどり、論理展開に注目したライティングに関する研究を概観した上で、本研究の示唆を得る。第3章では、第4章から第7章における各分析の対象を収集するための調査方法について概説する。第4章と第5章では上述の目的（2）を扱い、CLJのライティングのニーズについて分析する。第6章と第7章では、CLJのライティング過程と結果に焦点を当て、それぞれ目的（3）と目的（4）を扱い、量的・質的分析を行う。また、第8章では目的（5）を扱い、総合的に考察を行う。最後に、第9章では、本研究を総括し、今後の課題について述べる。

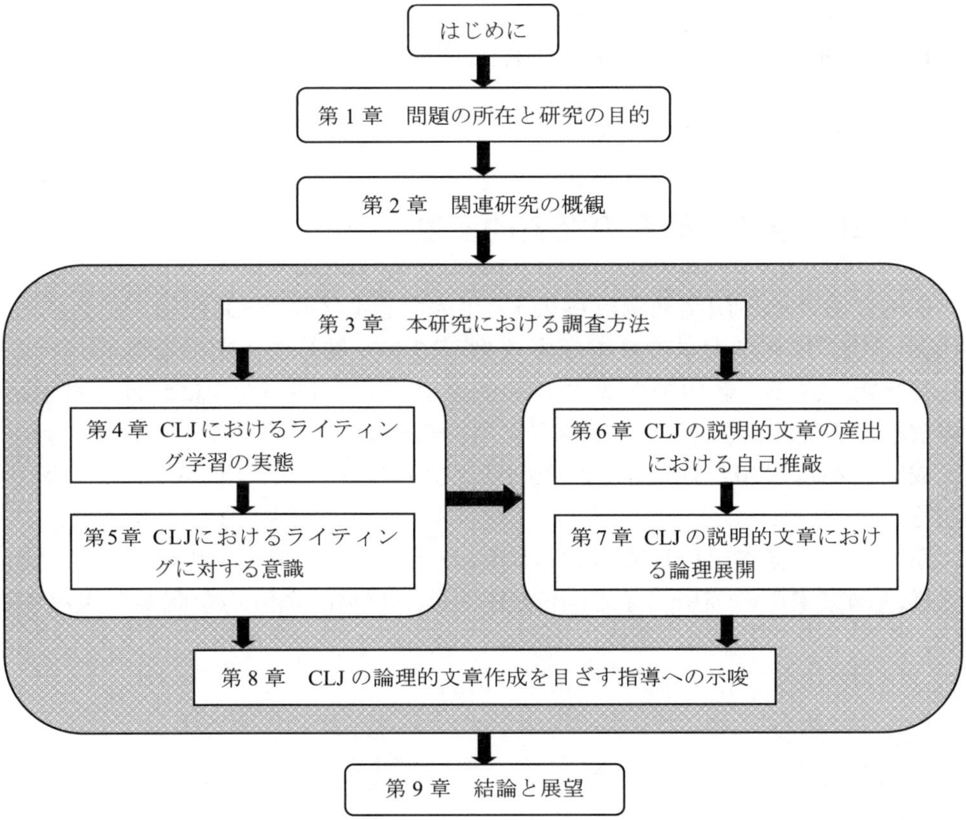

第1章　問題の所在と研究の目的

第1章では、研究の背景として、中国の大学における日本語専攻教育の歴史的変遷および専門日本語教育の発展について概観し、ライティング教育に関する問題を探る。その上で、本研究の位置付けを述べ、各分析の詳細な目的を明らかにする。本章の流れは以下の通りである。

1.1　中国の大学における日本語専攻教育の歴史的変遷を振り返る。
1.2　中国の大学における専門日本語教育の発展について概観する。
1.3　CLJへのライティング教育の問題を探り、本研究の必要性を示す。
1.4　本研究の位置付けと分析の枠組みを解説し、各分析の詳細な目的を明らかにする。
1.5　本研究の意義を述べる。

1.1　日本語専攻教育の歴史的変遷

中国における外国語教育は従来「実用の学として位置づけられて」(谷部, 1999: 102) おり、大学の日本語専攻教育でも一貫して実用的な志向が存在してきた。以下、新中国の成立 (1949年) からの中国の大学における日本語専攻教育の歴史的変遷について、「実用的な志向」の変化に基づき、(1) 新中国成立後から1980年代後半 (2) 1990年代から現在までの期間に分けて振り返る[①]。

期間 (1) の日本語専攻教育は、国家的な外国語政策の変化に大きく左右され、「国家主導の実用的な志向」を目ざし、「政治的経済的な需要を満たす」

① 本研究における分け方のほか、新中国成立後から日中国交正常化の1972年までを第一段階、1972年から1999年までを第二段階、1999年から現在までは第三段階との分け方もある (修・李, 2011a: Ⅱ)。また、付 (1986: 67) では、新中国成立後から1984年当該著書執筆時までの外国語教育の発展を①1949年—1956年、②1957年—1966年、③1966年—1976年、④1976年—1984年末、の4つの段階に分けている。「実用的な志向」の変化の有無から出発して考える場合、付により分類された4段階の間には共通性が高いため、本研究ではそれらを総合し、それ以降の期間についても分けずに概観する。

(谷部, 1999: 103) ための人材育成の需要が中心となっていた①。

以下、谷部（1999: 100）に基づいて期間（1）における日本語専攻教育の発展を概観する。1950年代前半までの外国語教育はロシア語が中心であり、日本語は「特定の目的を持った人材養成の一環として行われていたにすぎ」なかった。日本語を専攻科目として開設していた大学は北京大学、洛陽外国語学院と対外貿易学院②の3大学のみであった。1950年代後半から1960年代半端までは、旧ソ連との外交関係の変化の影響によるロシア語学科の縮小や再編に伴い、日本語を含めたほかの外国語の専攻が徐々に増えはじめ、日本語を専攻として設置した大学は12校に増加した。その後、1966年から約10年間は、「文化大革命」のため、教育規模の拡大はいったん中止されたが、1970年代は日中国交回復と日中平和友好条約の締結を機に、158大学において日本語が開設された。さらに1978年に開催された全国外国語教育座談会における「外国語教育の強化」の提言の影響で、さまざまな形式の教師研修や外国語学院や外国語学科の増設が盛んに行われてきた。

一方、期間 (2) における日本語専攻教育は、学習者各自の就職や進学/留学のニーズといった個人的な意志による「学習者主導の実用的な志向」に左右されるようになってきた。

1980年代から、国家の政策は「経済の発展」に重心が移転され、「改革開放」などの政策が実施され、経済が急速に成長してきた。それに伴い、大学卒業生の就職に関する政策は、「計画経済体制」時代の国家が一律に仕事を配属することから、次第に「市場経済体制」に相応しい、卒業生に各自の意志で職業や職種を自由に選択させるように変遷してきた③。また、1990年代以降、

---

① 付（1986: 74）では、当時の外国語教育について、以下のように指摘されている。

当时由于过分强调“政治”和“现实”，(中略) 过分强调实践，忽视必要的语言理论知识学习，致使学生的语言实践活动缺乏语言理论的指导。

［「政治」と「現実」が強調されすぎていた。(中略) 実践が強調されすぎており、必要な言語理論知識が軽視されたため、学生の言語実践活動に必要な言語理論が欠けていた。］

② 現在の対外経済貿易大学の前身である。

③ 刘・郭（2007）では、新中国成立後の大学生の就職政策の変遷について、以下のように3つの段階に分けて述べられている。

建国后大学生就业政策经历了三次大的演变：20世纪80年代末前，主要是按照计划经济体制需要制定的“对口就业、统包统配”；20世纪90年代初期，我国从计划经济体制向市场经济体制转轨，就业政策转变为“供需见面，双向选择”的“双轨制”；从20世纪末至今，随着我国社会主义市场经济体制逐步建立健全，高等教育大众化启动，就业政策为“双向选择，自主择业”。

［建国後の大学生の就職政策は以下の3つの段階を経て変遷してきた。1）1980年代末までは主として計画経済体制の需要に基づいて「専門と一致した職に就き、仕事を国により一律に配分される」であった。2）1990年代初期から、国の重心は計画経済体制から市場経済体制に修正されたため、就職の政策は、「需要側と供給側は必要に応じて選択し合う」といった「双軌制」となった。3）1990年代末から現在に至るまでは、社会主義市場経済体制が整備されるにしたがって、高等教育は次第に大衆化し、就職の政策は「需要側と供給側が選択し合い、自主的に職業を選択する」ことに変化している。）］

大学入学定員数拡大政策により、日本語学科の定員増や新規設置が行われた。1993年の時点において日本語を専攻科目として開設した大学は98校であった（王，1995：195）が、2004年年末、中国の4年制本科大学のうち250校の大学で日本語学科が設置された（修，2006：27）。2006年において、日本語専攻が設置された大学は263校に及び、学習者数は14万7千人に達している（彭，2007：46）。さらに、2011年現在、4年制本科大学のうち、日本語専攻の設置校は466校に達しており、英語専攻に次いで2位となっている（修・李，2011a：46）。

日本語専攻教育は従来、日本語言語学や日本文学、文化などの研究を中心とした少人数のエリート教育であった①が、1990年代以降の学習者の目的は従来の研究志向とは異なり、全体的に実務志向（ビジネス、観光など）が高い②。多くは、卒業後に外資系の企業に就職することを希望しているため、日本語に関する言語能力以外に、ほかのスキルの養成も必要となっている。学習者のこのようなニーズの多様化に十分に対応するため、特に学部段階の日本語専攻教育は、日本語能力以外にもさまざまな専門知識を身に付けさせる、いわゆる「複合型人材」の育成を目ざし、日本語とそれ以外の専門知識の習得といった実用性を重視する教育が定着してきた。このような実用志向の教育に対しては、日本語専攻を1つの体系的な学問分野として位置付けるべきとの主張（梁，1994：103-104）が現われていたが、学習者それぞれの意志や卒業後の実用的なニーズが教育現場に与える影響力は次第に大きくなり、それに応じて、日本語専攻教育の目標やカリキュラムの再検討が必要となる時代に移ってきた。

国際交流基金の調査（2007-2008年度）③および彭（2007）によると、大学の日本語専攻教育は、職業訓練と類似した性格を持ち始めている。つまり、多人数の学習者を対象とする、日本語を媒介とした実務重視の指導へと変化してきた。カリキュラムの取り組みにおいては、「日本語＋α」のスローガンの提示、日本語とほかの専門知識をあわせて学び、2つの学位が取得できる「ダブルメジャー制」の導入や、日本の大学と提携し、4年制本科のうち

① 中国の大学では、1990年代後半まで厳しい試験により選抜された少人数に対して、厳選されたカリキュラムで、いわゆる社会精鋭を育成する「エリート教育」が行われていた。

② 日本語専攻の大学生におけるニーズの多様化に関連する指摘は、中国日本語教育研究会修剛副会長（2006年当時）の「2006清華大学日本語國際文化論壇」における講演（http://www.aichi-gakuin.ac.jp/~molihua/2006Qinghua/paneru.doc. 2009.10.4アクセス）、『新版 日本語教育事典』（2005：1025）および日本国際交流基金2007～2008年度日本語教育国・地域別調査（http://www.jpf.go.jp/j/japanese/survey/country/2007-2008/china.html. 2009.10.11アクセス）に類似した記述が見られる。

③ http://www.jpf.go.jp/j/japanese/survey/country/2007-2008/china.html. 2009.10.11アクセス。

最初の2年間は中国で、後の2年間は日本の提携校で学ぶ「2＋2」制度の導入などが行われており、日本語専攻教育は多様な形態での教育カリキュラムも認めるようになった。また、李（培）(2007) によれば、現在の大学における「日本語専攻」と呼ばれるものには、伝統的な「日本言語や日本文化を専攻する学科」がある一方、「国際貿易日本語学科」、「科学技術日本語学科」、「計算機日本語学科」、「観光日本語学科」、「メディア日本語学科」なども存在している。このように、日本語専攻教育は、経済の発展や社会状況の変化に伴った学習者のニーズの多様化に応えることを目ざして、さまざまな側面から教育実践の新たな試行を行い、教育の目標やカリキュラムについて再検討する転換期に入ってきた。

1.2　専門日本語教育の発展

中国における専門日本語教育は日本との外交関係改善に伴って行われた国家戦略的プロジェクトの一環に始まる。その発端は、1970年代末からの日中両国間の協定に基づいて日本の理工系[①]大学に留学する学習者に対する予備教育の実施であった。一方、1990年代以降、外国語学習者の多様化したニーズに応えるために、各大学における日本語教育の実践も「専門日本語教育」の特徴を備えつつある。

以下、1.2.1では中国赴日本国留学生予備学校（以下、留日予備校）の教育実践を概観し、1.2.2では大学の外国語教育および学部段階の日本語専攻教育における専門日本語教育について概観する。

1.2.1　赴日留学の予備教育としての専門日本語教育

1978年の日中平和友好条約の調印に伴い、1979年から日本の理工系大学の学部や大学院を中心として、中国政府派遣留学生の受け入れ事業が開始された。同年、赴日留学の予備教育として、東北師範大学には学部生、大連外国語学院には大学院生の予備学校が開校された（椎名, 2007)。東北師範大学の留日予備校は現在も教育が継続している。

教育の対象者は、当初は全国の大学から選抜された学部1年生であったが、後に修士号の取得を目的とした修士レベルの学習者を経て、現在では博士号の取得を目的とした博士レベルの学習者と博士号取得者に絞られて

① 本研究では、専門分野に言及する際に、引用の場合を除き、「理工系」と「人文系」といった表現を使用する。

いる[①]。学習者は中国の大学に在籍する教員（教授、准教授、講師、助教）であり、専門分野は、物理学、化学、情報工学、生物学、医学など理工系が圧倒的に多く、人文系は少ない。

現在、留日予備校には、大学院における博士号の取得を目的とした「進学博士コース」と約2年間の研究活動を行うことを目的とした「修了博士コース」が設置されている（西谷, 2001b）。教育期間は「予備期」、「前期」、「後期」に分けられ、「進学博士コース」は合計10ヶ月、「修了博士コース」は6ヶ月である。「予備期」と「前期」は中国人教員と日本から派遣された日本語教育の教員による日本語教育を行い、「後期」は日本の大学から派遣された専門分野の教員による専門科目の教育を行う。また、学習者の専門にあわせて専門科目が設置され、専門教科書の学習、論文作成と口頭発表などの「ゼミナール」、パソコンを用いた論文やレポート作成の練習の「情報処理」および「特別講義」などが行われる。

予備教育は学習者のニーズに立脚し、来日後におけるアカデミックな活動に必要な専門日本語を視野に入れているため、学習者の高い満足度が得られている（西谷, 2001b）。

1.2.2　大学の外国語教育および日本語専攻教育における専門日本語教育

経済成長やそれに伴った社会状況の変化の影響を受け、一部の大学では1980年代後半から、理工系専攻の学部生を対象とした外国語教育としての日本語教育も、専門日本語教育の観点からの取り組みが積極的に行われてきた。これらの専門日本語教育は、「理工系専門知識、貿易経済の常識並びに高度な外国語能力を一体に備えた複合型人材」（李, 2003: 3）の育成を目ざして開始され、専門日本語の指導に重点を置いたカリキュラムの開発や教育実践、教材開発が積極的に行われてきた。代表的な例としては、西安交

---

① 留日予備校における教育対象者の変化については、当学校のHPにおいて以下のように紹介されている。

留日预校建立伊始，便开始了中日教育交流的第一个五年计划，此间，主要是培训赴日留学本科生。学员从国内各著名大学的一年级中选拔，经过留日预校培训一年后派往日本留学。（中略）根据两国协议，从1983年起，我国开始派遣赴日硕士研究生，1984年起，停派本科生；从1989年起，开始派遣博士留学生，1990年起停派硕士研究生；继而从1996年开始增派博士后。（http://lryx.nenu.edu.cn/ReadNews.asp?NewsID=376. 2009.10.28アクセス）

［留日予備校は設立当初から、日中教育交流の最初の5年計画を開始した。その間、学部留学生が主な対象者であった。学習者は名門大学から1年生を選抜し、留日予備校で1年間日本語教育を実施してから日本の大学に派遣していた。（中略）両国の協議にしたがい、1983年からは修士レベル大学院留学生を派遣し始め、1984年に学部留学生の派遣を停止した。また、1989年からは、博士レベル大学院留学生を派遣し始め、1990年に修士レベル大学院留学生の派遣を停止した。さらに1996年からは修了博士研究員の派遣を開始した。］

通大学における科学技術系日本語の教育実践（河路，1994）や大連理工大学機械工学部における日本語強化班の実践（李，2003）、および理工系専攻の大学生向けの基礎日本語教材の開発（張，2007）が挙げられる。

また日本語専攻教育では、前述の1.1で述べたように、学習者の就職や進学/留学の実用的なニーズに応えるため、教育目標やカリキュラムの検討などが行われ、柔軟な姿勢が示されている。学習者には専攻である日本語言語学や日本文学、日本文化とともに、ほかの専門知識をあわせて学ばせる環境を整える努力がなされつつある。例えば、杜（2005）は、日本語専攻の学生を対象とした「専門強化コース」の教育実践を報告している。また、砂川・朱（2008）は、日本語専攻出身の大学院生を対象としたアカデミックなコミュニケーション能力の向上を目ざす指導方法の実践を報告している。このように、日本語専攻教育は学習者の実用的なニーズを重視した専門日本語教育の特徴が現れつつある。

一方、教育のあり方を再検討する土台となる体系的な基礎研究は決して十分とは言えない。研究成果を公表する重要な場となる学会やシンポジウムでは、専門日本語教育関連の研究はごく少数にとどまる。例えば、大坪（2002）は、2002年に開催された「东亚日语教育国际研讨会（東アジア日本語教育國際シンポジウム）」で行われた専門日本語教育関連の発表は113件中4件にとどまり、かつそれらの研究目的や方法、考察などを精緻化する余地がまだあると報告している。また、筆者も参加した2008年開催の「中国日本語教学研究会2008年度会並びに日本語教育・日本学研究国際シンポジウム」においても、全体では180件以上の発表があるものの、専門日本語教育関連の研究は筆者のものを除いて見られなかった（劉，2009a）。2011年に中国で開催された「第十回日本語教育研究世界大会」においても、中国人研究者による中国の日本語教育に関連した論文・ポスター発表件数は400件以上に及んだものの、うち専門日本語教育関連の発表は約30件にとどまり、全体に占める割合は極めて低い。また、その多くはビジネス日本語に着目したものである[①]。

以上から、現状では中国の大学の専門日本語教育においては、関連する研究が十分に進展せず、教育実践者が多く、理論的研究の蓄積は少ないという現状であることがうかがえる。今後、研究目的の明確化、具体化、研究方法の精緻化を行い、質・量ともに十分に蓄積させ、学問分野として体系的に整える必要があると考えられる。

① 修・李（2011b）に基づいて筆者が集計したものである。

1.3　ライティング教育に関する問題

本節では、転換期にある日本語専攻教育のライティング指導の問題について、まず、中国教育部（日本の文部科学省に当たる）により制定された『高等院校日语专业高年级阶段教学大纲（高等教育機関の学部高学年における日本語専攻教育指導要領）』(2001)（以下、『指導要領』）①を検討する。次に、CLJの大学卒業後のライティング実態を概観し、『指導要領』に照らし合わせながら、ニーズと受けた教育との乖離について検討する。

1.3.1　『指導要領』

『指導要領』では、CLJへのライティング教育について以下のように、(1) 文章ジャンル、(2) 指導項目、(3) 指導順序、(4) 指導方法、といった4つの側面からの言及がなされている。

> 该课型②从应用文入手，讲授各类实用文体、调查报告等文体的文章以及论文的写作方法，尤其应使学生掌握日语独特的表达方式。不仅要培养学生撰写课程论文及毕业论文的能力，还应培养学生对阅读材料的分析、综合能力，使学生学会正确引用他人的观点，避免有意无意的抄袭现象。此外，本课程还要培养学生修改自己文章、利用工具书及其他参考书分析、评论他人文章的能力。本课程教学应从注重文章的思想内容、组织结构和语言的正确使用等方面入手，把重点逐渐转移到行文的得体和流畅及文章内涵上来。写作课的具体做法以课后写作、课堂讲评为宜。
>
> (当該科目では、実用文から始め、各種類の実用的な文体、調査報告などの文章および論文の作成方法について教授し、特に学生に日本語独特の表現形式を習得させるべきである。履修科目のレポートと卒業論文の作成能力とともに、文献資料に対する分析、総合能力をも育成するべきである。特に意識的、あるいは無意識的な剽窃をせず、文献の観点を正確に引用する方法を習得させるべきである。また、当該科目では、学生における文章の自己訂正を行う能力、辞書やそのほかの参考書を利用して他人の文章を批判的に分析す

① 当該『指導要領』は、大学の学部3、4年生に対する日本語専攻教育のガイドラインであり、教育目標、教育内容、評価方法などを規定している。各大学のカリキュラム設計、教材開発、学習レベル検定の拠りどころとなっている。

② すなわち、「日语写作（日本語ライティング指導）」である。

る能力を育成するべきである。当該科目における教学は、文章の思考内容、論理構造および言語表現の正確な使用から始め、次第に文章の適切さ、流暢さおよび質に重点を移行させるべきである。ライティングの授業における具体的な指導方法としては、授業外に文章作成をし、授業中にフィードバックを行うとよい。）

すなわち、『指導要領』においては、実用文、調査報告、課題レポート、卒業論文などの文章ジャンルが挙げられている。指導項目としては、日本語の独特の表現形式、アカデミックな文章の作成、文献や資料に対する批判的リーディング力や正確な引用方法、文章の自己訂正および他人の文章の適切な評価が挙げられている。また、実際の指導では、文章構造と言語表現の正確さから文章の適切さ、流暢さ、意味内容へと重点を移行し、授業中のフィードバックが提唱されている。

以上から、『指導要領』で指摘された文章ジャンル、指導項目は基本的にCLJのニーズに応えようとするものであり、加えて、ライティング教育の方針では実用性が強調されていることからも、実用的な文章に関連するライティング力への重視がうかがえた。

一方、このようなライティング力の育成を目ざす指導では、日本語という言語手段を用いて論理的な意味伝達を図るため、論理的な文章構成や展開に関する基本的な訓練が不可欠である。『指導要領』では、日本語の言語表現の正確さや適切さが強調されたものの、論理的な意味伝達といった実用的な文章として最も根本的な目的、およびそのための論理的思考に関する訓練の重要性は言及されなかった。

また、指導の順序に関する指摘にも検討の余地がある。実際のライティングにおける文章構造、論理展開は、適切な言語表現により示されるものであり、両者を完全に切り離した指導は不可能である。つまり、言語表現の正確さを定着させてから適切さや流暢さを指導するという順序で指導することは事実上困難である。また、正確さの定着が強調されれば、ライティングは日本語の文法や表現を定着させる手段であるといった誤解を与える危険性も残している。

このように、『指導要領』は転換期にある日本語専攻教育のライティングの方向性について指摘しているものの、実際の教育現場においては、『指導要領』で定められた大枠の方針を踏まえながらも、ライティングタスクでどのような文章ジャンルを取り入れるべきか、どのような側面を重視して指導すべきか、といった具体的な指導の内容と方法について検討を深め、理論的に整理していく必要があると考えられる。

1.3.2　ライティング教育とCLJのニーズの乖離

以下においては、1.3.1の議論を踏まえ、CLJの大学卒業後のライティング状況および教育現場の実態を把握し、ライティング教育とCLJのニーズとの乖離を検討する。

CLJにおける大学卒業後の就職や進学/留学のライティング状況に関連する先行研究は管見の限り見当たらない。ここでは、筆者が行ったアンケート調査の結果を報告する。

調査は中国の大学でかつて日本語を専攻していた卒業生71名に対して、2007年10-11月に実施した。調査の実施については、筆者が電話や電子メールを介して調査対象者に連絡して調査の意図を十分に説明し、承諾を得た上でアンケート調査票①を郵送、または電子メールで送って依頼した。対象者は21の大学の出身者で、調査時点で卒業後に経ている期間は最長51ヶ月、最短4ヶ月で、平均は20.1ヶ月であった。彼らには、(1) 大学卒業後、日系企業などに就職した人22名（以下、「就職」）、(2) 中国か日本の人文系の大学院に進学や留学した人37名（以下、「進学/留学」）、(3) 仕事を経験してから大学院に進学した人12名（以下、「両方」）という3つのタイプが見られた。

図1-1は「就職」と「両方」をあわせた就職経験のある対象者34名のライティング状況、図1-2は彼らが仕事で行った経験のあるライティングの種類について示している。34名中26名、つまり8割弱が仕事におけるライティングの必要があり、彼らのライティングには仕事先の社内外文書が多いことが分かる。

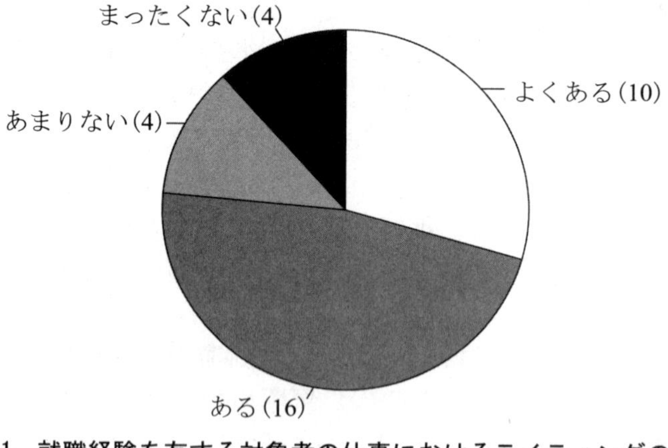

図1-1　就職経験を有する対象者の仕事におけるライティングの有無

① 「アンケート調査票（卒業生）」（付録1）である。

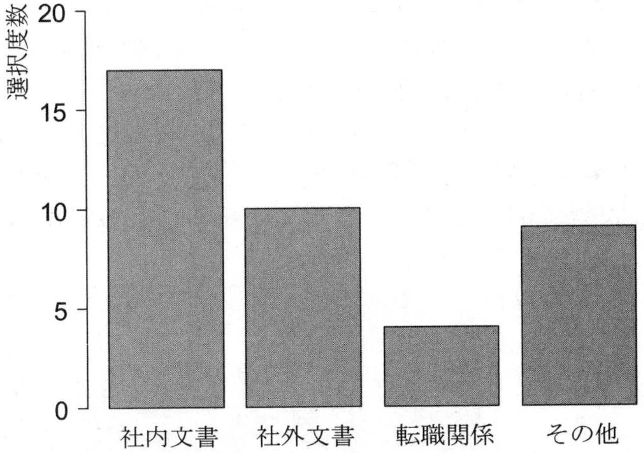

図1-2　就職経験を有する対象者の仕事におけるライティングの種類

また、「進学/留学」と「両方」をあわせた進学/留学経験のある対象者49名全員が大学院におけるライティング行動が必要であると回答した。ライティングの種類は図1-3に示したように、アカデミックな文章のあらゆる種類が含まれている。

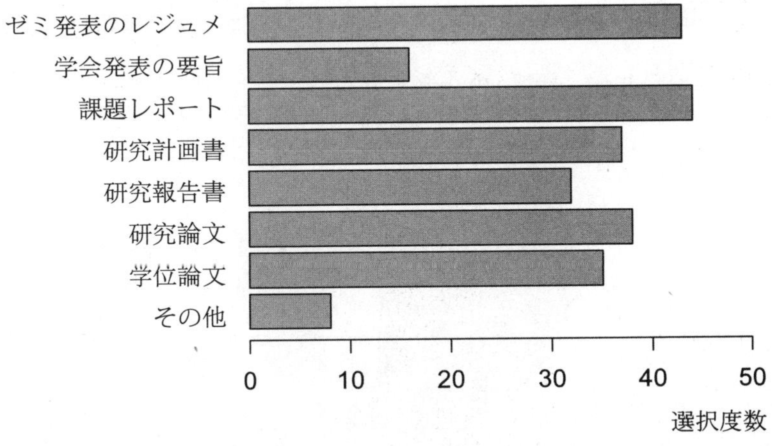

図1-3　進学/留学経験を有する対象者におけるライティングの種類

以上から、CLJは大学卒業後の仕事や研究で実用的な文章を頻繁に用いていることが分かる。今回はサンプル数が比較的少数であるものの、CLJ自身の学部教育終了後におけるライティングの実態についてはおおよその傾向が把握できたと言える。

一方、実際の教育現場においては、ライティング指導に関するカリキュラムはさまざまであり、必ずしも、『指導要領』の方針にしたがっているとは言いがたく、また、CLJのニーズに応えられるような指導が十分に行われているとも言いがたい。図1-4に示したように、上記71名の調査対象者の大学在学中のライティングは、卒業後に求められるライティングの基礎となる説明的文章が、文学的文章を下回っている①。彼らは大学在学中に受けたライティング指導に対して、図1-5の通り、8割以上の人が「十分ではなかった」や「なんともいえない」とマイナスに評価し、満足度が低い。

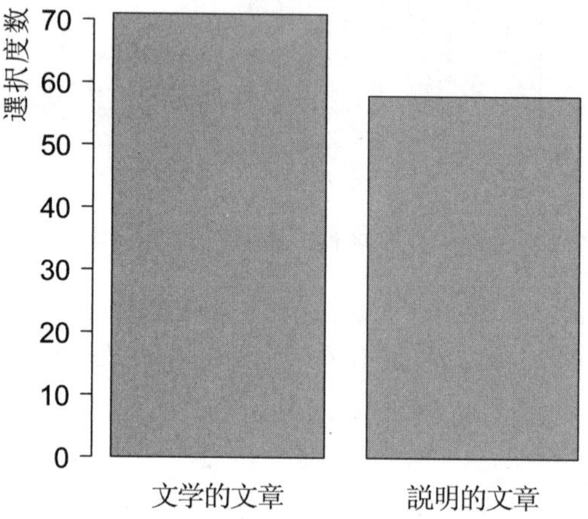

図1-4　対象者における大学在学中のライティング実態

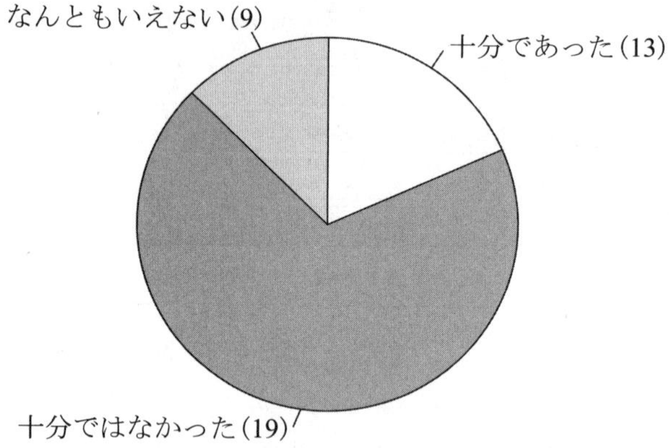

図1-5　対象者における大学在学中のライティング教育に対する評価

また、大学在学中のCLJに対する調査からも上記と類似した傾向が見られ

① 本研究においては、手紙文や感想文などのような、単なる情報提供だけでなく、主として読み手の心情に訴えることを目ざす文芸的な文章を「文学的文章」と称する。意見文や説明文のような、読み手に情報伝達を行い、説得することを目的とした文章を「説明的文章」と称する。第3章で詳述する。

た。ライティング授業でのタスクとしては、文学的文章が多く、CLJのニーズに応えるための指導における説明的文章の重要性が十分に認識されていないことが見受けられる（第4章で詳述）。指導内容や指導体制についても、CLJの論理的ライティング力を育成することを目ざして行われているとは言いがたく、CLJの満足度は低いことがうかがえた（第5章で詳述）。

このように、現状では学部の段階におけるライティング教育はCLJのニーズに十分には対応できていないと考えられることから、指導内容や体制について再検討を行い、CLJの実用的なニーズに応える教育を行うことが求められていると言える。

さらに、ライティングに関連する研究は日本語の文法や個々の表現に関するものが少数なされてはいるものの[①]、論理的ライティング力を育成するための研究の必要性が十分に認識されているとは言えない状況である。また、CLJのライティングの実態や問題点は十分には明らかにされておらず、必要なライティング力を獲得させるための指導目標や具体的な指導内容に踏み込んだ体系的な研究は寡聞にして見られない。このように、転換期にある日本語専攻教育のライティング指導のあり方に関する検討は、時代の要請に応えるべく、緊急の課題になっていると結論できる。

1.4　本研究の位置付けおよび種々の分析の目的

本研究は、CLJのライティングにおける論理展開に注目し、中国の大学の日本語専攻教育における高学年学部生に対するライティング指導のあり方を再検討するための実証的研究である。したがって、本研究では上記の1.3で述べた問題を踏まえ、専門日本語教育で提唱された論理展開の観点から、CLJのライティングについて以下に示す分析の枠組みを用いて、種々の視点から統合的に分析を行う。

まず、CLJのニーズを把握し、必要な指導内容と効果的な指導体制を検討するために、ライティング学習の実態（第4章）とライティングに対する意識（第5章）について調査する。次に、CLJのライティング時における論理展開の問題の扱い方について、意識的なモニタリング活動である文章産出の自己推敲過程に注目して検討する（第6章）。また、CLJの産出した文章における論理展開の問題について、論理的文章に求められる基本条件に照らし合わせて分析する（第7章）。最後に、以上の分析の結果を踏まえ、CLJの論

---

① 例としては、張・徐（2000）および李（晨）（2007）における中国人学習者の作文のモダリティ表現についての研究が挙げられる。

理的ライティング力を育成するための指導体制について総合的に検討を行う（第8章）。第4章から第7章における分析の詳細な目的は以下の通りである。

第4章の目的は、CLJにおける日本語ライティング学習の実態を把握し、論理的ライティング力育成を目ざす指導で取り入れるべき文章ジャンルを検討することである。具体的には、以下の問題を明らかにすることを目標としている。

(1) CLJは、ライティング授業でどのような文章ジャンルのタスクを行っているか。それらのタスクの必要性についてどのように評価しているか。

(2) CLJは、どのような文章ジャンルのタスクを期待しているか。

(3) ライティング授業を担当する教員は、どのような信念[①]を持っているか。

第5章はCLJのライティングに対する意識を把握し、論理的ライティング力の育成に必要な指導項目を検討することにより、以下の問題を明らかにすることを目的としている。

(1) CLJは、ライティング授業でどのような項目[②]の指導を受けたと認識しているか。それらの指導に対してどのように評価しているか。

(2) CLJは、どのような指導項目を期待しているか。

(3) CLJは、ライティングを行う際、どのような項目を重視し、どのような項目に困難を感じているか。

(4) ライティング授業を担当する教員は、どのような項目を重視しているか。

第6章は第4章と第5章の調査結果を踏まえ、CLJの説明的文章の産出における自己推敲の実態を明らかにし、特に論理展開に関する推敲の効果と問題点を明らかにすることを目的とする。具体的に解明を目ざす点は以下の通りである。

(1) CLJは、説明的文章の産出時にどのような側面から自己推敲を行っているか。

(2) 論理展開に関する自己推敲にはどのような効果が見られるか。

---

① ほかには、「belief」、「beliefs」、「ビリーフ」、「ビリーフス」などの表現もある。本研究では、それをライティング教育に関する教員の「個人の知覚や行動を方向付けるものとして機能する」（石橋, 2006: 1）ものとする。

② CLJのライティング意識に関するアンケート調査では、9つの項目を提示して複数選択可で回答を依頼した。第5章での分析はそれらの項目に対する選択結果に基づいて行う。なお、項目の詳細は表3-2および「アンケート調査票（在学生）」（付録2）に示した。

(3) 論理展開に関する自己推敲にはどのような側面で問題が生じているか。その原因はどこにあるか。

第7章は、CLJの産出した説明的文章における論理展開の示し方の傾向と問題点を明らかにすることを目的とし、下記の4点を具体的に解明する。

(1) 論理展開の示し方にはどのような傾向があるか。

(2) 文章全体や文章内における各々の記述内容を統括する文が明示されているか。

(3) 上記 (2) において明示された文は根拠のある事例や解説によって支持され、適切な順序で述べられ、文章内の整合性が保たれているか。

(4) CLJは、各自の文章における論理展開の問題をどのように認識しているか。

上記第4章から第7章の分析においては、アンケート調査、インタビュー調査およびフィールドワークで得られた種々のテキストデータに対して、テキスト・マイニング (text mining) の手法[①]を使用してコーディング化を行う。コーディング化されたものについて量的・質的の2つの側面から分析する[②]。

1.5　研究の意義

本研究の意義としては、(1) 研究観点の新規性、(2) 研究対象の均質性、(3) 研究方法の応用性、(4) 研究内容の統括性、の4点が挙げられる。

(1) 研究観点の新規性

本研究では、授業運営に関わる教員ではなく、CLJという学習者に焦点を当て、論理的ライティング力の育成を目ざし、専門日本語教育で指導の必要性が提唱されてきた論理展開の観点から種々の分析を行っている。

まず、CLJにおけるライティングのニーズに関する分析から出発し、ライティング教育における説明的文章の位置付けを明らかにし、論理展開に関する指導の必要性を指摘している。次に、彼らの説明的文章の産出におけ

① 「テキスト・マイニング (text mining)」は、「テキスト型データのマイニング (textual data mining)」とも呼ばれ、一般的に、「取得・蓄積された大規模なテキスト型データという鉱脈 (mine) の中から、意味ある構造の探査、類似・関連性の抽出、類型化などを行い、客観的な知識発見とその組織化を図る方法論」とされている。「定量的調査に加え、自由回答・自由記述設問、グループ・インタビューあるいはフォーカス・グループ、談話分析、日記分析などの定性情報」の分析を行う手法として、主に社会調査 (意識調査、態度調査) や市場調査などの分野において応用されている (http://wordminer.comquest.co.jp/wmabout/tm.html. 2009.10.16アクセス)。

② 本研究の分析は、R (http://www.r-project.org/)、Weft-qda (http://www.pressure.to/qda/)、日本語文節構造解析システムibukiC (http://www.ikd.info.gifu-u.ac.jp/ibukiC) を用いて行っている。

る自己推敲過程について、従来多く行われてきた文法や表現の観点と異なる、論理展開の観点から、記述内容まで踏み込んでいる。また、論理的文章に求められる基本条件として、「重点の明示性」、「内容の説得性」、「配列の適切性」、「視点の一貫性」を提案した上で、CLJの産出した文章の分析を通して問題発見および問題解決のための上記4条件の有用性を検証した。

本研究の分析結果は教員に対してフィードバックすることによって、指導内容や指導体制の見直しの一助となることが期待される。

(2) 研究対象の均質性

本研究においては、1つの教育機関や地域に偏らず、異なる地域の複数の大学から、同じ母語話者、同じ日本語専攻の高学年学部生から十分な量のサンプルを得ており、質•量ともに適切なデータであると考えられる。

CLJのライティングの実態と意識については421のサンプルを用いて分析した。自己推敲過程と産出文章の分析は、72名のCLJから得られた説明文と意見文の2ジャンルの合計288編の説明的文章と彼らのライティング意識に関する詳細な内省に基づいて行った。以上のデータは、本研究における分析のみならず、今後さらにさまざまな側面からの研究を行う可能性を提供するものである。

さらに、大島（2007a）で指摘されたように、学部レベルの学習者への教育に資する研究は、従来の専門日本語教育のライティング研究でまだ重視されていない中[①]、本研究は、専門日本語教育はいかなる学習者を対象とすべきかについて再検討する契機となり、教育実践と研究の範囲拡大にも貢献できると思われる。

(3) 研究方法の応用性

本研究は、CLJの文章の意味内容に踏み込んで論理展開の問題点を捉えることから、中国の教育現場における中国人教員による指導の可能性を示唆している。

現状では一般に中国人教員は「日本語らしさ」などのような語感を十分には持ち合わせていないと考えられているため、ライティング教育は、日本人教員にすべて任せてしまうことが多い。日本人教員による指導は、概して文法表現上の正確さや適切さを重視し、記述内容の論理性までには関心が十分には及ばない。そのため、指導を受ける側である学習者が日本語の文法や表現の正確さのみを重視し、論理展開や構成の問題など円滑な意味伝達に影響する根本的な問題が見逃されてしまう結果となりかねない。

---

① 大島（2007a）は、従来のアカデミック・ライティング教育の対象者として大学院レベルが重視されていることを指摘し、学部レベルの学習者に対する教育の必要性を唱えている。

一方、CLJと同じ母語の中国人教員の場合には、中国語を媒介として、日本語の言語表現における問題とともに、意味内容面に踏み込んで書き手の意図や問題点およびその原因を把握しやすいという有利な点がある。このような問題の発見および指導は、中国人教員自身にその問題意識と方法論が明確に存在していれば、CLJにおける論理的文章の正確な認識を促すことができると期待される。

(4) 研究内容の統括性

本研究は単発的な分析ではなく、CLJのライティングについて、学習実態と意識、自己推敲過程、産出された文章を取り上げ、連続性のある分析の枠組みをデザインした上で調査・分析を行っている。

まず、広範囲にわたるアンケートとインタビュー調査によって、CLJのライティング学習の実態とライティングに対する意識を把握し、ライティングタスクが必要な文章ジャンルと指導が必要な項目を明らかにした。次に、CLJの説明的文章の産出における意識的なモニタリング行動である自己推敲の分析を通して、表現や論理を考え直す際の実態と論理展開に関連する推敲の傾向および問題を把握した。また、産出した文章における論理展開の実態と問題を分析し、書き手の内省を踏まえて問題の原因と解決への有効性を検討した。これら一連の分析結果に基づき、CLJのライティング全般における論理展開に関する問題を具体的に把握することが可能となる。

第2章　関連研究の概観

第2章では、専門日本語教育の観点から行われたライティングに関する先行研究を整理して概観し、それらの知見に基づいて示唆を得る。なお、一般には、専門日本語教育研究はESP研究の影響を受けたと考えられている（野口, 2005; 佐野, 2009）が、本章では専門日本語教育研究に焦点を当て、その発展過程を振り返ることを目的としており、ESPについての記述を割愛する。本章の流れは以下の通りである。

2.1　専門日本語教育研究を歴史的に概観する。
2.2　アカデミック・ライティング研究を整理して概観する。
2.3　先行研究の知見に基づいて本研究の示唆を得る。

2.1　専門日本語教育研究の概観

専門日本語教育研究は1980年代の発端から現在までおよそ30年間の歴史しか持たず、非常に若い学問分野である。この分野では、教育実践や研究活動が盛んに進められる中、基本的な概念に関する定義付けや解釈については、現在も議論が続いている。

本節では、まず2.1.1で「専門日本語教育」の定義付けを検討し、次に2.1.2で専門日本語教育研究の発展の歴史をたどる。

2.1.1　「専門日本語教育」とは

一般的には、「専門日本語教育」は大きく「学術目的の日本語教育（JAP: Japanese for Academic Purposes）」と「職業目的の日本語教育（JOP: Japanese for Occupational Purposes）」といった2つに分類されている。佐野（2009: 12）は、「専門日本語教育」を「目的別日本語教育」といった表現で称し、それをJAP、JOPおよび「生活者のための日本語」といった3つの領域に分類している。

「専門日本語教育」の定義付けもさまざまな側面から議論が行われている。以下、代表的なものを挙げて概観する。

村岡（1999: 23）では、JAPの側面に注目して「専門日本語教育」を「日本語学習者が、専門分野の学習・研究活動を円滑に行うために必要な日本語のアカデミックスキルを養成できるよう支援すること」と定義されている。また、村岡（2003: 100）においては、その特徴として以下の3点が挙げられている。

(1) 学習者が有する特定の学習目的を達成するため、比較的短期間での効率的かつ効果的な教育が求められる。
(2) 学習者は比較的高度な専門性を有する。
(3) 日本語のレベル設定は一般日本語の場合と異なる。

また、山崎（2008: 19）は、JAPに加え、JOPの側面を視野に入れて「専門日本語教育」を「専門教育が円滑に行われるようにするための言語能力向上教育」と定義している。対象者の所属する分野の専門性を示す専門用語の特殊性、またそれぞれ具体的に「〜のための日本語」というように細分化するよりは、専門分野を問わず、「情報共有化のための共通性」が基本内容とされ、「帰納的分析による一般化に努力して共通教育基盤を固め、さらに必要があればそれぞれの専門分野ごとに説明を追加すればよい」と指摘している。以上の理解に基づき、山崎は専門日本語教育の対象者や実施される分野については、社会的要請に応えるために、図2-1に示されたように、日本国内外における「他言語話者」から「日本語話者」へ、「学生」から「社会人」へとさらに広げる必要性について指摘している。

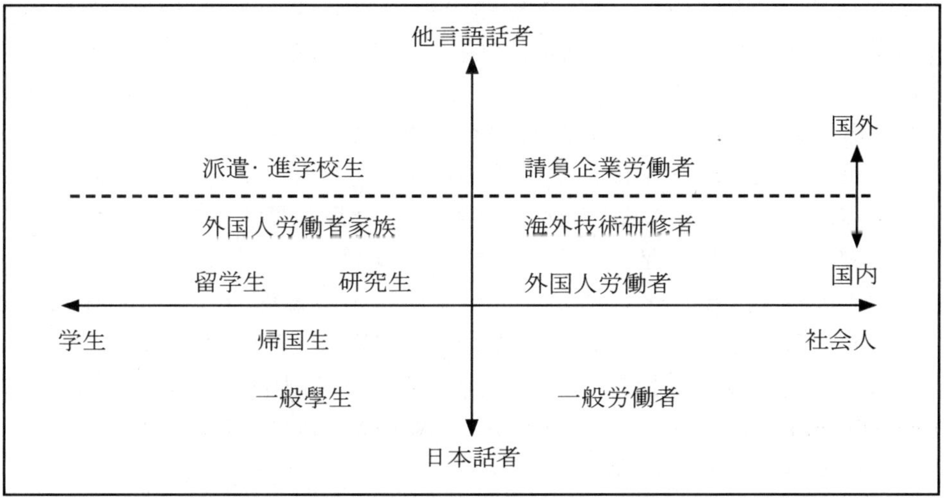

図2-1　専門日本語教育の対象者（山崎，2008: 22）

また佐野（2009: 10）は、「専門日本語教育」という表現を「目的別日本語教育」と称し、それが含むJAP、JOP、「生活者のための日本語」の3つの領域に共通する特徴を取り入れて「明確な特定のニーズに基づく日本語教育」と定義している。その特徴を「一般日本語教育」[①]と区別しながら解説している。以下、佐野（2009: 11-12）における解説を抜粋してまとめる。

(1) 指導目標については、学習者の特定のニーズから一定の到達目標が設定され、確実な成果を挙げることが求められる。
(2) 指導項目については、学習者のニーズにあわせて優先順位が決められ、目標達成に対し必要性の高い項目を優先する。
(3) 指導方法については、学習者の特定のニーズに即した方法を採用する。
(4) カリキュラム設定については、学習者自身や専門分野の教員など学習者のニーズを知る関係者の参加や関与が起こりうる。
(5) 指導環境については、時間や場所の制約が大きい。
(6) 学習者の日本語レベルについては、ほかの学習者は初級者が多いことに対して、JAPの学習者は中上級のほうが多い。

以上の概観から分かるように、「専門日本語教育」の定義および扱う範囲は、日本語によるアカデミックな活動が必要な学習者への教育としてのJAPに加え、JOPまで拡大し、より広い範囲の教育を射程に入れるようになったという変化が見られる。また「専門日本語教育」では、さまざまな研究成果や教育現場の実践に基づいた議論の結果、専門分野間の相違点の強調より、円滑な情報交換を目的とした各専門分野の共通性へと注目が集まってきた。以上を踏まえて、「専門日本語教育」の特徴としては以下のようにまとめられる。

(1) 教育の対象者は、日本語という言語手段によってアカデミックな活動や実務的な仕事に従事するか従事する予定があり、そのために日本語による円滑な発信と受信が必要となる学習者である。
(2) 教育の目標は、学習者それぞれのアカデミックな活動や実務的な仕事の特定のニーズに応じて、日本語による論理的、効果的な発信と受信のための能力を限られた期間に育成することである。
(3) 指導者には、学習者それぞれのニーズを正確に把握した上で、それに応じてカリキュラムを組み、比較的短期間で教育目標を達成できる指導が求められる。

① 佐野（2009: 10）は、「一般日本語教育」をJGP（Japanese for General Purposes）と略し、「目的別日本語教育（JSP: Japanese for Specific Purposes）」（すなわち、「専門日本語教育」: 筆者注）との違いは、「限定的な目的」と「要求するアプローチ」にあると解説している。

2.1.2　専門日本語教育研究の流れ

専門日本語教育の実践や研究は、1980年代初頭から理工系留学生①の日本語によるアカデミックな活動を支援するために始まった。その後、社会的状況の変化に応じて対象者の拡大や範囲の見直しなどの議論が重ねられ、アプローチが多様化され、次第に独立した学問分野に発展してきた。

以下、専門日本語教育研究の発展の軌跡について、『日本語教育』②（1983—2014年度）と『専門日本語教育研究』③（1999—2014年度）の2学会誌に掲載されている実践報告や研究成果に基づいて全体像を俯瞰する。『日本語教育』では、日本語教育に関する最前線、最先端の実践や研究の成果が発表され、さらに特集号により日本語教育研究の動向をさまざまな視点から総合的に発信している。また、『専門日本語教育研究』は、専門日本語教育に携わる日本語教員や種々の専門分野の教育研究者が研究成果や実践報告を公表する場として、「掲載論文は高い評価が与えられている」（古城，2008: 2）。そのため、専門日本語教育研究の全体の流れを把握するためには、この2誌が適切であると考える④。

(1) 1980年代初頭—1990年代末

1980年代初頭から1990年代末の約20年間は、専門日本語教育研究が独立した学問分野として誕生するまでの蓄積の時期である。大学や大学院の理工系留学生を対象とした日本語教育の実践や研究がなされ、彼らに必要な日本語能力に関するニーズ調査、教育の方向付けやアプローチ、教材開発などに関する議論が盛んに行われた。

1983年に刊行された『日本語教育』第51号の「専門別の日本語教育—科学・技術系学生にどう対応するか」をテーマで組まれた特集号および1988年に刊行された『日本語教育』第66号の「多様化する学習者をめぐって」をテーマで組まれた特集号において、専門日本語教育の必要性が検討、議論さ

① 本研究における「理工系留学生」とは、日本の理工系大学や大学院に留学している学習者と留学する予定のある学習者の双方を含むものとする。

② 『日本語教育』は日本語教育学会の学会誌であり、一年に4号刊行され、うち2号は特集号である。なお、2010年度からは年に3号刊行することになる。日本語教育学会は、日本語教育に関係する教師や研究者の団体として最大規模であり、1962年に「外国人のための日本語教育学会」という名称で発足した。2008年現在の会員数は4571名であり、内訳は日本国内約9割、海外約1割である（http://wwwsoc.nii.ac.jp/nkg/menu-guide.htm. 2009.10.23アクセス）。

③ 『専門日本語教育研究』は専門日本語教育学会の学会誌であり、毎年1号刊行される。専門日本語教育学会は1999年に「専門日本語教育研究会」との名称で発足され、2005年に名称を改めて現在に至っている（http://wwwsoc.nii.ac.jp/stje/lang-ja/information/. 2010.3.7アクセス）。

④ ほかの各種の学術雑誌や日本語教育機関で刊行されている紀要や文部科学省などの助成による科学研究費報告書など、さまざまな形で発表されている教育や実践の成果については、本研究での記述を割愛する。

れた。

『日本語教育』第51号には日本国内および海外の中国で行われた理工系留学生を対象とした教育実践が報告され、今後の研究課題の指摘や問題提起が行われている。そのうち、理工系留学生に求められる日本語能力については、日常生活ができる程度でよいとの主張（西野）が見られる一方、アカデミックな日本語能力を育成する必要性も多く指摘されている（仁科、小西、吉田）。理工系出身の日本語教員の取り入れ（吉田）、教材や専門用語の辞書の作成とカリキュラムの編成（仁科）、日本語教員と専門教員との協働（仁科、小西）などの課題も指摘されている。また、日本の大学や大学院に入学する前の予備教育として中国の教育現場で行われた専門日本語教育の実践報告は、日本語教育に従事する教員ではなく、日本の大学から派遣された各専門分野の教員による専門分野の基礎知識の指導に関するものが中心である。専門分野別の用語集や教材開発の必要性（辻井、徳岡）などについても指摘されている。

1988年に刊行された『日本語教育』第66号には日本国内外における日本語研究の新動向が報告されている。それらの報告から分かるように、学習者の学習動機・目的は日本国内外ともに「日本語を用いて専門的知識や情報を得る、あるいは技術研修を行う、進学するといった日本語を手段としてそれぞれの分野における言語活動を行うこと」（上野, 1988: 10）となっている。特に海外の大学の学部や大学院では、松原（1988: 120–121）によると、「日本研究を専攻する学生よりも、理科系の学生や政治・経済を専攻する学生」が増え、「観光業のための日本語や技術者のための日本語といった目的別日本語教育の要請も強まっている」状況であった。このような理工系や人文系の分野を専攻する学習者の日本語学習の目的に応えるためには、上野（1988: 11）は、「その分野の事情に通じた教師が、その分野の言語活動の手段として耐えうる日本語を適切な教材を用いて教えることが望まれる」と指摘している。また、専門日本語の指導のためのカリキュラム作成（宮崎・岩見）および教育実践（鶴尾、河内）も報告されている。

このように、1980年代初頭から1990年代初頭までの約10年間にわたる教育実践およびそれらの実践から出発した議論や検討の成果は、専門日本語教育の必要性に対する共通認識の形成に貢献してきた。

1990年代以降、学習者の背景や学習目的の多様化に対応するためには、「ビジネスマン対象の日本語教育と科学技術日本語の教育が大きく取り上げ」（水谷, 1995: 83）られるようになってきた。専門日本語教育の実践や研究への関心は、分野全体の方向付けや研究課題に関する指摘から、具体化される傾向が現れてきた。例えば、指導が必要な対象者の検討、専門分野別における語彙・表現の調査、用語集や教材の開発などである。また、国立大学の留学生センターなどの日本語教育機関では、「留学生の専門教育とうまく連携するような専門領域別日本語教育の試み等も行われ始めて」(奥田, 1995: 39) いた。

1994年に刊行された『日本語教育』第82号は、「専門分野別日本語教育」をテーマに特集号が組まれ、日本国内外における専門日本語教育の実践と研究成果を公表している[①]。掲載された論文は、全体的な展望や課題の提示ではなく、「ライティング」や「読解」などさまざまな側面における実際の指導方法 (深尾、岡、三門) やカリキュラムの報告 (河路)、教材や支援システムの開発 (深田) など、1983年刊行の第51号における課題の指摘に応えたものが見られる。また、これらの論文に示された今後の課題もより具体的で、かつ「専門性」が強調された細分化が行われていることもうかがえた。

この時期の専門日本語教育としてのJAPに関する研究は主として3つの側面から盛んに行われた。学会誌『日本語教育』に掲載された論文のテーマは以下のようにまとめられる。

①読解指導に関する研究: 理工系留学生のための読解教材開発、読解支援システムの開発や評価、日本語教員と専門教員の協働など。

②専門分野別の語彙に関する調査や分析: 経済学および農学系の各論文の語彙調査、科学技術日本語における外来語の調査、理工系と人文系の講義の分析など。

③アカデミック・ライティング教育に資するテキスト分析: 学習者作文の表現の分析、教師添削の分析、学術論文における表現の調査・分析、文章構造の分析など。

教育の現場である各大学では、理工系留学生を対象とした教育実践、また大学組織を単位とした協議会や研究活動が大阪大学など5大学[②]で行われていた。これら一連の実践研究の活動は、専門日本語教育研究が学問分野として確立・発展するための資料や教育上のノウハウの蓄積に大きく貢献している。

また、JOPに関する研究はビジネス日本語を中心に行われていた。ビジネス関係者に対する日本語教育の分析 (西尾, 1995) や日系企業のニーズ調査 (島田・澁川, 1999) といった現状分析、ビジネス場面における日本人ビジネス関係者の調査・分析 (池田, 1996) や外国人ビジネス関係者の研究 (近藤, 1998) が見られる。

(2) 1990年代末—現在

---

① 特集号論文として掲載されたのは深尾 (1994)、深田 (1994) と岡 (1994) の3本であるが、河路 (1994) と三門 (1994) も専門日本語教育関連の研究であると判断した。

② 大阪大学、東京工業大学、筑波大学、東京農工大学、慶応義塾大学の5大学である。

1990年代末からは、留学生の大幅な増加を背景に、日本国内外の予備教育が拡大し、日本留学試験の実施に伴うアカデミック・ジャパニーズの教育が必要となり、専門日本語教育の強化がより一層求められるようになってきた。JOPにおけるコミュニケーション能力への注目によって、専門日本語教育の対象者、目的や方向付けの見直しに関する議論が重ねられ、その結果、教授法や教材開発を含めた研究討論が活性化し、専門日本語教育研究の体系化への躍進に大きく寄与した。

1999年における専門日本語教育研究会（2005年に「専門日本語教育学会」と名称を改めた：筆者注）の発足および日本留学試験の協力者会議の中間報告における「アカデミック・ジャパニーズの能力」の提唱をきっかけに、専門日本語教育の対象者、指導者、目的、教育や研究の方向付けなどに関する議論が盛んに行われた。それらの知見に基づき、専門日本語教育研究は「体系化し教授法を確立」（古城，1999: 5）する段階に入った。このように、専門日本語教育は特定の専門分野や留学生といった一部の対象者に閉じられたものではなく、より広い視野と高い視点に立ち、体系化に向けて5つの側面から研究がなされるようになった①。それらの側面に沿って、学会誌『日本語教育』と『専門日本語教育研究』に掲載された論文のテーマは以下のようにまとめられる。

①基礎学術用語・表現の調査分析: 専門用語に関する調査・分析、学術論文における特定の表現に対する分析、学位論文の使用言語の調査、論文発表会における質疑の視点と表現方法の研究など。

②文章・談話の構造分析: 理工系と人文系におけるアカデミック・ライティングの指導を目ざすテキスト分析など。

③専門分野における言語使用能力の分析: 学習者と指導者を対象とした調査、学習者が抱えるさまざまな問題に関する調査、研究指導の言語の調査など。

④教材・教育方法の開発と評価: リーディングやライティングのニーズに対応するための教育方法や用語集、教材、学習支援ツールの開発など。

⑤研究活動に求められる日本語モデルの追究: 日本国内外における専門日本語教育の実践に基づいたカリキュラムの設計など。

以上、専門日本語教育研究の流れについて概観した。専門日本語教育においては、アカデミック・ライティングは重要な位置を占め、関連する研究は発端当時からさまざまな側面から行われてきたことが分かる。以下の

① 深尾（1999）および村岡他（2001）では、本文中に挙げた5つの側面に関する研究の必要性が指摘されている。

2.2においては、専門日本語教育の観点から行われているアカデミック・ライティング研究に注目して概観する。

2.2 アカデミック・ライティング研究の概観

アカデミック・ライティングとは、「大学・大学院での学習や研究など学術的な目的のための文章及びその作成を目指す」（二通他, 2004: 285）ライティング活動であり、図2–2に示された「基礎」、「言語」、「専門」、「技能」の4つの要素によって構成されている。

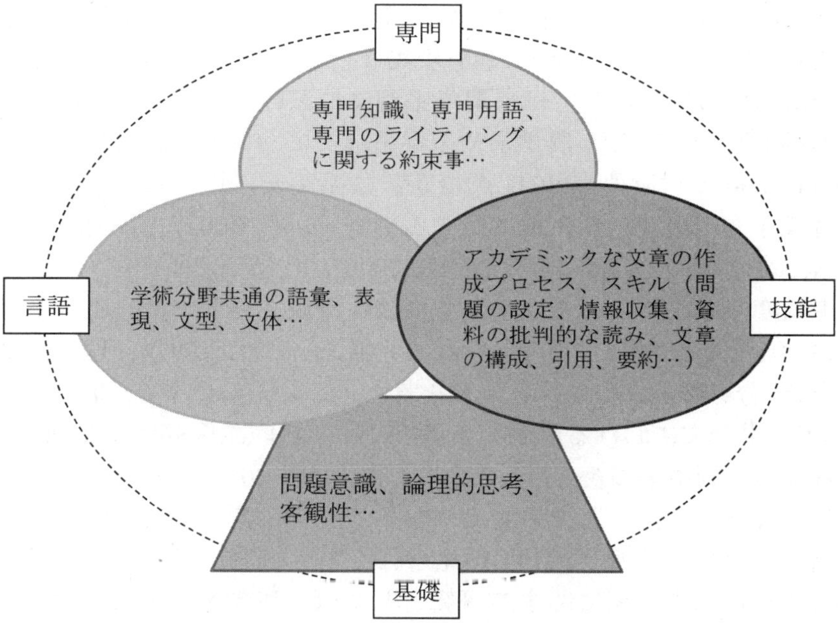

図2–2　アカデミック・ライティングの構成要素（二通他, 2004: 285）

「専門」の要素は異なる分野の専門知識や専門用語、ライティングに関する各種ルールなどが存在する。一方、「基礎」、「言語」と「技能」の3つは、専門分野間の相違点より、「論理的な思考及び論理的な文章の書き方」（二通他, 同上）が強調される点で共通している。この共通点は学習者のアカデミックな活動のみならず、「将来の社会生活や職業生活にも役立つものである」（二通他, 同上）。

アカデミック・ライティング教育に関連する研究には（1）学術論文の語彙・表現に関する調査・分析、（2）学術論文と学習者作文の文章構造と論理展開に注目した研究、（3）教育現場における指導の実践報告、指導方法の考察、教材開発、リソースの構築などに関する研究がある。以下では（1）と（3）について概観していく。(2) は本研究における議論の中心であるため、2.2.2で改めて詳述することとする。

2.2.1　語彙・表現、指導方法、教材開発に関する研究

(1) 学術論文における語彙・表現に関する研究

学術論文を対象としたライティング研究はそれぞれの専門分野に属する学習者を対象とした教育ニーズから出発しており、語彙や文型を単位として行われ、専門分野による語彙や表現の使用上の相違が強調されている。これらの研究成果は、日本語教員によるアカデミック・ライティングの指導では、学習者の属する専門分野の語彙、表現上の特徴にあわせた指導を行うための指針となり、実際の教育現場に役立つものと考えられる。

語彙に関する研究としては、農学系論文における使用頻度の高い語彙の調査 (村岡他, 1997) や、農学系や工学系論文における接続表現に関する研究 (村岡, 2002; 村岡他, 2004) のほか、文系論文に用いられる接続詞語彙と学習者作文の接続詞の使用に関する調査 (安藤, 2002)、社会科学系の基礎文献におけるサ変名詞の調査 (今村, 2004) などがある。

使用頻度の高い特定の表現や文型に絞った研究としては、工学系学術論文における判断表現の「と考えられる」(佐藤・仁科, 1997)、理工系と人文系の合計3分野の論文における原因を表す「によって/により」(池上, 2005)、農学・工学系論文における助詞相当語「に対して」(深尾・馬場, 2000)、薬学会要旨集の動詞由来の複合辞「により」(鎌田他, 2005)、などについての分析が見られる。また、人文系論文における先行研究の引用に焦点を当てた分析 (清水, 2010; 矢野, 2014) が見られる。さらに、学術論文における特定のセクションの表現に関する研究としては、農学系論文における「材料および方法」、「結果および考察」に用いられる文末表現と文型に関する調査と分析 (村岡, 1999; 2001) も見られる。

(2) ライティングの指導方法・教材開発などに関する研究

まず、教育現場における指導方法に関する研究を概観する。

佐藤 (1993) は、東北大学教養部で開設された留学生の論文作成を目ざす作文授業における指導の実践を報告している。①文章の基本的な書法、②話し言葉と書き言葉の相違、③数値・図表の扱い方、④引用の仕方・注の付け方、⑤文章の構成の仕方、といった具体的な指導項目を挙げ、専門教員の協力やさまざまな読み教材や生の研究論文の活用の重要性を強調している。

また、深澤 (1994) は理工系の大学、大学院留学生の科学技術論文作成を

目ざすライティング指導における専門教員と日本語教員の添削の視点の違いを分析している。その結果、専門教員は専門用語のほか、一般的な語や表現でありながら正確さを期するために限定されて使われた「準専門用語」にも注目していることを明らかにし、関連指導を早い段階から加えていく必要性を指摘している。

佐藤（2006）、因他（2008）および村岡他（2009）は、それぞれのライティング教育の実践に基づき、以下に詳述するように、実際のサンプル論文や学習者作文などの文章に関する分析タスクの有効性を指摘している。

佐藤（2006）は、研究留学生の専門分野による書き方の違いに対応するために、受講者自身に選ばせた各自の研究テーマに関連するサンプル論文の読解や分野別の練習の実践を報告している。論文構成力育成のためのサンプル論文に対する検討の有効性、表現力の育成を目ざした論文でよく用いられる構成要素、展開パターン、典型的な文型・表現のサンプル論文からの抽出作業の有効性について指摘している。

因他（2008）、村岡他（2009）および村岡（2014）は、研究として連続したテーマを扱い、大学院レベルの留学生への指導におけるテキスト分析タスクの有効性を検証している。まず、因他（2008）は、ライティングの授業実践を報告し、受講者におけるコース終了時の自己修正課題の結果とアンケート、聞き取り調査によりテキスト分析タスクの、「研究成果を公表する論文の文章はどうあるべきか」（因他, 2008: 29）といった「論文スキーマ」①の形成誘導効果の有用性を検証している。また、村岡他（2009）および村岡（2014）は、上記のテキスト分析タスクを取り入れた授業実践を報告し、受講者の文章評価の観点と学習活動に対する内省を分析し、上記スキーマ獲得に成功しつつある学習者とそうでない学習者の双方におけるテキスト分析タスクの有用性を指摘している。

教材開発に向けた代表的な研究としては、因他（2007）では、理工系大学院の留学生が論文・口頭発表のレジュメ・論文要旨・実験レポートなどの専門分野に関する文書を作成する際に起こす問題を整理し、彼らの文書作成を支援するリソース開発の方向を提案している。二通他（2008）では、さまざまな留学生の作文教育に取り組んできた5人の研究者の実践経験に基づき、370あまりの文型を論文の実例とともに提示する表現集を作成し、大学のコースで試用した報告がなされている。その試用結果から、この表現集は言語表現の学習を通して研究行動の概念の理解を進めることに具体的な効果

---

① 因他（2008）では、「論文構造スキーマ」と称したが、後に「論文とは何か、研究とは何かの概念知識の総体を示すもの」（村岡, 2014: 10）という共通認識のもとで、「論文スキーマ」という定義づけに定められた。

が示されている。2009年には『留学生と日本人学生のためのレポート・論文表現ハンドブック』(東京大学出版会) が出版され、学習者のアカデミック・ライティングにおける適切な表現の選択に有用な資料を提示している。

また、テキスト分析タスクに関する研究の蓄積のもとで、村岡他 (2013) は多様な演習タスクを取り入れた教材『論文作成のための文章力向上プログラム ―アカデミック・ライティングの核心をつかむ―』(大阪大学出版会) を開発し、日本語でアカデミックなコミュニケーションを行うために必要な学習者の論文執筆能力を向上させるために貴重なリソースを提示している。

作文支援ツールによるアカデミックな文章作成指導の研究例としては、Bor他 (2011) は、「なつめ」[①]のレポート作成における共起表現産出への支援の有効性を検証している。また、内藤・小森 (2013) は、Microsoft Wordのマーカー機能とコメント機能を用いたレポートの自己修正への有用性を検証している。

2.2.2　学術論文と学習者作文の論理展開に注目した研究

(1) 学術論文を対象とした研究

日本語の学術論文の文章構造や論理展開に関する代表的な研究としては、杉田 (1997)、村岡他 (2015)、木本 (2006)、大島 (2009)、大島他 (2010)、佐藤他 (2013) などが挙げられる。それらの研究は基本的にSwales (1990) によって提唱されたCARSモデル (Create a Research Space model) を参照し、書き手のコミュニケーション上の意図という観点からジャンル分析の手法を用いて行われている。

CARSモデルは、ムーブ (Move) とその下位項目のステップ (Step) を単位として、理工系研究論文の序論の文章構造を示すモデルであり、「1. 論文が扱う領域を確立する (Establishing a territory)」、「2. 研究されるべきテーマや新しい視点を指摘する (Establishing a niche)」および「3. 自分の論文を位置付ける (Occupying the niche)」[②]という3つのムーブから構成される。それぞれのムーブにはさらにいくつかのステップを含める。また、ジャンル分析はESPにおけるライティング指導上の概念であり、特定の学問分野のディスコース・コミュニティにおいて、その特定のジャンルを用いて論文などの手段による学術的コミュニケーション上の運用能力を養成するためのアプローチである。ESPにおけるジャンル分析の手法を用いた代表

---

① 「なつめ」(http://hinoki.ryu.titech.ac.jp/natsume) は「大規模コーパスを利用し、自然言語処理および統計的手法に基づいて、適切な共起表現と例文が提示できる作文支援ツール」(Bor他, 2011: 33) である。

② 日本語訳は杉田 (1997: 51) によるものを用いた。

的な研究としては、Swales (1990) が挙げられる。Swales (1990) は、「ムーブ (Move)」を単位として、科学技術論文の序論部分における文章構造について分析を行い、CARSモデルを提示している。

杉田 (1997) は日本語論文の文章構造や論理展開に関する先駆的研究といえる。杉田は、専門教育を目的とした上級日本語学習者への文章構造指導のための基礎研究として、史学系研究論文の序論の文章構造について書き手のコミュニケーション上の意図という観点から、ジャンル分析の手法を用いて研究している。分析の結果、①研究テーマとしての価値の陳述、②先行研究への言及、③当該論文についての説明、④歴史的な事実関係の解説、といった4つの「構造的要素」が得られた。

木本 (2006) は、法学を専門とする日本語学習者に対する論文の読解・作成の指導への貢献を目ざし、法律系の学術雑誌9誌から抽出した135編の論文を対象に、序論に見られる文章構造を分析した。分析の結果①研究領域の提示、②研究の必要性の提示、③その論文についての説明、といった3つの構成要素と13の下位要素が抽出されている。

大島 (2009) は、社会科学系の学会誌2誌から事例、史料に基づく論文20編を抽出し、論証部分について談話分析を行っている。分析の結果、「取り上げ」、「事実記述」、「引用」、「評価的描写」、「推論・解釈」の5つのムーブが抽出されている。上記の結果に基づき、社会科学系の論文執筆に関する指導において評価を適切に行う必要性が指摘された。

以上の人文系論文のほかに、理工系論文に関する研究も見られる。村岡他 (2005) では、理工系研究留学生に対するより効果的な論文作成支援に向けて、農学系・工学系日本語論文の「緒言」における内容と論理展開の様相および用いられる表現について、形式段落と「構成要素」の観点から分野ごとに分析がなされている。分析の結果に基づき、論文作成に必要な論理展開と言語についての知識を迅速に獲得させるために、留学生の最も関心の深い分野の典型的な論文を直接的モデルとして集約的に提示することの意義が指摘された。なお、村上(康) (2005) では、理工系学部留学生のライティング指導の基礎研究として、日本人学部生が作成した学術論文作成の基礎段階である課題レポート60編の結論部分の文章構造について分析がなされている。

また、人文系と理工系の論文について分野横断的研究も行われている。大島他 (2010) では、人文社会科学系と工学系の合計270編の学術論文の導入部分について、分野横断的に展開型が比較研究がなれている。佐藤他 (2013) では、同様の研究対象の本論部分の論証構造型について分析され、「実験/調査型」、「資料分析型」、「理論型」と「複合型」の4つの基本類型とその下位分類が抽出されている。さらに、それらの構造型の分野別の分布状況について調査し、工学領域に「実験/調査型」が典型的であるのに対し、人文社会領域には多様な構造型が混在する傾向があると指摘されている。

以上のような特定の専門分野に特化した学術論文やレポートに限定した研究の成果は、それらの専門分野に所属する大学院レベルの学習者へのライティング指導において、細部の文法や表現といった部分の正確さのみならず、文章構成などのより広い視野における学術論文の理解やライティングスキルの向上に効果がある。そのため、学習者の専門領域におけるコミュニケーション能力の育成において有用であると考えられる。

一方、上記の研究成果は、本研究の対象者であるCLJへの一般化が困難である。CLJは、大学卒業後に国内外の大学院に進学/留学するほか、中国にある企業へ就職する者が非常に多い。彼らは大学院レベルのような分野を専門的に極めないまま学部教育課程を修了する。そのため、専門分野に特化した学術論文の文章構造・論理展開に関する諸研究の成果はCLJに対する実際の指導現場では適用しにくいという現状がある。また、概して、人文系論文の分析においても、日本語学や日本文化などの論文の分析は非常に少数である。

(2) 学習者作文を対象とした研究

学術論文のほか、学習者が実際に作成した意見文などにおける文章構造や論理展開の問題に焦点を当てた、専門日本語教育の観点からの研究も近年少数ながら見受けられる。それらの研究は、学部レベルの学習者、大学や大学院に入学する前の予備教育段階の学習者における論文スキーマの形成や論理的ライティング力の育成を目的としている。

二通 (2001) は、中国人・韓国人日本語学習者と日本人学生の意見文の文章構造を比較・分析している。その結果に基づき、アカデミック・ライティング教育に対しては、①教員と学習者における日本語の論理的文章のあり方への共通理解の形成、②書く前の論理的な思考方法、③作文課題での文章構成の枠組みを提示する必要性、といった示唆を得ている。また、論理的文章の作成における段落分けの重要性も強調している。

木戸 (2004) は、「文章の型」に基づいたライティング指導の実践例を報告し、論理的文章の作成に関する指導において言語表現とともに「論理」を問題にする必要性を指摘している。さらに木戸 (2004: 21–22) は①言語表現としての妥当性、②論理的妥当性、③コミュニケーションとしての妥当性、といった3つの観点からライティング指導を行う重要性について指摘している。具体的には、①には「文・連文レベルの問題」と「文章・段落レベルの問題」が含まれており、②は「文章全体の構成や段落や文の論理的総合関係の問題」

である。また③は、「言語社会、聞き手の属性、発話現場の状況、話題の内容、媒体などに応じた述べ方になっているか」といった問題である。

村岡（2007b）および村岡他（2007; 2008）は、大学院入学前に予備教育で日本語を学ぶ研究生を含んだ大学院レベルの留学生の作文における論理展開に関わる問題に注目して具体例を取り上げて研究している。

学習者作文の問題点について村岡（2007b）は、①1段落内におけるトピックの分散、②段落内外における文配列と主張内容の不整合、③複数段落における同趣旨の重複、④根拠の乏しい主観的な結論、といった観点から具体例を分析している。村岡他（2007）は、①モダリティ表現などの具体的な表現、②段落の内外における文か段落自体の配列順序、③結論部の論述方法、④引用の不適切な手続き、といった観点から問題を分析している。また、村岡他（2008）は、学習者作文の問題点を①序論と結論の整合性、②段落内の結束性、③段落間の関連付け、に分類して分析している。それらの調査・分析の知見に基づき、文章構造と論理展開の観点からライティングの問題を把握する必要があり、指導の優先順位が高いことを指摘し、アカデミック・ライティングにおける文章構造と論理展開に関する基本的なトレーニングの必要性を唱えている。

さらに、上記の先行研究に加えて、村岡（2014）は「論文スキーマ」という概念のもとで、大学院レベルの留学生が作成した文章の表現、語彙に関する問題を分析した上で、構造や論理展開の観点から問題分析を行っている。学習者に文章の構造や展開について意識させる重要性を強調し、「目的と構造化」、「関連づけと意義づけ」、「厳密さと文体の最適化」という3つの側面から意識化を促す有用性を指摘している。

以上概観した学習者作文における論理展開の問題に焦点を当てた研究は、アカデミック・ライティングの4つの構成要素の「基礎」（前掲図2-2）に注目して問題を分析する具体的な視点を提示しており、ライティングにおける論理展開の指導に大きな示唆を与えている。

2.3　先行研究からの示唆

本節では、以上の先行研究のまとめとして、CLJへのライティング教育の問題に照らし合わせ、(1) CLJにおけるライティングのニーズをさらに綿密に把握する必要性、(2) 論理展開に注目して分析する観点の重要性、といった2つの示唆について述べる。

(1) CLJにおけるライティングのニーズをさらに綿密に把握する必要性

専門日本語教育研究の流れからうかがえるように、これまで、特定の学習者に対する実態の調査やニーズの分析およびそれらのニーズから出発したさまざまな実践研究が行われてきた。専門日本語教育研究および実践の重要な特徴の1つとしては、学習者の特定のニーズを常に意識し、把握した上で、それに応じて指導内容や指導方法を決めて教育を行うことが挙げられる。

本研究の対象者であるCLJは大学卒業後、企業への就職や中国国内外の大学院への進学/留学といった各自の意志に基づいた「実用的な志向」を持っている。効果的な指導を得るために、今後の教育や関連の研究においては、CLJにおけるライティングのニーズをさらに綿密に把握した上で、それに沿ったカリキュラムや指導内容を決め、指導方法を工夫する必要があると考えられる。しかし、現状におけるライティング教育には、CLJの実用的なニーズは十分には重視されておらず、関連する研究も見られない。そのため、本研究においては、CLJのライティングそのものの分析に先立ち、まず第4章と第5章で彼らにおけるライティングのニーズを明らかにすることを目的とした調査・分析を行う。

(2) 論理展開に注目して分析する観点の重要性

従来の文章論における文章構造の研究は、「文章の全体的構造の解明」(佐久間, 2005: 462) を最終目標としている[①]。それに対して、専門日本語教育における論理展開に注目した研究は、教育現場への還元、すなわち、教育方法の改善および教育上の各種リソースの提供を目ざしている。本研究におけるCLJの論理的ライティング力の育成といった目標には、論理展開に注目した観点の導入が有効であると考えられる。

山崎 (2008: 23) は、専門日本語に求められる条件として「正確さ」、「わかりやすさ」、「簡潔さ」の3つを挙げている。これらの条件は、専門性の高い学術論文とともにその基礎段階における学習者が作成した説明的文章に共通して求められる。また山崎 (2008: 24) は、これらの条件を実現させるためには、接続表現などの「論理展開の表現」とともに、「表現以前の論理構成に関する問題」、すなわち、記述された意味内容の論理性に注目する必要があると指摘している。

専門日本語教育の観点から学習者作文の論理展開の問題を扱うことによって、論理性や伝達性の重要性を強調してライティング教育の現場へ発信することは意義があると考えられる。特に、CLJにとっては、将来それぞれのニーズに応じて専門別の学術論文や異なる目的の実用的な文章を作成す

① 文章論における文章構造研究には、連接論、連鎖論、統括論などが代表的なものとして挙げられる。詳細は永野 (1972; 1986)、市川 (1978)、佐久間 (1990; 1999) などを参照されたい。

る場面に備えるために、論理展開に注目して言語表現と意味内容の整合性を整えた論理的文章を作成する訓練は有効であると考えられる。

村岡 (2007b) および村岡他 (2007) (2008) においては、大学院レベルの学習者の作文に見られる論理展開の問題が指摘されている。それらの学習者が母国で学部段階の学習を通して、論理的な文章作成が一定程度できるレベルに達していれば、留学後にもライティングの論理展開についてあまり大きな問題を生じないと推測される。そのような論理的ライティング力は、学位取得など所期の目的の達成に貢献できるであろう。

一方、従来の日本語教育におけるライティング研究は、学習者の作文における文法や表現の誤用の問題に関するものが多く (石橋, 2002: 12-13; 井下, 2002: 27)、ライティング本来の意味伝達の機能は重視されていなかった。また、現在のCLJに対するライティング教育は、第1章において述べたように、日本語の文法や表現への偏重があるため、ライティングにおける論理展開の問題は明らかにされていない。

そこで、本研究は論理展開に注目する観点を取り入れ、従来の文章論における文章構造に関する研究のような形式上の構造を観察するのではなく、意味内容の論理性を中心に検討していく。CLJのライティングにおける論理展開の扱い方について、文章産出過程 (第6章) および産出された文章 (第7章) のそれぞれに焦点を当てて多角的に検討を行うこととする。

第3章　本研究における調査方法

第3章から第8章までは、CLJの論理的ライティング力を育成することを目的とした種々の調査・分析を行う。まず第3章では、以下の流れで各分析において用いるデータの収集方法について述べる。

3.1　CLJのライティング学習の実態とライティングに対する意識に関する分析で用いるデータを収集するために行ったアンケートおよびインタビュー調査（以下、意識調査）について述べる。

3.2　CLJの自己推敲の過程と産出文章に関する分析で使用する説明的文章のデータなどの収集を目的とした中国の大学で行ったフィールドワーク（以下、フィールドワーク）について述べる。

3.1　意識調査

3.1.1　調査の概要

CLJが産出した説明的文章そのものを分析するためには、まず、ライティング学習の実態およびライティングに対する意識について詳細に把握する必要がある。管見の限り、現段階では、関連する研究は見られない。そのため、筆者はアンケート調査とインタビュー調査といった量的研究と質的研究を組み合わせた手法を採用し、2回に渡って意識調査を行った①。

1回目の調査は、2007年10月下旬から11月上旬にかけて、中国の北部、中部、東部、西部に位置する大学の中で、協力が得られたA、B、D、E、F、G、Hの7つの大学のCLJ349名を対象に実施した。その結果、彼らのライティング学習の実態とライティングに対する意識について全体的に把握できた。

2回目の調査は、1回目の結果を踏まえ、2008年3月末から7月末にかけて中国の北部、中部、南部にあるA、B、Cの3つの総合大学（うちのA、Bの2校は1回目と同じ）で、CLJの説明的文章データを収集するためのフィールド

① アンケート調査は比較的低いコストで多くの情報を得られるという利点がある。インタビュー調査は、調査対象個別に同様の質問を行う必要があってコストが高いが、調査事項について総合的で多角的な分析が可能となる。なお、本研究では、アンケート調査にも選択問題と自由記述問題を設けており、量的データとともに質的データも取得できた。

ワークの際に実施した。ライティングという個人的な行為をより詳細に把握するために、1回目と同様のアンケート調査を実施した後、十分に把握しきれなかった点とより綿密に尋ねる必要があると判断した点に関して、72名の調査対象者全員に個別のインタビュー調査を行った。

3.1.2　調査対象

意識調査の対象は、各大学の教員を通じて依頼した結果、承諾が得られた合計8大学の426名である。そのうち図3-1に示した421名から有効回答が得られた。なお、A、Bの2大学においては、1回目と2回目の調査で異なる対象に対して実施した。対象者の調査時点の日本語学習歴については、1回目は3年生が約25ヶ月、4年生が約37ヶ月であり、2回目は3年生が約32ヶ月、4年生が約44ヶ月である。

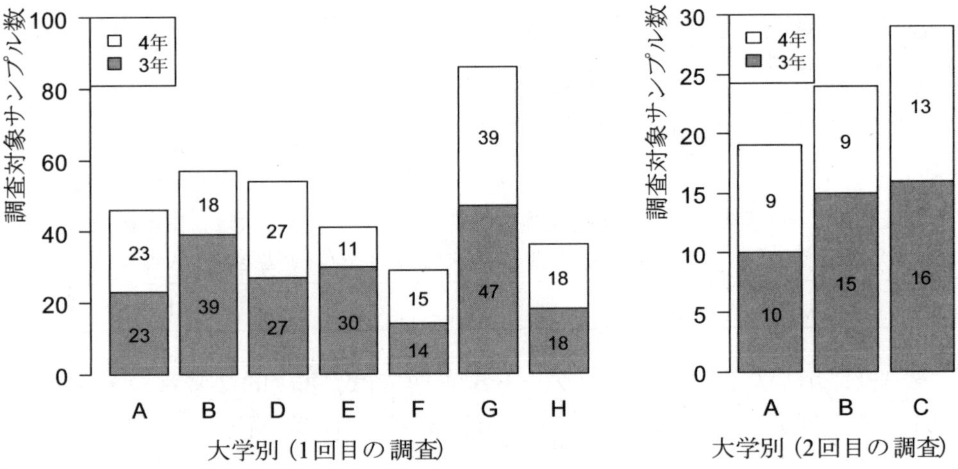

図3-1　意識調査の対象者数（名）

3.1.3　調査方法および結果

1回目と2回目の意識調査の対象者全員には、アンケート調査票①を配布して回答を依頼した。

調査票には、選択問題と自由回答問題を設けている。設問については、先に仮調査票を作成し、パイロット調査を行った。その結果に基づき、調査項目や自由記述の問題を選定した。質問は日本語と中国語の両言語により提示し、自由記述は日本語、中国語のいずれの回答も可とした。

選択問題については、主として（1）ライティング授業で作成した経験の

① 「アンケート調査票（在学生）」（付録2）である。

ある文章ジャンル、(2) ライティング指導を受けたと判断した項目、(3) 受けたライティング指導に対する評価、(4) ライティング時に重視する項目、(5) ライティング時に困難を感じる項目、の5種類を設け、(3) を除いて複数選択可で回答を依頼した。(1) の設問で提示した選択項目は表3-1に、(2)、(4)、(5) の設問で提示した選択項目は表3-2に示した。また、(3) における評価としては、「1十分であった」、「2十分ではなかった」および「3なんともいえない」の3つの選択肢を提示した。なお、分析の際には、表3-1および表3-2に挙げた略称で示す。

表3-1　ライティングタスクとしての作成経験を尋ねた項目

選択項目	略称
1. 伝言メモ	[1伝言メモ]
2. 手紙文（電子メール/手書き）	[2手紙文]
3. 感想文（読書や映画鑑賞の後に書く文章）	[3感想文]
4. 意見文/論説文	[4意見文]
5. 説明文（例:「私の一日」、「中国の祝日」）	[5説明文]
6. 課題レポート/調査報告	[6レポート]
7. 卒業論文	[7卒業論文]
8. 自己PRなど、就職のために書く文書と添書（電子メール/手書き）	[8就職関係文書]
9. 研究計画書など、進学に必要な文書と添書（電子メール/手書き）	[9進学関係文書]
10. その他	[10その他]

表3-1に示したように、アンケート調査票では、基礎的な文章ジャンル（項目1～5）と実用的な文章ジャンル（項目6～9）および補足となる[10その他]を提示している。

基礎的な文章ジャンルには、文学的文章と説明的文章の2種類が含まれている。本研究では、文芸性を持っており、読み手の心情に訴えることを目的とした文章ジャンルを「文学的文章」、読み手に情報を伝達し、説得することを目ざす文章ジャンルを「説明的文章」と称する。項目1～5のうち、[2手紙文]と[3感想文]の2ジャンルは文学的文章であり、[1伝言メモ]、[4意見文]、[5説明文]の3ジャンルは説明的文章である。なお、[2手紙文]については文学的文章と説明的文章の二通りの可能性が考えられるが、本研究の場合、調査対象者の作成した手紙文の多くは知人や担任の先生宛のものであり、内容も説明的なものというよりは、文学的なものが多かった。そのため、本研究においては、調査結果の[2手紙文]を文学的文章に分類した。

また、後者の6～9については、[6レポート]、[7卒業論文]および[9進学関係文書]はアカデミックな文章であり、[8就職関係文書]はCLJの卒業後の就職に備えて必要である。

なお、同じジャンルであってもパソコンが媒体となるケースが多いため、「電子メール/手書き」という媒体の選択も設定した。この設問は調査対象者のタスクの実態をより全面的に把握するためには有効であると考える。

表3-2　日本語でのライティング意識を尋ねた項目

選択項目	略称
1. 文字表記や書式（文字、句読点、原稿用紙の使い方など）	〈1書式〉
2. パソコンにおける日本語入力などの方法	〈2入力〉
3. 適切な文体の選択（文章の目的に合った文体の選択、話し言葉と書き言葉の差異の区別など）	〈3文体〉
4. 日本語の使い方（文法、表現の的確な使用など）	〈4文法・表現〉
5. 文章の全体的な構成、論理展開（章立て、段落内の構成など）	〈5論理展開〉
6. 文献・資料の収集方法や引用方法	〈6資料の収集・引用〉
7. テーマについての十分な理解	〈7テーマの理解〉
8. 内容のオリジナリティー	〈8オリジナリティー〉
9. その他	〈9その他〉

表3-2に示した項目については、アカデミック・ライティング関連のテキスト①で扱われている指導項目および作文評価に関する先行研究②を参照しつつ、パイロット調査の結果に基づいて作成した。

選択問題のほか、補足的に以下に示す自由記述の問題を2問設定した。なお、アンケート調査票には中国語訳も提示している。

(1) 日本語の作文授業の課題以外に、さらにどのような文章作成に関するトレーニングが必要だと思いますか。思いついたことを自由に書いてください。

(2) (前略) 日本語の文章を書くために、さらにどのような指導が必要だと思いますか。思いついたことを自由に書いてください。

2回目の意識調査の対象者に対しては、アンケート調査票の回答に基づ

① 『大学・大学院留学生の日本語②作文編』(アカデミック・ジャパニーズ研究会, 2001)、『改訂版留学生のための論理的な文章の書き方』(二通・佐藤, 2003) などである。

② 田中・坪根・初鹿野 (1998)、田中・初鹿野・坪根 (1998)、田中・長阪 (2006) などである。

き、より詳しく調査する必要があると判断した箇所についてはインタビューで詳細に尋ねた。インタビューは対象者の希望により中国語か日本語で実施し、許可を得た上でICレコーダにより録音し、後に文字化した。主な質問項目は下記の通りである。

(1) ライティング授業における学習活動。
(2) 教員によるテーマ提示から作文完成までのプロセス。
(3) 教員による添削状況。
(4) 作文の添削を受けた後の対応。
(5) その他(中国語のライティング経験の活用や、学習ストラテジーの使用状況など)。

意識調査の実施については、1回目の場合、B大学では筆者が調査対象者に調査票を直接手渡して依頼したが、その他の大学については、筆者が電話や電子メールを介して調査先の責任者の教員に調査の意図、方法などを十分に説明した上で、調査票を郵送して回答を依頼した。また、2回目の場合、全員に対して筆者が手渡して記入を依頼した。

1回目の調査で回収できた354部の調査票のうち、無効回答が多数見られた5部を調査対象者から除外し、349部を有効回答と認めた。2回目の調査で回収できた72部の調査票はすべて有効回答であった。

以降の第4章、第5章では、回収した421部のアンケート調査の結果および2回目の調査で得られた72名分のインタビュー調査の結果に基づき、CLJにおけるライティング学習の実態とライティングに対する意識を分析する。

3.2 フィールドワーク

3.2.1 フィールドワークの概要

現在、CLJのライティングに関する研究に有用なコーパス化されたデータとしては、国立国語研究所により発行された『日本語学習者による日本語作文と、その母語訳との対訳データベースver.2』①に収録されたおよそ90編

① このデータベースには、(1) アジア9ヶ国の日本語学習者と日本語母語話者による日本語作文、(2) 執筆者による母語訳(またはもっとも楽に文章を書ける言語への翻訳)、(3) 日本語教員による添削、(4) 執筆者、添削者の言語的履歴に関する情報が収録されている。

の文章に限られている。それらの文章に対しては、どのような書き手が、どのような意識のもとで、どのような過程を経て産出したかなどの情報は収録されていない。そのため、文章における論理展開の分析を行うには、書き手の情報や文章産出時の意識などを把握しにくいといった問題が存在する。

そこで筆者は、1回目の意識調査で得られた知見に基づき、2008年3月末から7月末まで、中国の北部・中部・南部にそれぞれ位置するA、B、Cの3つの総合大学でフィールドワークを実施した。フィールドワークの主な目的は以下の通りである。

（1）CLJの日本語ライティング学習の実態およびライティングに対する意識をさらに詳細に把握する。

（2）CLJの作成した説明的文章のデータを収集する。

（3）CLJの文章産出の過程の観察およびフォローアップ・インタビュー（以下、インタビュー）を通して、彼らの文章産出の意識を把握する。

調査先の大学を決定する際には、地域差による影響を避けるために、できるだけ客観性を保って1つの地域に集中しないように留意した。選択された3校はすべて総合大学であり、日本語専攻教育は学習者のニーズの変化に応じた積極的なカリキュラムの改革などに取り組んでいる。例えば、総合大学特有の設置学科が豊富で、新規講座の開設がより行いやすいというメリットを活かし、基礎的な理工系の講義や経済貿易に関連する講義の開設など、「複合的な人材」の養成に力を注いでいる。このような特徴から、上記3大学は本研究のフィールドワークの調査先として適切であると判断した。

フィールドワークの準備としては、2007年10月から2008年2月にかけて、A、B、Cの3大学に調査協力を申し込み、承諾を得た後、各大学の日本語学部の責任者①と打ち合わせを行った。2008年3月末から7月末まで、各大学にそれぞれ約5週間滞在してフィールドワークを実施し、計72名のCLJを対象に説明的文章のデータの収集を行った。また、彼らのライティング授業を担当する6名の教員（全員日本語母語話者）にもアンケートやインタビューによって調査を行った。調査対象者の詳細は前掲した図3-1の大学別（2回目の調査）に示した通りである。対象者数についてχ^2検定（有意水準0.05）を行った結果、大学と学年との間には有意差が見られず、調査対象者の数

① A大学とC大学では、それぞれの外国語学院日本語学部の副学部長、B大学では、外国語学院の学院長と打ち合わせを行った。なお、ここでいう「外国語学院」は、日本の大学の「学部」にあたり、「日本語学部」は日本の大学における「日本語学科」にあたる。

は特定の大学や学年に偏っているとは言えない[①]。

3.2.2 データ収集の手順

調査先大学の責任者と打ち合わせした上で、「博士論文調査協力者募集のお願い」[②]を配布し、フィールドワークの意図、依頼内容の概要、調査対象者への要求やプライバシー保護などを3、4年生全員に説明し、調査対象者の募集を行った。決定された調査対象者には、以下の手順で、アンケート調査への回答、説明的文章の作成および自己推敲、文章の産出意識などに関するインタビュー調査への回答、といった3種類の調査を実施した。

(1) アンケート調査への回答の依頼

下記2の作業1の前にアンケート調査票を配布し、記入を依頼した。記入済みのものは作業2を依頼時に回収した。

(2) 説明的文章の作成の依頼

作業1：調査先大学から教室を借りて調査対象者を集め、課題提示（図3-2、図3-3）、原稿用紙、文房具を配布して文章作成を依頼した。作業1で収集された文章データを「初回作文」とした[③]。

図3-2の課題提示における文章テーマは、調査対象者にとって比較的関心のあると思われる身近な話題で、事前の資料収集や調査をしなくても短時間で作成が可能であると判断されたものである。

作業2：作業1で収集された調査対象者の手書きの「初回作文」を筆者がパソコンに入力して、電子データ化した。

調査対象者と筆者双方の都合にあわせ、作業1の約1週間後に、調査先大学から教室を借りて調査対象者を集め、印刷した「初回作文」と自己推敲の参照項目（図3-4）を配布し、自己推敲を依頼した。作業2で得られた文章データを「推敲作文」とした[④]。

図3-4に示した参照項目は、1回目の意識調査の結果に基づき、CLJが普段のライティングで指導を受けたと認識し、かつ彼らが重視していて難易度が高いと感じる項目である。

(3) インタビューの依頼

---

① $\chi^2(2)=0.48, p=0.79>0.05$。

② 「博士論文調査協力者募集のお願い」（付録3）である。

③ 初回作文サンプルは付録4に示した。

④ 推敲作文サンプルは付録5に示した。

作業3：作業2の後、約1週間以内に、調査対象者個別に「初回作文」と「推敲作文」およびアンケート調査への回答を確認し、文章産出の過程と産出された文章に対する内省を中心に半構造化インタビューを行なった。

インタビューの時間は調査対象者により25分～40分と多少異なるが、平均して30分前後であった。使用言語は調査対象者の要望により日本語か中国語とし、内容は許可を得た上でICレコーダに録音し、後に文字化を筆者が行った。

課題1

下記の□に示した3つのテーマから1つを選んで、自分の意見を言わずに、具体的、かつ、客観的に説明してください。分量などの条件は以下の通りです。

分量：600～800字

時間：90分以内（時間内に完成できない場合は、こちらと相談した上で当日提出可）

辞書使用可

相談や意見交換は不可

① 母校である小学校または中学校から自宅までの行き方
② 北京オリンピックのマスコットキャラクター※
③ 自分の外国語学習の方法（日本語、またはほかの外国語）

課題2

下記の□に示した3つのテーマから1つ選んで論じてください。文章の展開方法は自由です。できるだけ具体例を入れ、かつ、文章の中に次の[　　]の内容を適宜入れてください。分量などの条件は以下の通りです。

[主張、論拠、解説]

分量：600～800字

時間：90分以内（時間内に完成できない場合は、こちらと相談した上で当日提出可）

辞書使用可

相談や意見交換は不可

① 大学でのアルバイトは学業にどのように影響するか
② 学業成績の優秀な人は必ず適切な就職先が見つかるか
③ 女性は、仕事や勉学より家庭のことを優先すべきであるか

※　課題1②に関する基本情報を図3-3に提示

図3-2　作業1の依頼時に配布した課題提示

課題1②　北京オリンピックのマスコットキャラクターに関する基本情報

オリンピック五輪	名前	原型	頭のアクセサリー
青い輪	貝貝（ベイベイ）	魚	中国新石器時代の魚模様
黒い輪	晶晶（ジンジン）	パンダ	宋代の瀬戸物の蓮の花びらの形
赤い輪	歓歓（ファンファン）	オリンピック聖火	敦煌壁画の火焔の模様
黄色い輪	迎迎（インイン）	チベットカモシカ	中国西部少数民族風の柄
緑の輪	妮妮（ニイニイ）	燕	北京伝統的な沙燕の凧揚げ

注：http://japanese.china.org.cn/japanese/206647.htm,http://blog.tufnellpark.net/?eid=441468 をもとに、調査者が作成（2008.3.25）

図3-3　作業1の依頼時に配布した課題提示における課題1②の基本情報

課題提示:

下記の5項目を参照しながら、自分の作文を訂正してみてください。下記に言及されていないことを含め、どこを訂正しても結構です。ただし、全てを書き直してはいけません。

時間: 90分以内 (時間内に完成できない場合は、こちらと相談した上で当日提出可)
辞書使用可
相談や意見交換は不可

○ 選んだテーマを十分に理解して、それに合った内容を書いていますか。
○ 自分の主張や最も述べたいことは明確に示していますか。
○ 文章に合った文体を使っていますか。
○ 文章の全体的構成と論理展開は明確で適切ですか。
○ 日本語の文法や表現は的確に使っていますか。

図3-4　作業2の依頼時に配布した課題提示

インタビュー調査は、調査対象者の文章産出時の意識をできる限り忠実に再現して記録するために、作業2の後にすぐ実施した。インタビューは半構造化構成にデザインしており、調査対象者全員に共通する質問とそれぞれの文章に基づいた質問の2種類を設けた。なお、インタビューについては対象者の希望により、72名のうち5名は日本語で行い、ほかの対象者に対してはすべて中国語で行った。

まず、調査対象者全員に共通して下記の質問を行った。

①各課題におけるテーマ選択の理由
②文章の全体的な構成や論理展開への配慮
③推敲の理由
④「推敲作文」の内省（自己評価と自己分析）
⑤「推敲作文」の口頭による再推敲
⑥説明文（課題1）と意見文（課題2）の書きやすさへの認識
⑥普段のライティング活動
⑦調査参加の感想

次に、各対象者が産出した課題1と課題2のそれぞれの文章について、作業2の自己推敲時に配布した課題提示における5つの項目を参照しながら、下記のことを尋ねた。特に④における文章の全体的な構成や論理展開に関する質問を調査対象者に形式段落や文を単位に詳細な内省を依頼した。

①自己推敲依頼時の課題提示（図3-4）に示された項目の理解
②文章全体と文章内の記述内容を統括する文[①]の判別
③文章の文体の内省（自己評価と自己分析）
④文章の全体的な構成や論理展開の内省（自己評価と自己分析）
⑤文章の文法や表現の内省（自己評価と自己分析）

より全面的に調査対象者のライティング学習の実態を把握するために、彼らのライティング授業を担当する教員6名にもアンケート調査（1名）やインタビュー調査（5名）を行い、ライティング教育の方針、内容、方法を尋ね、実際の指導の様子を観察した。また、A大学とC大学の各1名の教員から、ライティング授業で使用する教科書やコピー資料、学習者が以前に作成した文章が参考資料として提供された。

---

①　すなわち、第7章における産出文章の分析の「重点」である。

3.2.3　データ収集の結果

フィールドワークにおけるデータ収集の結果は表3-3に示した。アンケート調査票は72名のCLJ全員から回収でき、すべて有効回答であった。文章データは説明文（課題1）と意見文（課題2）の2ジャンルを依頼したため、作業1と作業2から各144編の文章データを収集でき、合計288編であった。

表3-3　フィールドワークにおけるデータ収集結果

調査先	アンケート調査（73部）		説明的文章（288編）		インタビュー（77名）	
	調査対象（72部）	教員（1部）	初回作文（144編）	推敲作文（144編）	調査対象（平均30'×72名）	教員（60'×5名）
A	19	0	38	38	19	2
B	24	0	48	48	24	1
C	29	1	58	58	19	2

作業1と作業2の文章作成については、調査対象者全員が時間内に完成に至った。また、収集された文章データはすべて指示通りの600～800字であった。

72名の調査対象者が産出した文章データのうち、5名が作成したものは課題提示で求められた説明文や意見文のジャンルにふさわしくない、もしくはテーマから完全に逸脱していると判断された。具体的には、説明文（課題1）では、B大学3年生1名が、テーマ①「母校である小学校または中学校から自宅までの行き方」で作成した文章が、「行き方」ではなく、自宅の近所の自然環境を描写していた。意見文（課題2）では、A大学3年生1名、B大学4年生1名、C大学3、4年生各1名の合計4名の文章は、意見文に必要な主張、論拠、解説などが明示されておらず、個人的な感想にとどまっていた。これら「初回作文」の段階で上述の問題がある5名の文章は、自己推敲を経ても改善されなかったため、以降の第6章、第7章における分析の対象から除外した。

文章データにおけるテーマ選択の状況は表3-4に示した。説明文（課題1）においては、テーマ①と②で書かれたものは少数であり、③をテーマとした文章が圧倒的に多かった。一方、意見文（課題2）においては、各テーマが比較的均等に選ばれ、説明文のような偏りは見られなかった。

テーマ選択の理由についてインタビューで尋ねた結果、調査対象者は各自の経験や立場に基づいて熟知していて情報量を多く有するテーマを選択する傾向が明らかになった。テーマの選択が大学および学年によって異なるかについてフィッシャーの正確確率検定（有意水準0.05）を用いて調べた。その結果、有意差が認められず、調査対象者におけるテーマの選択には学年や大学による影響があるとは言えない①。

表3-4　文章データにおけるテーマ選択の状況

テーマ選択の状況 / 大学・学年（人数）	説明文（課題1）			意見文（課題2）		
	①	②	③	①	②	③
A3（10名）	0	2	8	5	2	3
A4（9名）	2	0	7	3	3	3
B3（15名）	3	0	12	7	3	5
B4（9名）	2	0	7	5	3	1
C3（16名）	3	1	12	8	5	3
C4（13名）	0	2	11	3	3	7
合計（72名）	10	5	57	31	19	22

以上の文章データを用いて、第6章では、CLJが「初回作文」の上で行った自己推敲に焦点を当て、インタビューの結果を参照しながら文章産出における自己推敲の全般について量的分析、論理展開に関する推敲について質的分析を行う。

第7章では、CLJの自己推敲後に産出した「推敲作文」における論理展開に絞って、論理的文章に求められる基本条件に照らし合わせて分析を行う。また、CLJのインタビューについて分析し、論理展開に関する問題への気付きに対する、母語による内省の有効性を検討する。

また、ライティング授業の担当教員から得られたアンケートとインタビューのデータについては、第4章と第5章における検討で用いることとする。

① テーマの選択と大学間：$p=0.92>0.05$、学年間：$p=0.93>0.05$。

第4章　CLJにおけるライティング学習の実態

本章では、アンケートとインタビューによって実施ちれた意識調査の結果をまとめ、CLJにおけるライティング学習の実態について量的・質的分析を行う。その結果に基づき、CLJの論理的ライティング力育成を目ざす指導に取り入れるべき文章ジャンルについて検討する。本章の流れは以下の通りである。

4.1　CLJがライティング授業の課題として作成した経験のある文章ジャンルについて調査する。
4.2　ライティングタスクに取り入れる必要のある文章ジャンルに関するCLJの認識について分析する。
4.3　教員におけるライティング教育に関する信念を検討する。
4.4　本章のまとめとして、CLJの論理的ライティング力育成を目ざす指導に取り入れるべき文章ジャンルについて総合的に検討する。

4.1　CLJの作成した経験のある文章ジャンル

本節では、CLJがライティング授業の課題として過去に作成した経験のある文章ジャンルについて、アンケート調査の結果をまとめた上で、説明的文章と文学的文章に関するタスクの実態を把握する。

アンケート調査票には、文章ジャンルとして、[1伝言メモ]、[2手紙文]、[3感想文]、[4意見文]、[5説明文]、[6レポート]、[7卒業論文]、[8就職関係文書]、[9進学関係文書]および[10その他]を提示し、複数選択可で回答を依頼したところ、表4-1に示した結果が得られた[①]。

表4-1に示した調査結果に基づき、CLJの「教養」を高めることを主な目的とした文学的文章と、彼らの論理的ライティング力育成に必要である説明的文章のそれぞれに対するライティングタスクの状況について、さらに詳細に調査を行った[②]。大学別の結果については表4-2に集計した。また、説明的文章に対する文学的文章の割合を図4-1に示した。

① 選択項目の詳細は表3-1および「アンケート調査票（在学生）」（付録2）に示した。
② 文学的文章と説明的文章については第3章で詳述している。

表4-1　CLJにおける授業課題として作成した経験のある文章ジャンル

大学・学年別＼文章ジャンル		［1伝言メモ］	［2手紙文］	［3感想文］	［4意見文］	［5説明文］	［6レポート］	［7卒業論文］	［8就職関係文書］	［9進学関係文書］	［10その他］
1回目（349名）	A3（23名）	10	20	18	6	12	12	0	10	1	4
	A4（23名）	14	19	22	13	9	20	4	22	5	1
	B3（39名）	12	37	27	14	31	17	0	15	4	9
	B4（18名）	7	17	18	7	12	13	2	10	1	6
	D3（27名）	7	13	14	8	17	13	0	4	1	3
	D4（27名）	4	20	23	12	16	11	4	6	1	3
	E3（30名）	3	22	23	6	25	2	1	1	0	7
	E4（11名）	8	6	8	2	10	1	7	3	3	3
	F3（14名）	3	10	13	7	4	10	1	0	0	2
	F4（15名）	2	13	12	9	10	11	6	1	1	3
	G3（47名）	28	39	22	33	39	19	0	3	1	8
	G4（39名）	13	30	19	37	25	7	22	24	3	8
	H3（18名）	9	15	10	5	15	5	0	0	0	6
	H4（18名）	8	15	17	4	14	4	2	12	1	3
2回目（72名）	A3（10名）	4	9	9	8	7	4	1	3	0	2
	A4（ 9名）	5	9	9	2	6	5	6	9	2	1
	B3（15名）	4	12	13	7	15	9	0	3	1	0
	B4（ 9名）	4	8	9	4	7	5	3	4	1	2
	C3（16名）	1	10	12	15	12	10	0	6	0	2
	C4（13名）	5	13	12	12	9	12	12	9	4	4

表4-2に示した数値は、文学的文章として[2手紙文]と[3感想文]のいずれか、またはその両方を選択した対象者数であり、説明的文章として[4意見文]と[5説明文]のいずれか、またはその両方を選択した対象者数である。なお、アンケート調査票に提示した基礎的な文章ジャンルのうち、[1伝言メモ]は用件を伝達する機能を果たすという点では説明的文章に属しているが、[4意見文]や[5説明文]に比べて分量は非常に少ないため、説明的文章として集計しないこととした。

表4-2　文学的文章と説明的文章に関するタスクの実態（名）

ジャンル別 / 大学（人数）	文学的文章	説明的文章
A（65名）	64	45
B（81名）	80	69
C（29名）	27	28
D（54名）	44	38
E（41名）	37	37
F（26名）	29	21
G（86名）	73	82
H（36名）	33	31

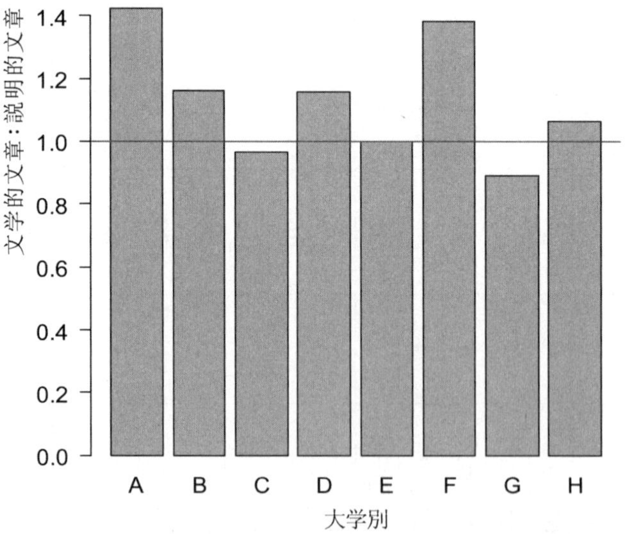

図4-1　大学別の文学的文章と説明的文章の比

図4-1から分かるように、8つの大学のうち、A、B、D、F、Hの5大学では、

文学的文章に関するタスクが説明的文章を上回っている。一方で、ここで注目すべき点は、説明的文章が文学的文章を上回っている大学がCとGの2大学のみであり、また説明的文章の割合がわずかに高いということである。この結果から、調査対象者のCLJが受けているライティングの授業で行われたタスクは、文学的文章の諸ジャンルへの偏りがあると言える。

4.2　タスクの必要な文章ジャンルに関する認識

ライティング授業においてタスクの必要な文章ジャンルについて自由記述を依頼した結果、計421名のCLJのうち、8割弱にあたる317名の対象者から回答が得られた。そのうち251名が、実用的な文章およびその基礎段階の文章ジャンルに関連するタスクの必要性に言及しており、回答者全体の約8割を占めている。CLJはライティング授業に対して、そのようなタスクの取り入れを強く求めていることが明らかになった。

言及されている実用的な文章ジャンルでは、[8就職関係文書]に関連するタスクへの要望が最も高く、[7卒業論文]と[9進学関係文書]のタスクへの要望も多く見られた。調査対象者のCLJにとっては、各自のニーズに基づいて、上記のような文章ジャンルに関するライティング力獲得の重要性を明確に意識していることが分かった。

そのほか、[2手紙文]についても、電子メールも含めてさらに練習する必要がある、といった記述が比較的多く見られた。[2手紙文]については、表4-1に示したように、CLJのライティング授業で作成した経験のある文章ジャンルとして比率が高い。また、第3章にも記述したように、CLJが普段のライティング授業のタスクとして作成した経験のある手紙文には、知人や担任の先生宛のものが多く、内容も説明的なものというよりは文学的なものが多かった。一方、自由記述の回答から分かるように、彼らが望んでいる[2手紙文]に関するタスクは、普段行われている内容と異なった、就職活動時の希望会社とのやりとりや、中国や日本の大学院に進学や留学する際に指導を希望する教授との連絡など実用的な目的が伴っている。そのため、自由記述で言及された[2手紙文]は、7、8、9の諸ジャンルと同様に実用的な文章ジャンルに属すると考えてもよい。

以下の例4-1から例4-6は、実用的な文章ジャンルのタスクの必要性に言及した記述例である。記述例はすべて原文のままであり、議論の必要に応じて筆者が下線を付した。例の後には、〔調査期間、大学名、学年、ランダムに決定された順番〕の順にしたがって各調査対象者のID番号を付して関連情報を提示する[①]。

例4-1　自己PRやレポートのような実用性がある文章のトレーニングが必要だと思います。卒論を書く前にほとんど論文に触れたこともないし、企業で面接を受ける前にも、大人な自己PRがわからないからです。〔1-A406〕

例4-2　日语商务信件的写作方法，求职信的写法，议论文、说明文等的写作方法。应该增加实用性文章的学习，写作只是对学生的要求，为了将来更好地适应日本社会文化习惯，应该增加日语应用文的学习。〔1-H409〕
［日本語ビジネス文書の書き方、エントリシートの書き方、意見文、説明文などの書き方（を指導すべきです）。（すなわち）実用的な文章に関する指導を増やすべきです。（今までの）ライティング活動は「学生」への要求ですが、将来（私たちが「社会人」になる場合、）よりよく日本の社会文化に慣れるためにも、日本語の実用的な文章の指導を増やすべきです。］

例4-3　ビジネス文書。たとえば、申請書、報告書、依頼状、わび状、請求状などビジネスの現場でよく使う文書の作成の基礎に関するトレーニングが必要だと思います。〔1-A409〕

例4-4　レポートと論文を書く練習、これから企業に勤める時役に立つような課題レポートのような報告の書き方、これらに関するトレーニングが必要だと思います。〔2-A310〕

例4-5　自己PRなど、就職のために書く文書と添書に関するトレーニングが必要だと思います。これがこれから私たちの就職に良いだと思います。〔2-C316〕

例4-6　卒業論文についての文章を書くべきだと思います。さらに将来の就職に関する文章を書かなければいかないと思っております。〔2-B309〕

① 例えば、〔1-A301〕は、1回目の調査の対象者であり、A大学の3年生で、01番の対象者を意味する。

例4-1～例4-6の下線部から、CLJは特定の実用的なニーズを明確に意識していることが分かる。こういったニーズからは、ライティングの授業において、実用的な文章そのものに関する指導（例4-2～例4-6）とその基礎段階の文章ジャンルに関する指導（例4-1、例4-2）といった2種類の要望が見られた。

実用的な文章については、同じクラスで勉強するCLJの持つ特定のニーズは異なる場合が多く、クラス全員のニーズに応えるための指導は、時間も場所も制約がある教室という環境では実施しにくい。そのため、現実的には教員が必要のある学習者に対して、授業活動以外の時間帯の個別指導を行うことになる場合が多い。以下に示す例4-7は、フィールドワークの際に得られたA大学の教員がインタビューで、ライティング授業における研究計画書の書き方の指導状況といった質問に対して行った回答である。日本の大学院に留学するというニーズは特定の個人に限られるため、授業内容としてクラスの全員に対して指導するのではなく、「メールとか、家に来て」といった課外の個別対応形式による指導で行われていることが分かる。

例4-7　全体的にはしていません。個人的にやっぱり、大学の中で研究したいと、やっぱり面接がありますから、そういう指導は度々しています。今も去年卒業した一人の学生は一年間仕事して、どうしても日本に行きたいと、K大学の文学部に行く。よくメールとか、家に来て、教授を探すメール、手紙のやり取りとかの指導は、そういう指導は毎年やっています。研究計画書の書き方についても指導しています。いくつかの項目を分けて書く、書いた内容を修正する。大学の先生とのやり取りを何回もしますが、そのつど、文法的な間違いを直します。そのやり取りは何回もしました。ただしこれは個人です。クラス全体はそういう指導はしていないです。みんなが院生になれたり、日本に行くわけないし。

一方、基礎段階である文章ジャンル、すなわち、説明的文章はCLJの論理的ライティング力の育成を目ざす学部段階の授業では指導可能である。また、記述内容を論理的に伝達することを重視する側面においては実用的な文章との共通性が高く、CLJの就職や進学/留学といったそれぞれ特定のニーズに応えるライティング力の土台となると考えられる。そのため、説明的文章を学部段階における指導に取り入れる必要性が高いと考えられる。

自由記述においては、実用的な文章ジャンルやその基礎段階の文章ジャンルに関する言及のほか、下記の例4-8から例4-10に示した、俳句、エッセイ、日記のような文学的文章のタスクの必要性に関する記述も64名と少数見られた。これは「実用性」というより、日本語といった言語手段を介した「教養」を高めたいという要望であると考えられる。

例4-8　对日本的俳句应进行适当的练习。有机会接触一下此类作品，在同日本人的交流中显得更有"深度"。〔1-H302〕
［日本の俳句に関するトレーニングも適宜に行うべきです。このような文章ジャンルに触れることによって、日本人とはより中身の充実したコミュニケーションができるからです。］

例4-9　(前略) 散文也可能是必要练习中的一项。我认为散文中的句子很优美，并且有很多语句是我们学习过程中不会用口语涉及的。所以想要读懂日本散文家的作品，我们学习者首先应该学习去写散文。〔1-H314〕
［(前略) エッセイのタスクも必要です。エッセイにはたくさんの美文があって、その多くは普段の勉強における話し言葉では触れることができません。だから、日本のエッセイストの作品をより深く理解するためにも、まず自らエッセイの書く勉強をするべきだと思います。］

例4-10　日記とエッセイ。なぜかというと、日記を書く時、自分の気持を表すだけでなく、日本語のレベルのチェックもできる。エッセイは美しい言葉で書くので、その楽しさを感じることができる。〔1-G413〕

一方、例4-1～例4-6に示したように、実用的な文章やその基礎段階の説明的文章に関するタスクでは3、4年生ともに要望が多かったが、例4-8～例4-10のような「教養」を高めることを目的としたタスクに関する記述は、4年生より3年生に圧倒的多く見られた。大学卒業を控えている4年生は各々の明確なニーズに基づいた「実用性」を重視し、将来の仕事や研究活動に必要な文章ジャンルのライティング力の習得に対する要望が高まっていると推測される。

以上におけるCLJの自由記述から、全体的に文学的文章より、実用的な文章とその基礎である説明的文章に関するタスクへの高い要望を持っていることが分かった。ライティング授業においては、多数の受講者のニーズに応えられる説明的文章を導入する必要性がうかがえた。

4.3 教員のライティング教育に対する信念

上述の4.1では、CLJのライティング授業におけるタスクの実態を分析し、その結果、全体的に文学的文章に関するタスクが説明的文章を上回っていることが明らかになった。また、このタスクの実態に対してCLJは満足しておらず、説明的文章に関するタスクの導入を期待していることが4.2の分析で分かった。本節では、CLJのライティング授業を担当する教員のライティング教育に対する信念を検討し、文学的文章が高い割合を占めている原因を考える。教員の人数は6名と少ないものの、異なる大学において共通した結果が見られたため、この結果をもとに教員の信念について検討することは一定以上の意義があると考えられる。

A、B、Cの3大学でライティング授業を担当する合計6名の教員①に対して調査した結果、次の2点が明らかになった。(1) ライティング授業は日本人教員に担当させる傾向があり、指導の目標や内容、方法については個々の裁量に任されており、教員は各自の信念に基づいて指導を行っている。(2) それらの教員はライティング指導において、文学的文章に重点を置く傾向がある。以下、調査で得られた担当教員の語りとして例4-11から例4-13を示し、具体的に検討する。

例4-11　学校全体のカリキュラム、ゴールは明確でないので、それぞれの先生がそれぞれの感覚で授業を行っているという感じでいいんだろうかと。作文で言ったら、例えば、最初学校側のシラバスというか、を作成した上で、ゴールは例えば卒業論文が書けるようにすることとか、就職のための志望書が書けるようにすることとか、というようなガイドラインはまったくないので…(中略) つまりどこまでゴールにするのか、私の場合、やっているうちに自分でこんな感じかなあ、あっやっぱり違うんだ、学生の反応を見ながら自分で決めなくてはいけなかったので、もうちょっと明確なラインがあったほうが、遠回りをしないで、例えば4年生になったらみんな卒論についてできる、というのがですね。そういうふうになれるじゃないかと。(カリキュラムの設計は) やっぱり各自の裁量でお願いしますと。(指導目標) も自

---

① 全員が日本語母語話者である。詳細は第3章に示した。

分の裁量で決める。だから日本人の先生の間で話し合って決める。はっきり言わないですね。

例4-11はC大学の教員が「ライティング教育の現状」について語った内容である。下線部に示されたように、ライティング授業に関するカリキュラムは明確に設定せず、指導の目標や方法などについては、かなりの程度が担当の教員各自の判断で決められるものとなっている。例4-11から、このような指導体制について教員は、上記の語りで表現されているような「遠回り」をせずに効率的に指導を行うためには、定められた明確な指導目標やラインを期待していることがうかがえた。

そのようなライティング指導体制の中における授業の指導目標や内容などは、学習者のニーズに基づいたものというより、教員個々人の経験や信念に左右されていることになっている。今回の日本人教員への調査から、以下の2例に示したように、ライティングの行動を通していわゆるCLJの「人間性の育成」への支援を重視する傾向がうかがえた。以下、「ライティング授業のあり方」に関する教員の語りを示して検討する。例4-12はB大学、例4-13はC大学の教員から得られた回答である。

例4-12　やはり、文章の基本を押えるのはもちろん大事ですけど、でも大学教育というのは、そういう基礎、基本はもちろん大事だけど、やっぱりある意味、人間教育ですか、それが一番大事だと思いますから、(中略) 最初はそんなふうに、書く中身をどれだけ自分の中に取り込むか、自分の視点とか、自己の置き方というか、そこからまず教えて。そういうものの見方とか、考え方は日常の中から見つけさせるというね。そこから入ってきますね。

例4-13　やっぱり個性とか、そういうものも大事なので、私はできるだけ直さないようにしていて、間違えて、どうしてもこれが不自然だと思う部分を直すけれども、おそらく一人ひとりの文体が中国語で書く時もきっとあるだろうと思うので、あまり画一的に、こんなふうに書いてくださいと考えたことがないので、できるだけこう、確かに、オリジナリティーと言って、そうかもしれないですけど、内容はあんまり教師が、絶対的に変えないで、表現だけは直そうという、それを非常に重視しています。

上記の2例から分かるように、回答者の教員はCLJの文章における「意味内容」を重視しているが、その目的は論理的に情報伝達を果たすことではなく、下線部に示された、書き手の「視点」や「置き方」、「ものの見方」などのような自己発見、または「個性」や「オリジナリティー」にある。すなわち、ライティングを学習者であるCLJの「人間教育」を行う手段の1つとして位置付けている。教員におけるこのような信念は、ライティング授業における文学的文章タスクが多い実態を生む背景になると推測される。

確かに、精神的、社会的な成熟過程にあるCLJの「人間性の育成」を支援することは大学教育の重要な役割の1つである。しかし一方で、優れた文学的文章が作成できることには書き手の人間的な成熟とは必然的な関係を持たず、日本語のライティングをその手段とすることは疑問の余地が残る。さらに、日本語ライティング授業は、長期間にわたって実施される教養教育の一環というよりも、限られた期間に行う必要があり、CLJの卒業後の実用的なニーズに応えるための準備段階として位置付られるべき時代になっていると筆者は考える。

以上から、ライティング授業は、教員の持つ個人的な信念よりは、CLJの実用的なニーズを重視し、彼らの論理的ライティング力の育成を目ざして、説明的文章のタスクをより多く取り入れる必要があると考えられる。

4.4 本章のまとめと総合的考察

本章では、CLJがライティング授業のタスクとして実際に作成した経験のある文章ジャンル、指導が必要な文章ジャンルに関する認識および教員のライティング教育に対する信念について量的・質的に調査・分析を行った。

調査対象者のCLJが全体的には、文学的文章のタスクを比較的多く経験しており、一方で、就職や進学/留学に必要な実用的な文章ジャンルやその基礎である説明的文章に関連するタスクは非常に少数にとどまっていることが分かった。このような現状に対してCLJには特定のニーズが顕在し、将来必要となる実用的な文章やその基礎段階の説明的文章のタスクを強く求めていることが明らかになった。

また、第1章において言及した『指導要領』には、CLJの実用的なニーズをある程度視野に入れた方針が定められている。しかし、実際の教育現場における指導目標や指導内容は、この方針の範囲の中に調整されるのではなく、むしろ、教員個々人が持つライティング教育に関する方針や信念によって左右される傾向にあるということが、本章の分析結果から明らかになった。また、教員はCLJの要望についても十分に把握できていないことも明らかになった。

このように、ライティングタスクの内容、指導体制などの現状は、CLJのニーズとそれに基づいたライティング授業への期待から乖離していることが分かった。

CLJの特定の実用的なニーズを視野に入れた学部段階のライティング教育においては、教員側とCLJ側の双方が論理的ライティング力を育成するための説明文や意見文などの説明的文章の役割を意識し、CLJの特定のニーズに基づき、その割合を高め、関連のタスクを導入することが重要である。それを通してCLJにおける論理的文章に関する理解を深め、論理的ライティング力の形成を支援することが必要であると考えられる。その上で、CLJ自身が各々のニーズにあわせ、主として自律的な学習活動を通してさまざまな実用的な文章ジャンルのライティングに臨むことが有効であると考えられる。

第5章　CLJのライティングに対する意識

本章では、CLJのライティングに対する意識について量的・質的分析を行う。その結果に基づき、彼らの論理的ライティング力育成を目的とした教育に必要な指導項目、指導方法など、彼らのライティングに関するニーズについて総合的に考察する。本章の流れは以下の通りである。

5.1　教員の指導に対するCLJの認識および評価について分析を行う。
5.2　CLJのライティングに対する意識について、ライティング時に重視する項目および困難を感じる項目を分析した上で、総合的に検討する。
5.3　ライティング授業に対するCLJの期待について分析する。
5.4　担当教員のライティング教育に対する信念について分析する。
5.5　本章をまとめ、CLJにおけるライティングのニーズについて総合的に考察する。

5.1　教員の指導項目に対するCLJの認識(T)および評価(t)

本節では、CLJのライティングに対する意識について、教員から指導を受けたと判断された項目（以下、「T」）および教員の指導項目に対する評価（以下、「t」）に注目して、調査結果をまとめた上で、量的・質的な考察を行う。

アンケート調査票には、CLJのライティングに対する意識について、〈1書式〉、〈2入力〉、〈3文体〉、〈4文法・表現〉、〈5論理展開〉、〈6資料の収集・引用〉、〈7テーマの理解〉、〈8オリジナリティー〉、〈9その他〉、といった9項目を提示した複数選択可の選択問題と自由記述の問題を設けた①。

5.1.1　教員の指導項目に対するCLJの認識（T）および評価（t）

表5-1は、「T」に関する調査結果をまとめている。1回目と2回目それぞれの調査結果については、選択度数の低い〈2入力〉、〈6資料の収集・引用〉、〈8オリジナリティー〉、〈9その他〉を結合してχ^2検定（有意水準0.05）を行った。その結果、各項目の選択度数は、大学、学年との間では有意差が認められ

① 質問項目の詳細は表3-2および「アンケート調査票（在学生）」（付録2）に示した。

なかった①。また、1回目と2回目それぞれの調査結果の合計について選択度数の低い〈2入力〉、〈6資料の収集・引用〉と〈9その他〉を結合してχ^2検定（有意水準0.05）を行った結果、選択項目と調査期間の間では有意差が認められなかった②。

以上の結果から、本章における「T」に関連する分析では、調査結果の合計の数値をもとに総合的に捉えることとする。

図5-1は、「T」および「t」に関する調査結果を示したものである。

まず、「T」については、CLJは教員から〈1書式〉について最も多く指導を受け、〈4文法・表現〉や〈3文体〉についても多くの指導を受けたと認識していることが分かった。また、〈5論理展開〉の選択度数も高く、関連する指導を受けたとの認識が対象者全体の6割以上と多く見られた。

また、「t」については、「T」の設問に対して選択で回答し、かつ「t」で評価した379名の対象者の評価結果をまとめた。「2十分ではなかった」と評価した対象者数が227名と全体の約6割、「3なんともいえない」と評価した対象者数が51名と約1割を占めており、「1十分であった」と評価した対象者数は101名で3割弱にとどまっている。このように、7割以上はプラスに評価せず、調査対象者のCLJは日本語のライティングに関して教員から受けた指導について、全体的には満足度が低いことがうかがえた。

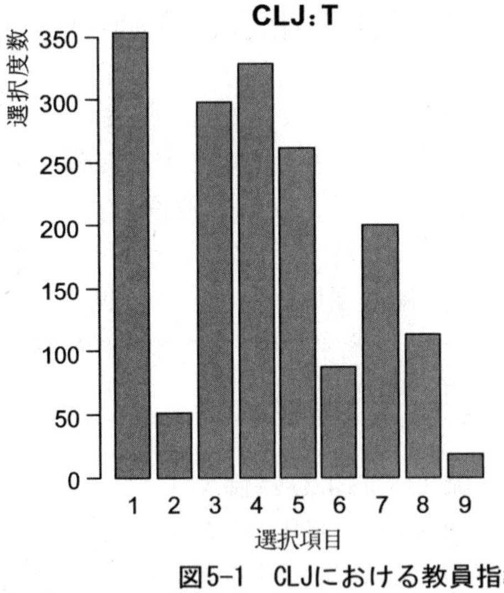

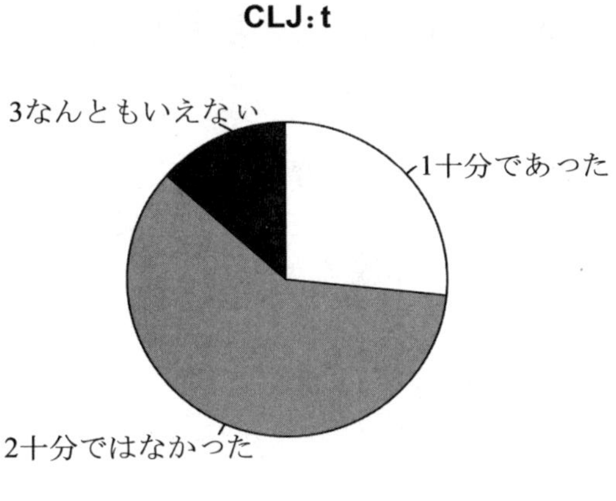

図5-1　CLJにおける教員指導への認識（T）および評価（t）

---

① 1回目の調査結果については、選択項目と大学間：$\chi^2(30)=43.1, p=0.06>0.05$、学年間：$\chi^2(5)=3.15, p=0.68>0.05$。2回目の調査結果については、選択項目と大学間：$\chi^2(10)=2.95, p=0.98>0.05$、学年間：$\chi^2(5)=6.47, p=0.26>0.05$。

② $\chi^2(6)=4.06, p=0.67>0.05$。

表5-1　調査対象のCLJにおける教師指導項目への認識（T）

大学・学年別 ＼ 選択項目		〈1書式〉	〈2入力〉	〈3文体〉	〈4文法・表現〉	〈5論理展開〉	〈6資料の収集・引用〉	〈7テーマの理解〉	〈8オリジナリティー〉	〈9その他〉
1回目（349名）	A3（23名）	21	3	16	19	15	8	15	7	0
	A4（23名）	21	5	15	21	14	4	6	6	3
	B3（39名）	38	0	34	37	36	13	28	14	0
	B4（18名）	18	1	15	18	10	5	12	9	0
	D3（27名）	8	3	8	12	10	2	5	4	2
	D4（27名）	26	10	25	26	23	12	11	7	3
	E3（30名）	18	4	15	20	11	4	14	7	2
	E4（11名）	8	2	6	2	4	1	2	1	0
	F3（14名）	11	1	9	10	2	0	3	6	1
	F4（15名）	14	9	13	12	11	8	7	6	2
	G3（47名）	38	0	31	28	32	4	15	4	1
	G4（39名）	36	0	33	34	33	3	21	15	1
	H3（18名）	16	7	15	14	9	4	11	5	2
	H4（18名）	17	2	15	16	15	3	15	6	0
2回目（72名）	A3（10名）	10	2	6	9	6	1	5	0	0
	A4（ 9名）	9	2	7	9	6	6	5	3	0
	B3（15名）	13	0	12	14	11	0	7	4	1
	B4（ 9名）	9	0	8	9	4	2	7	4	0
	C3（16名）	14	0	10	8	5	5	6	1	0
	C4（13名）	8	0	5	11	4	3	6	4	0
合計		353	51	298	329	261	88	201	113	18

以下では、CLJにおける教員指導への満足度と指導を受けたと認識した項目の数の間にある関係を詳細に分析する。「T」と「t」の両方を回答した379名のCLJが「T」において選択した項目の数を「0～3」、「4～6」、「7～9」と3段階に分け、それぞれの段階における評価は表5-2にまとめた。

表5-2 「T」における選択項目数と「t」における評価との関係（名）

「T」における選択項目数 ＼ 「t」における評価	0～3	4～6	7～9
「1十分であった」 （101名）	16	64	21
「2十分ではなかった」 （227名）	76	129	22
「3なんともいえない」 （ 51名）	14	35	2

表5-2から分かるように、「T」における選択項目数が「0～3」の場合、「1十分であった」の選択者数（16名）と「2十分ではなかった」の選択者数（76名）の比率は1: 4.75であるが、「4～6」の場合は、その比率は約1: 2（64名: 129名）となり、さらに、「7～9」の場合、ほぼ1: 1（21名: 22名）となっている。「T」における選択項目数と「t」における評価の関係についてフィッシャーの正確確率検定（有意水準0.05）を行った結果、顕著な有意差が見られたため、両者には強い相関があると言える[①]。この結果から、「T」における選択項目数の増加につれて、調査対象者が教員の指導に対して持つ満足度が上がっていく傾向が見られた。すなわち、調査対象者のCLJは日本語ライティング学習において、より多くの項目の指導を望んでいると推測される。

一方、ライティングの授業は、『指導要領』によると、日本語専攻教育の学部高学年の科目、すなわち、3年目から開設する科目であると規定されている。また、意識調査の協力が得られた大学においても、本格的なライティング授業は3年生の前期か後期から始まり、4年生の前期までとなっている[②]。4年目の後期からは学生が日系企業などのさまざまなインターンシップに参加するため、ライティングの授業は開設されていない。

このように、CLJに向けた学部段階の日本語専攻教育におけるライティング授業は、実質1学年や1学年半のみ開設されていることになり、すべての指導項目を均等に授業で扱うことは困難である。このような現実にかんがみると、限られた期間で指導効果を挙げるためには、CLJのニーズの高い指

① $p=0.000656<<0.05$。

② 「精読」の授業で短いライティングのタスクを行っている大学もあるが、それは学習した文法項目の定着を図ることを主な目的としており、またその練習時間が非常に限られている。なお、「精読」については、「はじめに」（p.1, 脚注③）で解説している。

導項目を優先的に扱う必要性があると考えられる。以下の5.1.2では、CLJに指導が必要な項目を明らかにするために、彼らの満足度に影響する項目について詳細に分析を行う。

5.1.2　必要な指導項目に関するCLJの認識

図5-2は、「T」で当該項目が選択されなかった場合における、「1十分であった」の選択者数に対する「2十分ではなかった」の選択者数の割合を示している。全体の「2」の選択者数対「1」の選択者数の比（2.25: 2）を基準線として観察すると、すべての項目が基準線を上回っていることが分かる。すなわち、1～9の項目はすべて指導が必要であると認識されている。そのうち、最も割合の高い項目は〈5論理展開〉であり、2位の〈4文法・表現〉と3位の〈3文体〉を大きく上回っている。このことから、〈5論理展開〉はCLJに最も必要であると認識され、その指導は最も強く期待されていることが明らかになった。

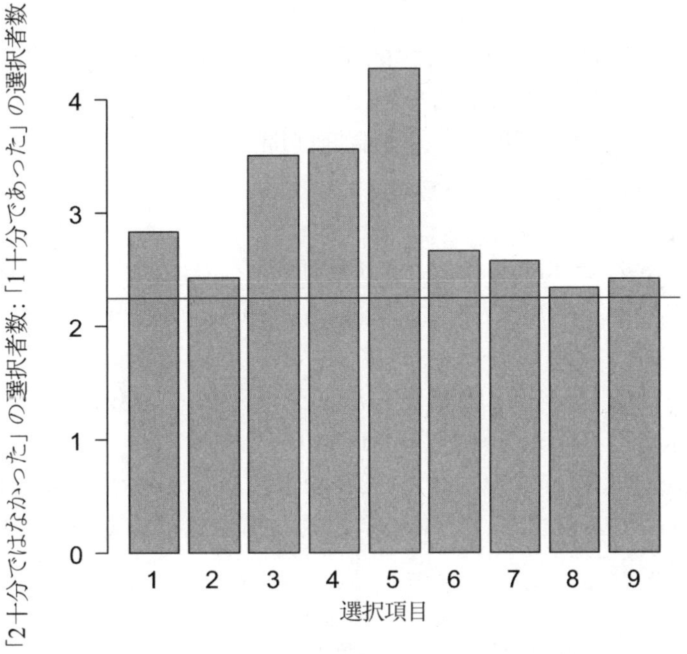

図5-2　指導項目別の欠如におけるCLJの不満度

〈5論理展開〉、〈4文法・表現〉および〈3文体〉の3項目は、前掲図5-1に示した通り、選択度数が高く、教員から多くの指導を受けたと認識されている。また、図5-2に示したように、これら3つの項目に関する指導を受けていないと認識された場合の不満度が最も高かった。以上の結果を総合的に捉えると、上記3項目に関する指導がCLJにとって最も重要度が高く、関連する指導が強く求められていることが推測される。図5-2に示した各指導項目の優先順位は、教育期間などの制限により指導項目の取捨選択が強いられる際に、より効果的な指導を行うための指導項目の精選に示唆を与えたと言える。

CLJにおける指導項目の優先順位に関する認識は、自由記述からもうかがえる。アンケート調査では、「t」における評価の理由および必要な指導項目について尋ねた結果、全員421名のうち258名、すなわち6割強のCLJから回答が得られた。その中では、〈5論理展開〉(例5-1～例5-4) が最も多く言及されており、2番目に多く語られた〈4文法・表現〉(例5-4、例5-5) を大きく上回る。

また、〈6資料の収集・引用〉への言及も比較的多く見られ、実用的な文章の作成において文献や資料の収集および手続きを踏まえた上での適切な引用といった点に対してのCLJの明確な意識がうかがえる。なお、文献、資料の収集や適切な引用を行う習慣の形成はライティングの授業のみならず、その他の授業や学習者自身の自律的学習においても可能であると考えられるため、本研究では詳細な議論を割愛する。

以下、CLJの記述例を提示し、〈5論理展開〉について具体的に検討する。下線などは筆者によるものである。

例5-1　文章の全体的な構成、論理展開するのはかなり少し教えてくれている。ただ文法的な問題指示されます。〔1-G313〕

例5-2　不了解日语写作的正确写法，无法形成一个套路。对于文章的整体结构不能充分地把握。〔1-B416〕
［日本語ライティングの正確な方法が分からず、系統的な知識を持っていません。文章の全体的な構成について十分に把握できません。］

例5-3　文章の全体的な構成、論理展開という面についてまだ不十分だと思います。そして、先生に私たちが多くて、もっと広い角度から考えるように工夫していただきたいです。つまり、深く考えることを教えていただきたいということです。〔2-A310〕

例5-4　文章の構成などについての指導はまだ不十分だと思って、②

（すなわち、「2十分ではなかった」：筆者注）を選びました。書式、文字表記や日本語らしい日本語の使い方などについての指導は必要だと思います。〔2–C405〕

例5–5　日本人の感想や考え方はまた分かりにくいです。日本人らしくて日本語で文章を書くのはまだできません。文法や言葉のミスは多いです。詳しくて丁寧に指導を受け取りたいです。〔1–B322〕

例5–1から例5–4においては、下線部に示したように、論理展開に関する指導の欠如が「2十分ではなかった」と評価した理由として提示されている。さらに例5–3では、二重下線部に示した「もっと広い角度から」「深く考えること」といった論理展開に関連した論理的思考力の向上を取り入れた指導への要望が見られた。

また、例5–4と例5–5はともに網掛け部に示したように、文章表現の「日本語らしさ」に注目しており、日本語の文法や表現の正確さのほか、適切さに関するCLJの要望がうかがえた。特に、例5–4においては、前半で「文章の構成」に関する指導の不十分さが指摘された後、後半で「日本語らしい日本語」に関する指導への要望が挙げられている。すなわち、この記述を行った〔2–C405〕は、「文章の構成」には「日本語らしい」言語表現が必要であると認識していると推測される。そのような「日本語らしさ」の形成については、文学的文章の場合、比較的長期間の読解活動によるインプットの蓄積が必要となる。一方、説明的文章における日本語の表現の適切さを高めるために重要な役割を担う「論理展開の表現」（山崎, 2008: 24）の習得は、比較的短期間の集中的訓練によりある程度効果が見られるものであるとの指摘も存在する①。

上記の記述例から、CLJは論理展開の重要性について認識できていることが明らかになった。一方、彼らは論理展開に含まれる内容については具体的に指摘できず、明確な認識を有していないことおよび目標言語である日本語のいわゆる「日本語らしさ」を常に意識しており、それに関連する指導も期待していることがうかがえた。CLJにおけるこのようなライティングの際の論理展開に関するあいまいな認識および「日本語らしさ」に対する追求は、彼ら自身の日本語学習における「ネイティブ並み」の目標設定や自己期待がある一方で、教員からの影響もあると推測される。以下の5.2ではCLJ

① 山崎（2008: 24）は、文章の論理展開を示す段落間の接続表現やメタ表現などを「論理展開の表現」と称しており、それは文章の論理性を保つための重要な手段であり、比較的短い期間による習得が可能であると指摘している。

のライティング意識について総合的に考察してから、5.3ではライティング授業への期待、5.4では担当教員の指導に関する信念について検討する。

5.2　CLJのライティングに対する意識

5.2.1　ライティング時に重視する項目(SI)と困難を感じる項目(SD)

表5-3は、CLJがライティングを行う際に重視する項目（以下、「SI」）をまとめたものである。1回目と2回目それぞれの調査結果については、選択度数の低い〈2入力〉、〈6資料の収集･引用〉、〈9その他〉を結合してχ^2検定（有意水準0.05）を行った。その結果、各項目の選択度数は大学学年との間では有意差が認められなかった①。また、1回目と2回目それぞれの調査結果の合計については、選択度数の少ない〈2入力〉と〈9その他〉を結合してχ^2検定（有意水準0.05）を行った結果、選択項目と調査期間の間では有意差が認められなかった②。

表5-4は、CLJがライティング時に困難を感じる項目（以下、「SD」）をまとめたものである。1回目と2回目それぞれの調査結果については、選択度数の少ない〈1書式〉、〈2入力〉、〈7テーマの理解〉、〈9その他〉を結合してχ^2検定（有意水準0.05）を行った。各項目の選択度数は大学、学年との間では有意差が認められなかった③。また、1回目と2回目それぞれの調査結果の合計については、選択度数の少ない〈1書式〉、〈2入力〉、〈9その他〉を結合してχ^2検定（有意水準0.05）を行った結果、選択項目と調査期間の間では有意差が認められなかった④。

これらの結果から、本章で行う「SI」および「SD」に関する分析では、2回の調査結果を総合的に捉えることとする。

---

① 1回目の調査結果については、選択項目と大学間：$\chi^2(36)=22.3$, $p=0.96>0.05$、学年間：$\chi^2(6)=4.87$, $p=0.56>0.05$。2回目の調査結果については、選択項目と大学間：$\chi^2(12)=2.79$, $p=0.997>0.05$、学年間：$\chi^2(6)=5.01$, $p=0.54>0.05$。

② $\chi^2(7)=8.62$, $p=0.28>0.05$。

③ 1回目の調査結果については、選択項目と大学間：$\chi^2(30)=14.9$, $p=0.99>0.05$、学年間：$\chi^2(5)=3.85$, $p=0.57>0.05$。2回目の調査結果については、選択項目と大学間：$\chi^2(10)=3.13$, $p=0.98>0.05$、学年間：$\chi^2(5)=0.86$, $p=0.97>0.05$。

④ $\chi^2(6)=5.11$, $p=0.53>0.05$。

表5-3　調査対象のCLJにおけるライティング時に重視する項目(SI)

大学・学年別 ＼ 選択項目		〈1書式〉	〈2入力〉	〈3文体〉	〈4文法・表現〉	〈5論理展開〉	〈6資料の収集・引用〉	〈7テーマの理解〉	〈8オリジナリティー〉	〈9その他〉
1回目（349名）	A3（23名）	15	0	16	20	14	3	14	5	0
	A4（23名）	15	7	13	20	14	8	14	14	1
	B3（39名）	29	4	25	33	20	9	20	20	1
	B4（18名）	14	3	10	17	13	6	12	10	0
	D3（27名）	6	6	19	23	15	5	15	18	2
	D4（27名）	15	6	22	24	21	8	13	15	0
	E3（30名）	13	2	15	24	13	7	19	14	1
	E4（11名）	7	3	4	8	5	1	1	3	0
	F3（14名）	6	1	9	12	8	2	7	7	0
	F4（15名）	12	7	7	14	7	2	10	10	1
	G3（47名）	35	10	29	42	30	12	37	31	1
	G4（39名）	19	1	27	31	29	8	23	26	1
	H3（18名）	13	2	12	18	6	1	13	9	0
	H4（18名）	14	3	13	16	11	0	12	13	2
2回目（72名）	A3（10名）	4	0	6	10	8	3	5	3	0
	A4（ 9名）	6	3	5	9	6	1	2	6	0
	B3（15名）	9	2	9	12	10	5	11	5	0
	B4（ 9名）	3	1	7	8	9	3	4	5	0
	C3（16名）	9	0	14	14	10	5	9	5	0
	C4（13名）	4	2	7	11	10	3	8	7	1
合計		248	63	269	366	259	92	249	226	11

表5-4 調査対象のCLJにおけるライティング時の困難な項目（SD）

大学・学年別	選択項目	〈1書式〉	〈2入力〉	〈3文体〉	〈4文法・表現〉	〈5論理展開〉	〈6資料の収集・引用〉	〈7テーマの理解〉	〈8オリジナリティー〉	〈9その他〉
1回目（349名）	A3（23名）	1	0	8	16	8	5	3	10	0
	A4（23名）	1	2	7	12	12	8	3	9	0
	B3（39名）	1	4	13	31	18	14	7	28	0
	B4（18名）	0	2	10	12	10	7	5	13	0
	D3（27名）	2	4	12	17	10	10	4	11	0
	D4（27名）	1	3	16	21	13	8	4	12	0
	E3（30名）	1	13	10	21	12	11	1	16	0
	E4（11名）	1	1	3	9	3	4	1	3	0
	F3（14名）	3	1	8	8	8	7	2	7	0
	F4（15名）	0	0	7	11	8	8	3	8	0
	G3（47名）	6	7	24	34	15	22	10	31	0
	G4（39名）	3	1	18	26	27	17	12	20	1
	H3（18名）	1	2	7	12	12	6	4	8	0
	H4（18名）	2	0	8	15	8	8	4	13	0
2回目（72名）	A3（10名）	0	0	4	7	6	3	3	5	0
	A4（ 9名）	1	0	4	5	3	3	1	4	0
	B3（15名）	2	0	7	10	9	8	3	11	0
	B4（ 9名）	1	0	1	4	6	3	3	6	0
	C3（16名）	2	0	6	15	8	5	5	9	0
	C4（13名）	1	0	6	9	10	5	3	7	1
	合計	30	40	179	295	206	162	81	231	2

図5-3は「SI」および「SD」に関する調査結果を示している。図5-3からは、CLJは全体的に〈4文法・表現〉を最も重視し、かつ困難を感じていることが分かった。また、〈3文体〉、〈5論理展開〉、および〈8オリジナリティー〉の3項目についても重視していながら、困難を感じていることが明らかになった。

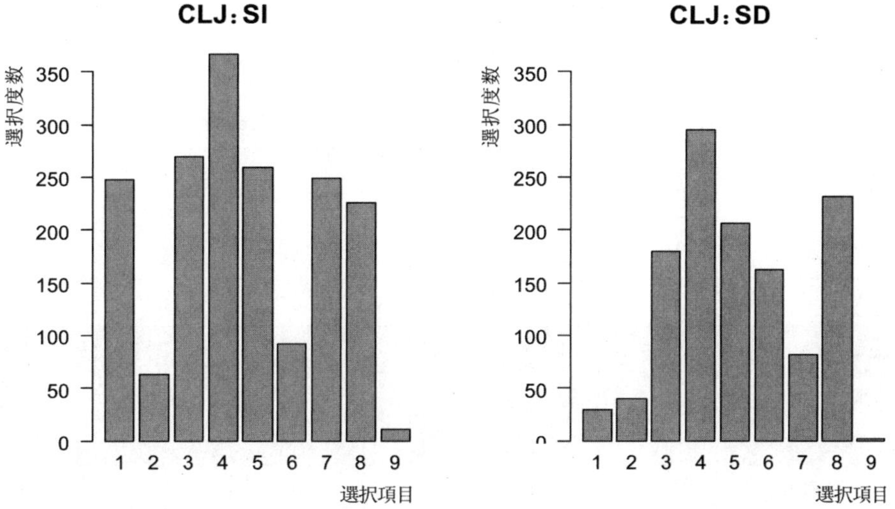

図5-3　CLJにおけるライティング時の重視する項目（SI）および困難な項目（SD）

〈4文法・表現〉、〈5論理展開〉と〈3文体〉の3項目と異なり、文章の意味内容に深く関連する〈8オリジナリティー〉は「T」において選択度数は低かったが、「SI」と「SD」においては非常に高い選択度数が見られた。CLJは文法や表現に関する指導を比較的多く受けていながらも、自身はライティングの意味内容の重要性に一定の関心を持っていることが推測される。

以下の5.2.2においては、上記の「SI」と「SD」の調査結果に「T」を加えて、彼らのライティングに対する意識（以下、「T-SI-SD」）について総合的に考察を行う。

5.2.2　CLJのライティングに対する意識（T-SI-SD）

「T」、「SI」、「SD」それぞれの調査結果を分析した結果、〈4文法・表現〉、〈5論理展開〉、〈3文体〉の3項目はすべてにおいて選択度数が上位を占めていることが明らかになった。調査対象者のCLJは全体的に、ライティングの学習において、日本語の文法や表現、文章の全体的な構成や論理展開および文章ジャンルの目的にあった文体の選択や書き言葉と話し言葉の区別などについて多くの指導を受け、かつ彼ら自身も重視しているにもかかわらず、依然として難易度が高いと認識しているように観察される。

以下では、このような全体的な傾向は、それぞれの調査対象者のライティングに対する意識にどのように反映されているかについて総合的に考察を行う。

表5-5では合計421名のCLJのうち、「T」、「SI」および「SD」のすべてで同じ項目を選択した、すなわち、指導を受けたと認識し、かつそれらを重視しているにも関わらず困難を感じる対象者数をまとめた。

表5-5 「T」、「SI」、「SD」において同じ項目を選択した調査対象者数（名）

調査期間・学年 / 選択項目	1回目3年 (198)	1回目4年 (151)	2回目3年 (41)	2回目4年 (31)	合計 (421)
〈1書式〉	2	3	0	2	7
〈2入力〉	0	1	0	0	1
〈3文体〉	38	37	9	2	86
〈4文法・表現〉	93	83	20	15	211
〈5論理展開〉	25	43	10	5	83
〈6資料の収集・引用〉	7	4	0	2	13
〈7テーマの理解〉	11	12	3	2	28
〈8オリジナリティー〉	14	22	1	6	43
〈9その他〉	0	0	0	0	0

表5-5における網掛け部で示した、選択度数の高い〈3文体〉、〈4文法・表現〉、〈5論理展開〉、〈7テーマの理解〉、〈8オリジナリティー〉の5項目に注目して選択項目と学年および調査期間の間にフィッシャーの正確確率検定（有意水準0.05）を用いて調べた結果、有意差は認められなかった①。その結果から、調査対象者のCLJにおいては、学習時間や機関により、上記5項目の難易度への認識には差があるとは言えないことが判明した。つまり、調査対象者のCLJは、ライティング学習の時間が長くなっても、また学習機関が異なっていても、それらの項目は共通して難易度が高いと認識していると言える。

図5-4は表5-5の集計結果の合計を示している。〈4文法・表現〉を選択したCLJは圧倒的に多く、〈5論理展開〉と〈3文体〉の選択者も多かった。図5-4に示された傾向はCLJの全体的な傾向と基本的に一致している。

---

① 選択項目と学年間: $p=0.10>0.05$、調査期間との間: $p=0.89>0.05$。

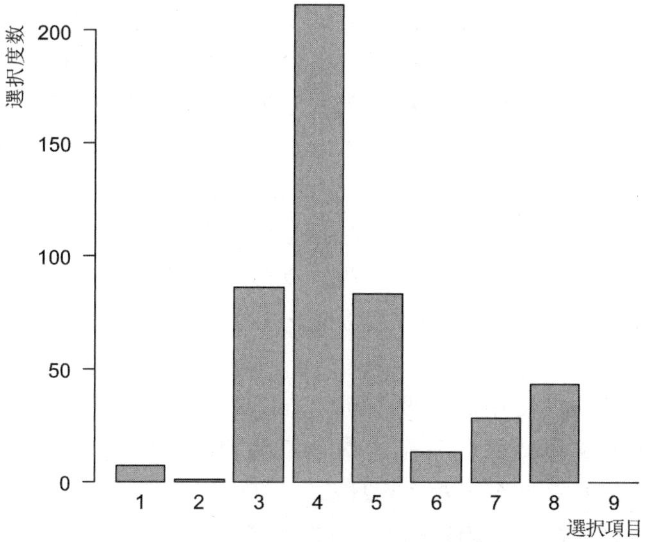

図5-4　CLJにおけるライティング意識の傾向（T-SI-SD）

図5-4の結果は、CLJへのライティング指導において文法や表現を取り上げる必要性を十分に示している。〈4文法・表現〉はライティングの場合のみならず、一般的に外国語学習においては重要度が高く、CLJの目標言語である日本語の学習のあらゆる側面に深く関わっている。〈3文体〉については、話し言葉と書き言葉との差異や文章の目的に合った語彙や表現の選択など、ライティング指導における文法や表現の一部として捉えられうるものである①。上記の2項目に関しては、ライティングを含めた日本語学習のすべての側面における指導の必要性が比較的容易に認識できる。そのため、教員とCLJの双方に重視されていると推測される。また、この2項目の高い割合からは、CLJのライティング活動は、意味伝達を目的としたものというより、日本語の文法や表現を定着させるための練習の手段になっているのではないかと推測される。

一方、〈5論理展開〉の高い選択度数からは、文章の全体的な構成や論理展開の指導の重要性も明確に認められた。〈5論理展開〉は、説明的文章や文学的文章など、文章ジャンルによって強調される側面が異なっている。感想文やエッセイなどの文学的文章においては、書き手のオリジナリティーが重視され、展開方法は比較的自由である。しかし、CLJのニーズの高い実用

① 一例として、石黒（2004）は中国語母語話者の日本語作文に頻繁に見られる漢語副詞の実態を調査し、その文体的な特徴について日本語学的に考察している。その結果から、上級レベルの学習者がライティングを行う際の語彙選択の指針を得るための示唆を与えている。

的な文章およびその基礎段階の説明的文章における論理展開は「書き手が資料やデータを集め、それらをテーマにそって独自に再構築していく際の極めて重要な約束事」(村岡, 2007: 28) である。その「約束事」を実現させるためには、日本語そのものの特徴ではなく、書き手の論理的思考とその思考結果を適切に示す日本語表現が必要である。

アカデミック・ライティングの論理展開の指導においては、「型」を活用して行うことが一般的であるが、「型」のみに注目する場合、「見せかけの論理」(木戸, 2004:28) ①となる危険性がある。文章の完成度を高めるためには、記述内容の論理性について十分に検討し、「論理展開の型」とそれを明確に示す言語表現の適切な使用が重要な鍵となる。論理的文章の作成を目ざす指導では、説明的文章における記述内容の論理性を検討し、文章の質的向上を図る方法が有用であると考えられる。

効果的な指導を行うためには、CLJのライティングにおける論理展開の実態と問題についても明らかにしなければならない。今回の意識調査の結果から、CLJが論理展開の重要性について認識していることが明らかになった。

5.3　CLJにおけるライティング授業への期待

アンケート調査票での自由記述およびインタビュー調査への回答から分かるように、CLJは教員が実際に行っている日本語の文法や表現の正確な使用を中心とした指導の必要性を認めている。一方、指導項目を含め、教師添削や授業の進行方法など、ライティング授業のあり方についての指摘も多く見られ、CLJのニーズに応えられる授業への期待がうかがえた。以下、具体例を提示して詳細に検討する。

例5-6から例5-9では、ライティング授業で受けた指導内容の不十分さと同時に、授業の進行方法や教員の添削、フィードバックなどの不十分さが指摘され、調査対象者の期待するライティング授業のあり方について述べられている。

例5-6　日语写作课上所受的指导十分不充分，只是开头讲了些标点符号、

---

① 木戸 (2004) は、「言語表現と論理が一致した文章を書くことが論理的文章の作成には必要である」(p.21) と指摘している。具体例として、「主張 —理由」型の文章で述べられた理由は「型による『見せかけの論理』になっていないか」(p.28) といった、意味内容の妥当性を検討する必要があることが挙げられている。

稿纸的使用方法，其他的如上面列举的指导项目几乎没有涉及，每堂课只是课上写完一篇作文下课交而已，或者给了题目回去写，接下来的时间就是自习。我想日语写作中假如都有如上（すなわち、アンケート調査票に提示した1～9の選択項目である：筆者注）这么详细的指导就够了。〔2-C301〕
［ライティング授業で受けた指導は非常に不十分です。学期の最初の授業に句読点や原稿用紙の使い方だけを教えてもらいました。調査票に提示された項目はほとんど教わっていません。ライティングの授業は、授業中に作文を書いて授業が終わってから提出するだけです。あるいは宿題としてテーマを与えられて、授業中は自習します。調査票に書かれたような詳細な指導が必要だと思います。］

例5-7　作文修改后应给予学生一定的讲评时间，老师还应该对文章的整体结构和逻辑展开进行讲解，并不是只改正语法错误。〔2-C305〕
［作文を添削してから学生にきちんとフィードバックをすべきです。先生は、文法的な間違いを訂正するだけでなく、文章の全体的な構成や論理展開についても説明すべきだと思います。］

例5-8　我觉得应该像以前学中文时写作文那样，作文哪里好哪里不好，应该拿一些同学写的作文当范文，不管写得好不好，把优缺点都说一下。现在的作文课比较缺乏这些东西。这方面的指导几乎没有，只是给一个题目，说一下，自己构思，也没什么字数限制。〔2-C307〕
［昔中国語で受けた作文トレーニングのように、どこが良くどこが良くないかを、クラスメートの作文を具体的な例として提示しながら説明すべきだと思います。良い例も悪い例も、全部説明すべきです。今のライティング授業はこのような指導はほとんどなく、ただテーマを与えられて、分量などの制限もなく、全部自分で考えます。］

例5-9　老师只给一个题目，然后讲了一下该题目所覆盖的内容就让我们写了。而且写完之后就发下来，也不讲解错误，只用红笔在文章中圈改错误。我认为在写之前，老师应引导我们对该题目充分理解，讲解一下格式，内容层次等。最重要的还是作文发下来后老师应充分指出我们在字体、标点、格式、语法、内容等方面的错误。并作一个总结归纳，提醒下次不要犯同样的错误。〔2-C404〕

［先生はただテーマを与えて、そのテーマに関連して書けそうな内容を簡単に説明するだけで書かせられます。しかも、提出した作文の間違いなども説明してくれず、赤ペンで間違ったところに印をつけるだけです。書く前に、テーマに対する十分な理解や書式、内容の組み立てなどを説明すべきだと思います。最も重要なのは、提出した作文を返す時は、私たちの文体、句読点、書式、文法、内容などの間違いについてはっきり教えてくれて、十分にフィードバックをすべきことです。さらに、全体的な出来具合についてもまとめて、今後、同じ間違いを起こさないように注意を喚起すべきです。］

ライティング授業における指導内容については、下線部に示したような、学期の最初の授業で示される「句読点や原稿用紙の使い方」や文法の正誤のチェックにとどまり、重要度の高い「文章の構造や論理展開」などについては行われていないことが指摘されている（例5-6、例5-7、例5-9）。授業における学習活動については、網掛け部に示したように、「作文テーマの提示」が行われるのみで、授業時間が有効に利用されていないこと（例5-7）、フィードバックが足りないこと（例5-7、例5-8、例5-9）、が指摘されている。また、教員の指導方法に対しては、ライティング前の丁寧な解説、添削後の具体例に基づいた十分なフィードバックを行い、教員がすべて正しい回答を示すことを期待する声も見られた（例5-8、例5-9）。このように、赤ペンで印をつけてCLJに自ら考えさせる方策の是非については、教員とCLJとの間で必ずしも合意形成が存在していないことがうかがえた。

5.4　教員のライティング指導内容に対する信念

本節では、CLJのライティング授業を担当している日本人教員に対して行った調査結果をもとに、ライティングの指導内容に対する教員の信念について質的に検討する。

第4章で明らかになったように、日本人教員はライティング指導を行う際に、各自の信念に基づいてCLJの「個性」や「オリジナリティー」を重視している。それを維持させるために、指導や添削の内容は下記の例5-10（例4-13再掲）の下線部の通り、日本語の文法や表現の不適切な使用の箇所に限り、それ以外の訂正は最小限にするように努める姿勢がうかがえた。

例5-10　やっぱり個性とか、そういうものも大事なので、私はできるだけ直さないようにしていて、間違えて、どうしてもこれが不自然だと思う部分を直すけれども、おそらく一人ひとりの文体が中国語で書く時もきっとあるだろうと思うので、あまり画一的に、こんなふうに書いてくださいと考えたことがないので、できるだけこう、確かに、オリジナリティーと言って、そうかもしれないですけど、内容はあんまり教師が、絶対的に変えないで、表現だけは直そうという、それを非常に重視しています。

また、6名の教員のうち1名が学習者の論理的ライティング力の育成を重視する方針を持っている。例5-11は、その教員による4年生を対象とした卒業論文に関する指導の語りから抜粋したものである。指導内容としては、下線部に示した通り、アカデミック・ライティングに必要な項目である「文字や書式」、「文体」、「文章表現」および「論理展開」が挙げられている。しかしながら、CLJが最も指導を期待している〈5論理展開〉については、その重要性への指摘にとどまり、「具体的な内容に踏み込んで」指導することが行われていないことが分かった。

例5-11　まず文字表記や書式は絶対ですね。注意をして指導しています。(中略) それから適切な文体の選択というのは、やっぱり論文を書く、私自身は「論文写作指導」という授業を担当したことがありまして、それは4年生の前期に、(中略) 日本で出版されている『レポート・論文の書き方』のようなテキストを適宜配布して、それを朗読しながら、説明をして。その時の評価は、4年生は実際に卒論を書いていますので、卒論のテーマ、なぜそれを選んだのか、それを客観的な文章表現で説明してほしい、というようなことをやりました。あと、まあ、書き言葉が存在するということはかなり言っております。あとは、日本語の使い方については、誤用例みたいなところでこれからやっていこうかと思っています。構成、論理展開というのは、説明はしているんですけれども、あまり具体的な内容には踏み込んではやっていません。

例5-11を語った教員は、日本の大学に在籍している大学院生であり博士論文を執筆しながら筆者の調査先大学で日本語教員として勤めている。そのため、この教員自身はアカデミック・ライティングの経験が豊富であり、自らの経験に基づいて、書き手の心情的要素を排除する論理的ライティング力の重要性についても強く意識している。にもかかわらず、論理展開に関する実質的な指導には踏み込んでいない。以上から、回答者の教員は、CLJにおける論理展開関連の指導への要望を明確に把握できていないか、具体的な指導内容、指導方法について具体的な方策を持っていない可能性が推測される。

強い問題意識を有し、かつ自律的に学習する習慣を有する少数の学習者を除き、大部分の学習者は教員が強調して指導しなければ、何が重要であるか、どのように習得していくかなどについて自覚する能力を有していない。そのため、教員は論理展開の重要性に言及するのみでは不十分であり、徹底した指導を行うべきであり、優先順位の高い指導項目についての具体的な指導内容を提示しなければ、十分な効果を得ることは難しい。

以上の分析から、CLJ側と教員側における日本語ライティングのあるべき姿に対する認識に大きな差異が存在しており、CLJの将来の実用的なニーズに応じた教育が目ざされていないという課題が示された。この課題を解決するためには、二通（2001）においては、論理的文章に関する教員側と学習者側の「共通理解の形成」の重要性が指摘されている。中国の大学という教育現場では、具体的な指導内容に至る以前の教育体制全体の問題が顕著であると考えられる。そのため、両者の「共通理解の形成」の重要性を強調する前に、まず教員自身のライティングのあるべき姿に対する認識不足の問題を解決する必要がある。その上で、CLJのニーズを考慮しつつ、柔軟に対応していくような指導上の工夫が求められるであろう。

5.5　本章のまとめと総合的考察

本章では、CLJの要望や弱点の把握といった彼ら側の問題の分析に、教員側における信念の分析も加え、CLJのライティングに対する意識について総合的に検討を行った。その結果、以下の点が明らかになった。

まず、ライティングにおいては、CLJは日本語の文法や表現の正確な使用を強く意識しているとともに、論理的文章の作成に不可欠な論理展開については、非常に困難を感じながらも重視している。一方で、論理展開の具体的な問題の把握や改善の方法については、彼ら自身ははっきりとした認識を有していない。

また、ライティングのあり方についてはCLJと教員との間の認識が異なり、教員側におけるCLJのニーズに対応するライティング指導の必要性については認識が不足しており、教育現場における指導体制にも限界が存在している。

第4章、第5章の検討に基づき、中国の大学における学部段階のライティング教育の現状を図5-5に示した。

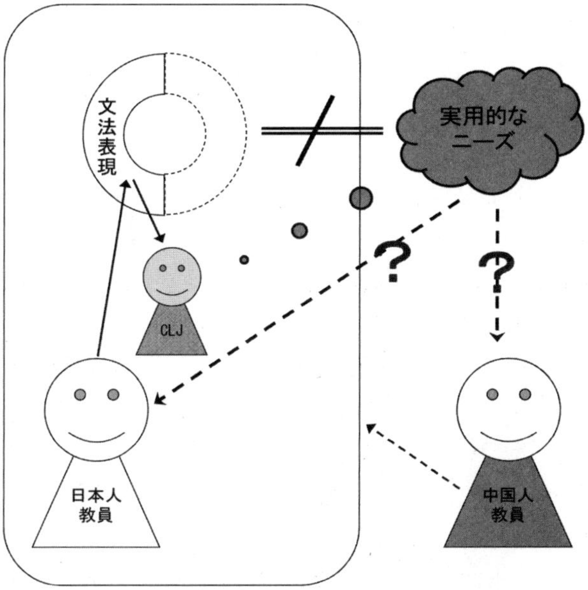

図5-5　CLJへのライティング教育の現状

すなわち、CLJは卒業後の就職や進学/留学のための実用的なニーズを持っており、そのため、論理展開に注目した論理的ライティング力の育成が必要となっている。しかし、日本人教員や中国人教員は、CLJのこのようなニーズについて十分に把握できていない。また、指導体制については、CLJのニーズを考慮に入れながら『指導要領』の方針を参考にしたカリキュラムの設定に関わるべき中国人教員が十分に役割を果たしておらず、ライティングの授業を日本人教員にほとんど任せてしまっていることが多い。日本人教員は1大学に若干名しか在職していないため、任されたライティング授業は、その若干名の教員の裁量にほとんど依存してしまうことになる。そうなれば、授業の方針は、コースデザイン全体からではなく、担当者個々人により大きく左右されることになる。また、調査対象者とした日本人教員による指導は、文法や表現の正確な使用に偏重しており、論理展開に関する指導は多くは見落とされている。その結果、学習者のCLJはライティング授業への満足度が低く、十分な教育効果を挙げることができていないと言える。

このように、第4章と第5章における検討は、CLJへのライティング教育の現状を明らかにし、今後に向けて指導内容や指導体制を再考するために有用な示唆を提示した。一方、CLJが論理展開そのものをどう捉えているかについては、まだ解明できていない。そこで、第6章、第7章においては、CLJの説明的文章産出の過程と産出された文章それぞれに焦点を当てて、彼らがライティングにおいてどのように論理展開を扱っているかについて検討を進める。

第6章　CLJの説明的文章の産出における自己推敲

本章では、第4章と第5章の結果を踏まえ、専門日本語教育において提唱された論理展開の観点から、CLJの説明的文章の産出における自己推敲①について量的・質的分析を行う。CLJが自身の産出した文章の論理展開についてどの程度モニターしているかを把握するためには、自己推敲といった「かなり意識的なモニタリング活動」（石橋2002: 95）を通した観察が有効であると考えられる。なお、自己推敲はライティング中に随時行われるため、その内容をすべて記録することは困難である。そのため、本章ではCLJ自身が一度完成した文章、すなわち、「初回作文」の上で行い、明確に現れた書き直しの表現や論理の修正に絞って分析する②。本章の流れは以下の通りである。

6.1　日本語学習者へのライティング指導を目的とした自己推敲に関する先行研究を概観する。

6.2　CLJの説明的文章の産出における自己推敲を抽出して分類を行う。

6.3　自己推敲の全般および論理展開に関する推敲について量的分析を行う。

6.4　論理展開に関する推敲が行われた具体例に絞り、推敲による文章の論理性の改善の有無に注目して質的分析を行う。

6.5　本章をまとめて、総合的に考察を行う。

6.1　先行研究の概観

6.1.1　推敲に関する先行研究

日本語学習者の文章産出における推敲についての研究には、推敲内容の評価結果に基づいてピア・レスポンスと教師添削によるものを比較し、学習者同士による推敲活動の効果を検討し、その有効性を指摘するものが多数

① 「自己推敲」のほかには、「自己訂正」といった表現も見られる。本研究で注目する「論理展開」の分析に際しては、誤用を直す「訂正」を含め、不適切であると判断された箇所をより適切に変更する「推敲」という表現を使用する。そのため本研究では、先行研究に言及する場合を除き、「自己推敲」と呼ぶことにする。

② 自己推敲例は「推敲作文サンプル」（付録6）に示した。

見られる。代表的な研究としては、池田(1999、2000b)、影山(2001)、原田(2006b)などが挙げられる。

池田(1999、2000b)は中級学習者の作文における、ピア・レスポンスによる推敲の有効性について指摘している。まず、池田(1999)は日本語学校の中級クラスのアジア系学習者20名(うち中国人15名)を対象として、作文推敲におけるピア・レスポンスの効果について研究を行っびる。その結果、アジア系の学習者におけるピア・レスポンスの導入は、従来の教師フィードバックと同等、あるいはそれ以上の活動効果があることを明らかにした。また、池田(2000b)は、日本語学校の中級クラスの学習者30名(うち中国人23名)を対象として、ピア・レスポンス推敲、教師フィードバック、自己推敲といった3つの方法の比較を行った。その結果、中級学習者の場合、ピア・レスポンス推敲は教師評価を最も向上させたことが分かった。

影山(2001)および原田(2006b)は、異なるレベルの日本語学習者を対象に分析し、ピア・レスポンスが文章の内容面に影響する推敲に対する有効性を指摘している。影山(2001)は日本語上級学習者である研究留学生の文章産出時の推敲におけるピア・レスポンスと教師フィードバックの影響を比較し、ピア・レスポンスが内容に影響する推敲への有効性と、それが教師フィードバックにはない効果を生むための条件を指摘している。また、原田(2006b)は中級学習者の文章産出過程に注目し、ピア・レスポンスによる推敲と教師添削の影響を比較している。その結果に基づき、ピア・レスポンスは学習者の自己推敲に対して内容的な側面に有効に働き、教師は学習者の主体性を引き出すことに焦点を当てることが彼らの自律的学習を促す効果があると指摘している。

日本語学習者の文章産出における自己推敲に絞った分析としては、因・市丸(1994)および石橋(2002)が挙げられる。因・市丸(1994)は自律的習得を促進する教授法考案のための基礎研究として、大学の留学生センターの中級コースに在籍した学習者3名による文章訂正時の「自己訂正意識」について質的に分析している。因・市丸は分析結果に基づいて、学習者が誤用とその訂正を比べて規則を引き出す際の「誤った規則化」(p.72)を避けるため、十分な情報を与える必要があると指摘している。

石橋(2002)は、第2言語のライティングにおける第1言語の関与に関する研究の一環として、大学・大学院を目指す日本語学習者59名の作文産出における自己訂正について分析している。石橋は学習者の自己訂正を意識的なモニタリング行為とし、その正確さとそれが及ぶ言語形式の範囲について、日本語能力と作文力との関連で考察を行っている。その結果に基づき、学習者の作文における自己訂正は彼らの自律的学習の促進につながると指摘し、作文フィードバックにはまず自己訂正の機会を学習者に与える重要性を強調している。

また、宮瀬（2002）は初中級、上級日本語学習者各7名に対して同様の文章データを与えて推敲を依頼し、推敲の単位の観点から彼らの推敲方略を比較・分析している。その結果、学習者の文章産出における推敲能力の発達は日本語の運用能力と関係があるとの示唆が得られている。

以上概観したように、中級や上級レベルの日本語学習者の文章産出における推敲についてはさまざまな側面から研究され、学習者間のインタアクションによる推敲行動への積極的な促進作用が解明されつつある。一方、論理展開の側面に焦点を当て、学習者各自で行う推敲の実態を明らかにするものは管見の限り見られない。また、推敲行動のみならず、推敲結果の文章の論理性に対する改善効果についても研究の必要性が高いものの、従来の研究では注目されていない。

そこで本章では、CLJの自己推敲のレベルと行動に注目して量的分析を行った上で、具体例を通して彼らの自己推敲が文章の論理性への改善を導くか否かを中心に質的分析を行う。

6.1.2　先行研究における推敲の分類方法

6.1.1で概観した諸先行研究における学習者が行った推敲に対する分類方法としては、Faigley & Witte（1981）に基づいたもの（池田, 2000b; 影山, 2001; 石橋, 2002）とBridwell（1980）を参考にしたもの（宮瀬, 2002）が見られる。

Faigley & Witte（1981）は、図6-1に示されたように、「推敲」について、「Surface Changes（表面的な推敲）」と「Text-Base Changes（内容に関わる推敲）」に分けた上で、前者を「Formal Changes（形式面での推敲）」と「Meaning-Preserving Changes（語レベルでの推敲）」、後者を「Microstructure Changes（文レベルでの推敲）」と「Macrostructure Changes（段落レベルでの推敲）」、といった各2つの下位分類を行っている。それぞれの下位分類についてはさらに細分している。

Bridwell（1980）は、「Surface Level（表面的レベル）」、「Lexical Level（語彙レベル）」、「Phrase Level（句レベル）」、「Clause Level（節レベル）」、「Sentence Level（文レベル）」、「Multi-sentence Level（複数文レベル）」、「Text Level（文章レベル）」の7レベルに分類している。「Surface Level」をさらに「Spelling」、「Punctuation」などの10の下位分類を行っている。ほかの7つの下位分類としては、「Addition」、「Deletion」、「Substitution」などに分けている。

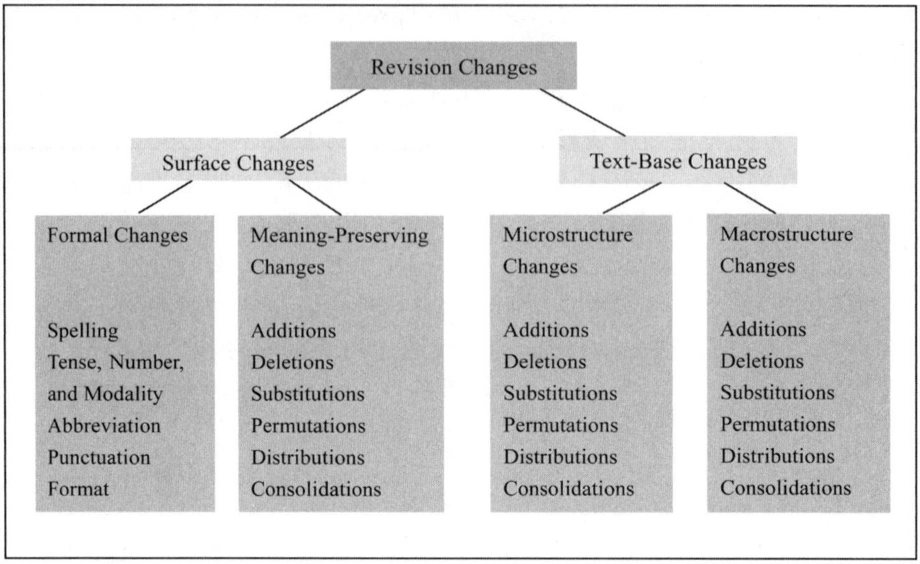

図6-1　A Taxonomy of Revision Changes (Faigley & Witte, 1981: 403)

また、因・市丸（1994: 61）は、学習者の訂正について「文法範疇にこだわらず誤用が産み出される要因」に基づき、「内容語彙」、「機能語彙」、「文の構造」、「話題」、「コトの認識」、「コトの関係」、「文体」の7種類に分類している。

以上から分かるように、先行研究における学習者の推敲に対する分類は、記述された情報自体に注目しているが、文章の論理展開に関わるメタ言語表現[①]や接続表現などの言語標識を重視していない。

そこで本章では、CLJの説明的文章の産出における自己推敲について、まず論理展開の側面に注目して抽出し、分類を行った上で、推敲の実態と問題点を考察することとする。

6.2　自己推敲の抽出および分類

本研究では、論理展開に関する推敲に注目するため、すべての推敲を抽出し、先行研究における分類の枠組みを参考にしつつ、パイロット調査により分類方法を検討した。

パイロット調査においては、全文章サンプルから約10%、説明文と意見文の各7編を無作為に抽出し、表記、語句、文、段落に関わらず、あらゆる

① 本研究では、メタ言語表現を論理の流れを整理するための文、または文節と定義する。例えば、「一つの実例を挙げましょう」という文や「そこから見れば」という文節などである。

推敲箇所を包括的に捉えた。その結果、表6–1に示した3つの推敲レベルと5つの推敲項目が抽出された。

表6–1　推敲レベルおよび推敲項目の分類

分類		解説
推敲レベル	表面的推敲	個々の表現や文法に関する推敲
	言語標識と情報配列の調整	接続表現やメタ言語表現などの言語標識および記述内容の順序変更、分割や結合など文章の論理展開に影響を与える推敲
	情報の調整	情報の加筆や削除、書き換えなど意味内容の推敲
推敲項目	**加筆**	新しい記述の付加
	削除	「初回作文」の一部記述の削除
	書き換え	「初回作文」の記述方法の変更
	順序変更	情報の記述順の変更
	分割/結合	1文の複数の文への分割、または複数の文の1文への結合

以下、表6–1に示した本研究の分類方法について解説を加える。従来、推敲項目は推敲レベルの下位に分類されていた（Faigley & Witte, 1981; Bridwell, 1980）が、本研究における分類方法は階層関係の観点からではなく、互いに対等な基準として扱った。推敲結果が論理展開に与えた影響の有無を基準に推敲レベルを区分し、具体的な推敲行動に着目して推敲項目を分類した。さらに、推敲レベルでは従来強調されなかった論理展開に関わる言語表現の推敲を「言語標識と情報配列の調整」（以下、「標識と配列の調整」）のカテゴリーとしてまとめている。推敲項目は従来の分類と基本的に同　であるものの、表記から段落まであらゆる範囲の行動を含むため、推敲レベルと組み合わせることによって、論理展開に関する推敲の過程をより広い視点から明らかにすることが可能となっている。

例6–1から例6–3は表6–1の分類についての具体的な推敲例である。「＜　＞」は推敲箇所、「→」は**書き換え**、「＋」は**加筆**、「－」は**削除**を示す。また、例の後には（「推敲レベル」・**推敲項目**）を示す。推敲例の**ゴシック体**で示したように、「表面的推敲」（例6–1）は個々の文法や表現を中心に行われ、論理展開に影響を与えないものである。「標識と配列の調整」（例6–2）と「情報の調整」（例6–3）はともに論理展開に関する推敲である。

例6–1　このような人の例が＜**たくさんありますが。→多いですが。**＞
（「表面的推敲」・**書き換え**）

例6-2　＜**＋上の分析を見ると、**＞大学でアルバイトをするのはいい経験だと思う。

（「標識と配列の調整」・**加筆**）

例6-3　私は生まれてからいままで三つの外国語を勉強してきました。時間の順序で言いますと、英語、日本語とフランス語です。
＜－この中では、フランス語が一番難しいと言われています。今の私はそれについて切実に実感できます。＞

（「情報の調整」・**削除**）

CLJの自己推敲の抽出および分類の結果は、人文系のアカデミック・ライティング経験を有する日本語母語話者2名にチェックを依頼した。筆者を含めた3名の一致率は95.6%であり、不一致の箇所に関しては協議した結果、共通の認識が得られた。

6.3　自己推敲の傾向に関する量的分析

6.3.1　調査方法

パイロット調査により決定した分類方法に基づいて文章サンプルにおける自己推敲を分類し、以下の手順で量的分析を行った。分析の結果については、(1) と (2) は6.3.2で、(3) は6.3.3で扱う。

(1) 文章サンプルにおける推敲前後の分量の変化。
(2) 各推敲レベルにおける推敲の頻度。
(3) 各CLJにおける論理展開に関する推敲の傾向。

6.3.2　全推敲レベルに関する分析

推敲前後における分量の変化については、CLJの誤用の影響を避けるために「文節」を単位として集計し、推敲前後の平均文節数を表6-2に示した[①]。推敲後の説明文では最大12文節の減少から48文節の増加、意見文では最大16文節の減少から41文節の増加があり、個人差が見られたが、t検定（有意水準0.05）の結果、全体の傾向としては、両ジャンルともに文節数は有意に増加している[②]。また、一元配置分散分析（有意水準0.05）の結果、増加数は、

① 文節の分割は「日本語文節構造解析システムibukiC」(http://www.ikd.info.gifu-u.ac.jp/ibukiC) を用いた。

② 説明文：$t(70)=-6.34, p=1.934\times10^{-8}<<0.05$、意見文：$t(67)=-7.40, p=2.964\times10^{-10}<<0.05$。

大学や学年同士、文章ジャンル間では、有意差は見られなかった[①]。このように、推敲後の分量は大学、学年、ジャンルによるものとは言えず、全体的に増加する傾向が観察された。

表6-2　推敲前後における分量の変化（平均文節数）

文章サンプル／ジャンル別	初回作文	推敲作文	推敲前後の文節数の差
説明文（71編）	145.7	154.8	9.1
意見文（68編）	141.5	150.7	9.2

自己推敲の頻度については、各推敲レベルの箇所数を表6-3にまとめた。139編の文章中、「表面的推敲」が138編で1 549箇所、「標識と配列の調整」が103編で243箇所、「情報の調整」が121編で512箇所観察された。「表面的推敲」の箇所数が全体の67.2%を占め、圧倒的に多く見られた。

表6-3の結果についてχ^2検定（有意水準0.05）を行った結果、推敲箇所の数については、推敲レベルと文章ジャンルの間では有意差が見られなかった。推敲レベルは大学との間では若干有意差が見られたものの、学年との間では有意差が見られなかった[②]。この結果から、調査対象者の自己推敲は、ライティングにおける意味伝達の目的の相違、それぞれの書き手の日本語学習歴やライティングタスクの経験などに影響されず、ある一定の型が存在することが推測される。

表6-3　CLJがの説明的文章の産出における自己推敲レベル別箇所数

推敲レベル／大学・学年	表面的推敲 1 549（138編）		標識と配列の調整 243（103編）		情報の調整 512（121編）	
	説明文	意見文	説明文	意見文	説明文	意見文
A3	148	113	26	15	56	42
A4	99	85	5	7	33	18
B3	168	139	29	23	55	21
B4	82	73	18	9	22	25
C3	172	170	27	36	69	65
C4	163	137	23	25	60	46
合計	832	717	128	115	295	217

① 説明文の大学間：$p=0.34>0.05$、学年間：$p=0.09>0.05$。意見文の大学間：$p=0.09>0.05$、学年間：$p=0.33>0.05$。説明文と意見文の間：$p=0.97>0.05$。

② 推敲レベルと文章ジャンル間：$\chi^2(2)=2.68, p=0.26>0.05$、大学間：$\chi^2(4)=13.4, p=0.009<0.05$、学年間：$\chi^2(2)=2.69, p=0.26>0.05$。

個々の文法や表現を中心とした「表面的推敲」が圧倒的に多く見られたことから、CLJはライティング本来の論理的な意味伝達の機能よりは、目標言語である日本語の文法や表現の正確な使用を強く意識していることが推測される。第5章で述べたように、CLJへの意識調査においても、彼らがライティングの際に文法や表現の正確な使用を最も重視するとの結果が得られた。一方、論理展開については、意識調査の結果では高い選択度数となっているが、実際の文章産出時にはあまり注目されていないことがうかがえた。文章産出後のインタビューでは、自分の文章における論理展開の問題について意識しながらも、その問題を改善するためには局所的ではなく、比較的広範囲の変更を行わなければならないため、推敲を怠けていたとの回答が見られた。実用的な文章の作成には、意味伝達の目的に応じた文章の構築や論理展開の整合性に関する認識が不可欠であり、文章作成や推敲の際に十分な配慮を行わなければならないことを強調して理解を促す必要がある。

なお、今回はCLJに手書きで推敲作業を依頼したため、論理展開というような全体的な変更は行いにくい部分があると考えられる。実際の指導では、パソコンを活用した上での推敲を促す指導方法の工夫が必要であると考えられる。

各推敲レベルにおける推敲項目の箇所数は表6-4にまとめた。箇所数の極めて少ない**順序変更**と**分割/結合**を結合してχ^2検定（有意水準0.05）の結果、推敲レベルと項目の間では顕著に有意であった[①]。

表6-4　各推敲レベルに見られる推敲項目の箇所数

推敲項目 推敲レベル	加筆	削除	書き換え	順序変更	分割/結合
表面的推敲　(1549)	313	116	1112	8	—
標識と配列の調整 (243)	101	32	55	15	40
情報の調整　(512)	298	60	147	5	2
合計　(2304)	712	208	1314	28	42

表6-5は**順序変更**と**分割/結合**を結合して残差分析を行った結果である[②]。「表面的推敲」と「情報の調整」では**加筆**と**書き換え**、「標識と配列の調整」で

① $\chi^2(6)=728, p<2.2\times10^{-16}<<0.05$。

② 表6-4には「5」以下の数値があるため、**順序変更**と**分割/結合**を結合してから残差分析を行た。表6-5は青木繁信氏のHP, Habermanによる残差調整を検討した結果である（http://aoki2.si.gunma-u.ac.jp/R/my-chisq-test.html）。

は**書き換え**と**順序変更&分割/結合**に顕著な偏りが見られた。すなわち、他レベルと比べて、「表面的推敲」では**書き換え**は割合が高く、**加筆**は低かった。反対に「情報の調整」では**加筆**は割合が高く、**書き換え**は低かった。「標識と配列の調整」では**順序変更&分割/結合**は割合が高く、**書き換え**は低かった。この結果から、「表面的推敲」と異なり、論理展開に関する推敲の際には、調査対象者がもとの記述内容への修正より、新たな情報の付加に意識が向いていることが推測される。

表6-5　Habermanによる残差調整の検討結果

推敲レベル＼推敲項目	加筆	削除	書き換え	順序変更&分割/結合
表面的推敲	−15.9	−3.69	20.5	−10.1
標識と配列の調整	3.80	2.38	−11.5	18.8
情報の調整	15.2	2.41	−14.7	−2.50

また、**削除**は推敲レベルに関係なく少数にとどまった。このことについては、一部のCLJがインタビューで「せっかく書いたのに、削るのがもったいない」と述べたことから、その理由は調査対象者の**削除**に対する抵抗感にあることがうかがえる。

このようなライティング意識は、前述した推敲後の分量が増加した原因にもなると考えられる。推敲の目的は、文章をより適切、より論理的に修正することである。論理展開の必要に応じて不要な記述を削り、不足している情報を加えるという認識は推敲作業に臨む前提である。**削除**に抵抗感がある、新情報の**加筆**をしたがる、といった特定の傾向を持つCLJには、推敲そのものの指導に先立ち、**削除**や**加筆**に対する適切な認識を定着させることが必要であろう。

6.3.3　論理展開に関する自己推敲の分析

図6-2はすべての調査対象者の論理展開に関する自己推敲の割合の傾向を示した。「標識と配列の調整」と「情報の調整」をあわせて論理展開に関する推敲とし、それが全推敲に対する割合を横軸に、「情報の調整」の全推敲に対する割合を縦軸にとると、表6-4に基づいた平均値を表す直線の傾きは0.68、相関係数は0.88で、高い相関を得た。図6-2より、「情報の調整」と「標識と配列の調整」は約7:3の比率で行われていると考えられる。

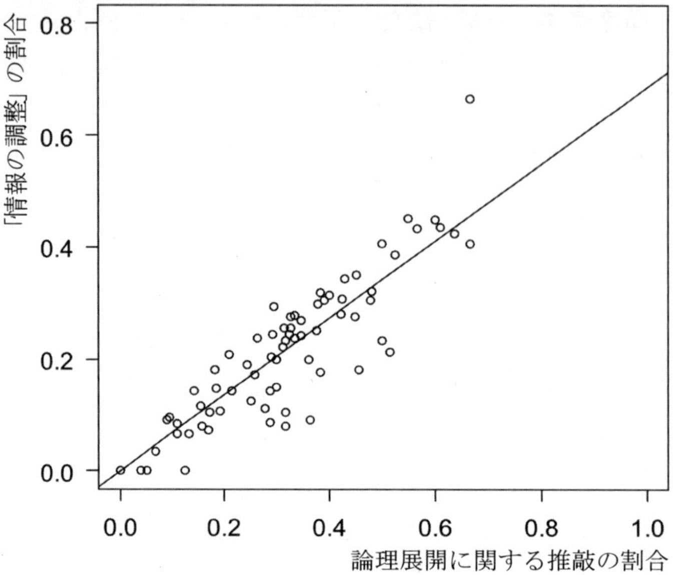

図6-2　各調査対象のCLJにおける論理展開に関する自己推敲の傾向

調査対象者のCLJには大学入学前の母語のライティング経験や入学後の日本語学習歴、ライティングタスクの内容など、多くの相違点が存在する。また、彼らが作成した「初回作文」で推敲が必要なレベルや項目がそれぞれ異なる。にもかかわらず、各々の動機付けや性格など情意的要因に影響されやすい自己推敲では、論理展開に関する推敲に顕著な傾向が観察された。このことから、彼らの自己推敲の方法にはある種のステレオタイプが存在するという仮説が立てられる。すなわち、自分の文章の論理展開の良し悪しを評価せず、あるいは適切に評価できず、無意識に一定の割合（ここでは7：3）で「情報の調整」と「標識と配列の調整」を行っていると推測される。

「標識と配列の調整」は「情報の調整」と比べ、記述内容の増減だけでは済まず、情報の関連付けの適切さへの判断や文章全体の論理展開の整合性への配慮が必要となる。その結果、推敲の際には多くの時間と労力がかかり、調査対象者にとっては大きな負担になるため、修正を敬遠していると推測される。また、「文章の論理展開については自分が適切だと判断したものを決めたので、たとえ不適切でも自分では分からない」との回答が見られた。このことから、調査対象者は「情報の調整」の問題には比較的気付きやすいが、「標識と配列の調整」の問題への認識が不足している可能性も考えられる。接続表現やメタ言語表現などの言語標識や情報の適切な配列は論理展開を明示するために重要な役割を担う。論理的ライティング力の育成では、それを「論理展開の表現」（山崎, 2008: 24）として習得させる必要がある。

実際の指導においては、まず、教員がこうした問題を発見して解決することの重要性を認識しなければならない。その上で、読み手の立場から批判的に読み返すことの重要性を認識させるべく、CLJの注意を喚起して、能動的に推敲を加える指導法の工夫を行う必要がある。

また、今回のフィールドワークで得られた説明的文章のデータからは、「情報の調整」と「標識と配列の調整」とは約7: 3の割合で行われたとの結果が明らかになったが、実験の条件を変更することによって、この割合も変わる可能性がある。図5-2の結果に関して興味深いことは、7: 3の割合そのものより、調査対象者のCLJは、大学、学年、ライティングの経験など多数の相違点を有しながら、ライティングという個人的な行動においてかなり一致した割合が観察されたことにある。

上記における一定の比率は、自己推敲という意識的なモニタリング活動を通して、CLJの文章産出過程における論理展開の扱い方を観察した結果である。これは自己推敲の場合に限定された比率なのか、あるいは、説明的文章の産出全般における論理展開の扱い方の傾向を示すものなのかどうかは、今後さらなる検討が必要である。また、この比率はどのような要因に関連しているか、CLJの文章における論理展開の質にどのような影響を与えるか、さらにこの比率はCLJ特有のものか、一般的に見られ得るものか、などについては今後の課題として検証すべきことが多い。CLJの論理的ライティング力の育成を目ざす教育実践や研究の課題として、これらの問題を視野に入れることが期待される。

6.4　論理展開に関する推敲例に基づいた質的分析

前述の6.3における量的分析の結果、文章サンプルの論理展開に関する自己推敲には、「情報の調整」が約7割、「標識と配列の調整」が約3割を占めていることが明らかになった。また、「標識と配列の調整」の**順序変更&分割/結合**と「情報の調整」の**加筆**は割合が顕著に高いことが分かった。一方、それらの推敲が論理展開の質的向上に与える具体的な影響については量的分析で発見できない。

石橋（2002: 98-99）は、学習者の自己推敲を「F-C」、「F-F」、「C-C」および「C-F」の4種類[①]に分類し、種類別の推敲効果を観察している。一方、本

---

① 石橋（2002: 98-99）では、それらの分類について以下のように定義している。
「F-C」: 作文中の誤りを正しく、または適切に訂正している場合。「F-F」: 作文中の誤りには気がついているが、正しくまたは適切に訂正していない場合。「C-C」: 誤りではないが、同等またはより適切な表現に訂正している場合。「C-F」: 作文中の誤りではない箇所を直し、かえって間違っている場合。

研究で注目しているCLJの論理展開に関する推敲は、一箇所のみの修正が行われれば改善が得られるケースもありうるが、多くは複数箇所の修正を連動させて比較的大きな範囲における改善を図ったものである。そのため、それらの推敲の個々に対する効果の判定を行わず、文章全体や段落全体における論理性の改善の有無を検討することとする。

本節では、量的分析の結果で割合が顕著に高かった、「標識と配列の調整」の**順序変更&分割/結合**と「情報の調整」の**加筆**、といった項目の推敲を取り上げ、図6-3に示した5つの具体例を通して推敲の成否を詳細に検討する。

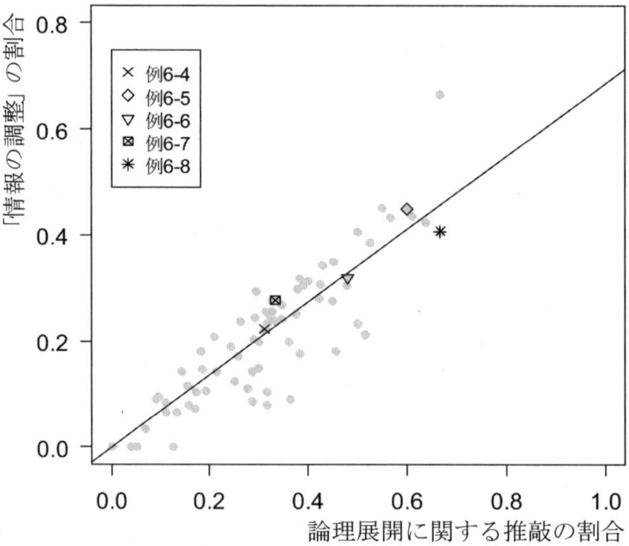

図6-3　質的分析で提示する推敲例

推敲例における「標識や配列の調整」を波線、「情報の調整」を二重下線、言及箇所を**ゴシック体**にする。「表面的推敲」は分析に直接関係しないため、推敲後のもののみを単に下線で提示する。「<　>」は推敲箇所、「→」は**書き換え**、「+」は**加筆**、「−」は**削除**(再掲)、「⇒、⇐、⇑、⇓」は**順序変更**、「⇌」は**分割/結合**を示す。例の後に(「テーマ」当該箇所が出現した段落/総段落数)で情報を付す。分析の必要に応じて節、文、段落に番号や、記述内容に囲み線を付す。なお、文法や表現の誤用には言及しない。また、推敲例を提示する際には、それぞれのテーマについて次の略称で示す。説明文テーマ①を「行き方」、テーマ②を「キャラクター」、テーマ③を「学習方法」と略し、意見文テーマ①を「アルバイト」、テーマ②を「成績と就職」、テーマ③を「女性」と略す。

6.4.1 「標識と配列の調整」の推敲例

例6-4は**分割/結合**、例6-5は**順序変更**の推敲例である。2例ともに推敲による整合性の向上が見られた。

例6-4　しかし決して全部の大学生は学習時間を有効に使うことが分かることではない。(中略)。そして、ある人はアルバイトを大量的にすると勉強する時間はほとんどないである。[1]**これによって学業をだんだんおろそかに<すると → して>、[2]学業試験あるいは資格証明書の試験がパスできない<と、⇄ 。たから、>[3]卒業する時仕事を探せない<。⇄ 、>[4]自分の前途に影響する。**

（「アルバイト」4/5）

例6-4の推敲は情報の組み合わせを修正し、接続表現を明示した。推敲前は、[1]～[3]は接続助詞「と」で結ばれた1文であり、[1]が[2]の、[2]が[3]の条件として重複し、1文にして情報量が多すぎる。また、この文と[4]との関係も明示されていなかった。推敲後は[1]が[2]の原因として示され、両者が1文に変更された。[3]と[4]も1文に変更され、「だから」によって[1]、[2]との因果関係が明示された。表現の誤用や読点の曖昧な機能の問題がまだ残っているが、推敲によって[1]～[4]の関係がある程度論理的に整理できたと言える。

例6-5　[1]だから、一年生の時は毎日教科書の前文と会話などをくりかえし読んだ。[2]今から見れば非常に簡単な会話だけれど、毎日クラスメートと<＋飽きもせず>に何度も練習した。[3]**< 一年生の時、特に前半の頃は教科書の内容を十分に身につけた。⇐ >**[4]ヒやリングの能力を高めたいから、ラジオでNHKなどの日本語番組を聞いたこともある。[5]でもやはり何も聞きとれなかったから、あきらめたしかない。[3]**< ⇐ 一年生の時、特に前半の頃は教科書の内容を十分に身につけた。>**(後略)。

（「学習方法」2/4）

例6-5では、[2]の後に移動された[3]は「教科書の学習効果」に関する記述である。推敲前の[3]は、[4]と[5]の「ヒアリング」の記述後に位置し、論理展開に飛躍があり、整合性に欠けている。それを[2]の後に移動することで、情報の配列はより合理的になり、整合性が生まれた。

ほかには、長文の分割により情報の関係が整理できた例や総括の記述が新たな段落にされることでその機能を明示できた例も見られた。このように、「標識と配列の調整」は推敲箇所数が少なかったが、論理展開における整合性への改善が多数観察された。推敲後にも表現や文法の面に問題が残っているが、調査対象者自身がある程度情報を論理的に整理できたことは評価に値する。このような推敲が行えた対象者は、論理展開に関する知識が日本語の文章表現に対してある程度正確に機能していると考えられる。

6.4.2 「情報の調整」の推敲例

「情報の調整」における**加筆**の推敲には、具体例、既述情報の理由や結論、副詞などの付加によって、論理展開における「具体性」、「厳密性」、「適切性」の強化が得られた例が見られた。一方、段落や文章という大きな範囲では、(1) 推敲箇所の影響範囲に対する配慮不足（例6-6）、(2) 文章ジャンルの性質上不整合な論理展開型が認識できずに放置（例6-7）または不適切な展開型への変更（例6-8）、といった問題も顕著であった。以下、問題の見られた典型例に絞って検討する。

例6-6　[1]昔の中国では、女性の地位がとても低かった。[2]おとこだけが学校に上がることができました。[3]**＜＋それに対して、＞**女性は、ただ家にいって、ごはんを作るとか、衣服を洗うとか、家を片付けることなどをやりました。[4]そういう状況は、中国で長年につづいていた。[5]でも、その男尊女卑の制度が社会に対して、不利な影響があります。[6]**＜＋　新し中国が成立以来、女性の地位がだんだん上がるようになりました。**[7]**いま、女性に対して、仕事や勉強より家庭のことを優先すべきという意見がもう時代遅れてした。＞**[8]女性も、自分の好きな仕事や勉強のことをやるはずで、家庭に対して、妻とおっとと一緒に分担するはずだと思います。

（「女性」1/3）

例6-6では、**加筆**の情報は前半の「昔の中国」の情況との比較を示し、段落のバランスが以前より改善され、調査対象者の段落全体の論理展開への配慮が見られたが、**加筆**は直前の[5]との整合性に問題を残している。[5]で述べられた「不利な影響がある」の後、一般的に具体例の提示が期待されるが、突然「現在の話」が加筆された。**加筆**について調査対象者は文章産出後の内省で「『時代遅れ』は『不利な影響』である」と述べていたが、それを論証せずに当然のこととして提示したため、[5]を支持できる具体例の欠如といった問題が解決できなかった。推敲後の展開は唐突な印象を与えてしまい、推敲が不成功に終ったと言える。

このように、例6-6は段落全体への配慮があるものの、部分的な配慮が十分になされず、論理展開の改善には効果が低かった。ほかには、推敲箇所前後の関連付けはある程度改善できたものの、文章全体の改善にはつながらなかった例も見られた。推敲箇所がほかの箇所に影響を与え得るケースへの配慮不足や検討結果が表現に反映され得なかったことが原因として考えられる。

例6-7　最初外国語を学ぶ時、一番大切なのは、発音だと思う。例えば、英語のバウエル、日本語の五十音図である。もし、そのような基礎知識もできなければ、後の勉強は、難しいと思う。できれば、自分の発音は、その国の人と同じように努力した方がいいと思う。次は、＜＋文章や、ニュースを＞読むことだ。それは、本当に役に立つと思う。なぜから言うと、自分の両方の能力、会話能力もリスニング能力も、朗読練習によって、高めるはずだと思う。それだけではなく、文章を読む時、できれば、大声で読む方法はいい。＜－次は、書くことである。私は、文章を書くことが、下手だ。外国語で文章を書けるのは、大切な能力であることを知りながら、自分の書く能力を高めない。＞そして、私は、外国語を勉強する時、文法に長い時間をかけるのは、必要なことではないと思う。**＜＋文法の中で、一番大切なのは、基礎文法だと思う。もし、基礎的な文法をよく、分かっていたら、もう後の勉強にいい土台を固める。＞**中国の外国語教育は、文法を勉強する時間は、少し、多すぎると思うから。

（「学習方法」3/3）

例6-7では、調査対象者が課題提示で求められた「自分の学習方法を客観的に説明する」①という意識を終始持たず、テーマから逸脱した論理展開の問題が修正できなかった。**加筆**について調査対象者は、「文法に時間をかけるのではなく、基礎文法さえしっかり習得できればいいと言いたかった」と内省で述べたものの、**加筆**は事実上「基礎文法が文法の中での重要性」の強調になり、調査対象者の検討結果が反映できず、同時に、後の記述との不整合も際立っている。さらに、この**加筆**から調査対象者が説明文に不要の議論を強調しようとしたと考えられる。囲み線部に示したように、加筆さ

① 課題提示の詳細は図3-2に示した。

れた内容を含み、「自分の学習方法」を記述すべきところを主観的な表現が頻繁に使用され、「学習のアドバイス」といった調査対象者の意見や主張になっている。

例6-8　[1]日本語を勉強してから、もう三年目には入ったが、まだ非常に役立つ学習方法を見付けない。でも、今私の日本語学習の方法と言えば、ニュースやテレビ番組やアニメを通じて、自然なしゃべり方を学ぶのだ。＜－なぜかというと、＞私の考えでは、日本語の雰囲気に浴びると、日本語に対しての語感が高められると思う。そのゆえ、毎日私は必ず一時間からかかって、自分が興味深い日本語番組を見るのだ。見ながら、まねをする。どんなキャラクターでも、＜－女の人ではなくても、＞あの口振りのまねをする。それは別様の楽しみである。＜＋最初は＞遊び半分の態度でやっているので、番組から学んだことはすぐ忘れた。そんなことが分かったとたん、私は同じ番組を繰り返して見ている。＜＋せめて一言でも覚えておきたい。＞今、すこし効果があるような気がする。

[2]＜－以上は話しことばやヒアリングを高める練習である。＞でも、日本語専門の私にとっては、日本の文学作品を勉強しなければならないようだ。教科書の内容は全部文学作品である。難しくつまらないと思っているけれど、毎日こんな文学作品を大きな声で読むのだ。まず分からない言葉を辞書で調べて意味を書き取る。そして、読みながら、文の意味を理解する。分からないところがたくさんあるので、繰り返してやるのだ。毎日文章を読むというのは単語を覚えやすく、長い文を理解することに役立つと思う。

[3]**＜＋ところが、やはり外国語を勉強するとはスピーキングとヒアリングが一番大事なことではないかと思う。少なくとも、人の言うことが分かる、そして自由に話せる。だから、私は話す能力と聞く能力を重視している。＞**一言で言えば、私の外国語学習の方法は聞く、読む＜そして、繰り返して続く⇐＞ということである。＜⇐そして、繰り返し続く＞＜－のもその一つである。＞

（「学習方法」全文）

例6-8における「話す能力と聞く能力」を強調した**加筆**は文章全体の論理

展開に大きく影響を与えている。推敲後の論理展開について調査対象者は「1は最初の文で導入してから聞くことを中心に説明した。2は話すことを中心に述べた。3は文章をまとめて自分の学習方法を総括した」と内省で自己分析をしていた。しかし、段落間では「でも」と「ところが」により逆接関係が生じ、3に入れた**加筆**は1の補強であり、2を否定する意味合いを含むため、円滑に論理展開が行われなかった。**加筆**はまとめとしても考えにくく、文章全体の論理展開における位置付けが不明確になるという新たな問題を生じさせた。

例6-7と例6-8のような、文章ジャンルに適した論理展開に沿った有効な推敲ができなかったという問題は、調査対象者の文章ジャンルに適した論理展開の選択に対する認識の欠如に起因していると推測される。特に「行き方」や「学習方法」がテーマとなったような、調査対象者自身のことの説明が求められる説明文では、根拠を提示して議論を行い、意見や主張を述べることで自説の「正当化」を図る傾向がうかがえた。CLJには、文章中の論理展開の整合性とともに、テーマの趣旨との整合性にも配慮し、与えられたテーマを十分に吟味し、正確に理解した上で文章を組み立てるように促すことが必要であると考えられる。

以上検討した論理展開に関する自己推敲の諸問題は、調査対象者の論理的思考に基づく推敲の能力とその結果を日本語という言語手段で適切に表現する能力に関係している。このような問題は、論理展開を示す日本語の表現の表層的な修正のみでは改善できず、「書かれている内容にまで踏み込む必要がある」(山崎, 2008: 24)。本節における論理展開の整合性の向上の有無に注目した分析方法は、CLJの記述内容の問題を把握する上で有効であると考えられる。

6.5　本章のまとめと総合的考察

本章では、フィールドワークにより収集できた、説明文と意見文を含めた139編の説明的文章の論理展開に絞り、CLJの文章産出過程における自己推敲について調査・分析を行った。

まず、論理展開の側面に注目して、文章サンプルにおける自己推敲を3レベルと5項目に分類した。次に、推敲前後の分量、推敲の頻度および各調査対象者の論理展開に関する推敲の傾向について量的分析を行った。その上で、論理展開に関する推敲のうち、高い割合で見られた具体例を提示して質的分析を行った。

量的分析の結果、推敲後の分量が増え、「表面的推敲」が多く、「情報の調整」と「標識と配列の調整」が一定の割合（本研究では約7：3）になっていることが分かった。質的分析の結果、「標識と配列の調整」の効果が見られるとともに、調査対象者における推敲箇所の影響範囲への認識不足や、文章ジャンルに適した論理展開への配慮の欠如、などの問題が判明した。

以上から、CLJの論理的ライティング力の育成を目ざすライティング指導では、「表現以前の論理構成に関する問題」（山崎, 2008：24）として記述された意味内容の論理性および言語表現と記述内容との整合性も取り入れる必要性が示唆された。今回の分析結果に基づき、CLJへの説明的文章産出の自己推敲に関する指導では、(1)「表面的推敲」のみに偏向せず、論理展開の推敲の重要性を強調する、(2) 推敲が論理展開の整合性に与える影響に配慮する、(3) 文章ジャンルの目的に応じた論理展開を選別して行う、という3点の実施が効果的であると考えられる。

本章で検討した問題は他言語を母語とする学習者の文章にも存在すると予測されるため、以上の分析で得られた示唆は応用可能であると考えられる。今後、中国語以外の母語話者への調査を通じて、本章における分析で用いる方法論の一般化が可能であるか否かの検証を行う必要がある。

第7章　CLJの説明的文章における論理展開

本章においては、これまでの分析に引き続き、CLJが自己推敲後に産出した説明的文章に絞って分析する。まず、文章サンプルの全体像を把握した上で、このような文章が論理的文章として成立するための基本条件を検討する。次に、それらの条件に照らし合わせ、サンプル全体および意見文における〔例証〕の論証構造に焦点を当て、論理展開の問題を検討する。また、それらの問題の発見および解決のための母語による内省について検討する。

〔例証〕は、客観的に記述された具体的な事例を用いて書き手の主張や意見を裏付け、その正当性を高めて説得力を増す論証プロセスである。〔例証〕は意見文のみならず、一般に説明的文章において頻繁に用いられるため、CLJにおけるその実態と問題を明らかにすることは意義があると考えられる。また、合計68編の意見文のうち、61編の書き手がインタビューで〔例証〕により論証を行ったと語っている。そのため、〔例証〕を通した分析は彼らの説明的文章の論理性について把握するために適切であると考えられる。

本章の流れは以下の通りである。

7.1　CLJの産出した説明的文章の全体像を把握する。
7.2　論理的文章に求められる基本条件について検討する。
7.3　CLJの産出した説明的文章における主題文の出現状況に基づいて、文章全体の論理展開の型を明らかにする。
7.4　〔例証〕を抽出し、論理的文章に求められる基本条件に照らし合わせて論理展開に関する問題を分析する。
7.5　文章作成後のインタビューに基づき、論理展開の問題への気付きとその問題の解決に対するCLJの内省の有効性を検討する。
7.6　本章をまとめて分析結果について総合的に考察する。

7.1　CLJの産出した説明的文章の概要

分析対象となる文章サンプル数の分布については、段落の数、文の数、および文節の数を集計して図7-1に示した[①]。また、大学・学年間の平均値を

① 文節の分割は「日本語文節構造解析システムibukiC」(http://www.ikd.info.gifu-u.ac.jp/ibukiC) を用いた。

表7-1に示した。なお、文字数は、第3章で述べたように、調査対象者のCLJ全員が文章作成時の課題提示で指示された600〜800字の範囲内におさめている。

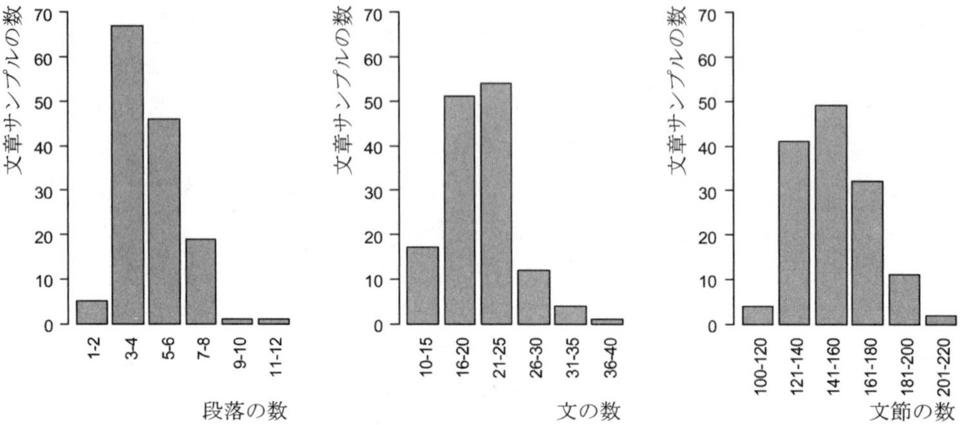

図7-1　CLJの説明的文章における文章サンプル数の分布（段落・文・文節）

図7-1から分かるように、CLJの作成した説明的文章の段落数については、3〜6段落構成に集中しており、全体的には3〜4段落構成が最も多い。文の数については、1つの文章サンプルに16〜25文が含まれるものが顕著に多い。文節の場合は、1文章あたりの文節数が121〜180に集中しており、141〜160の文節を含む文章が最も多い。

表7-1　CLJの産出した説明的文章サンプルの平均値

サンプルの平均値 / 大学・学年	平均段落数		平均文数		平均文節数	
	説明文	意見文	説明文	意見文	説明文	意見文
A3	4.70	4.40	22.40	18.00	152.70	141.90
A4	5.33	5.38	22.67	17.75	145.11	137.38
B3	5.50	4.50	23.29	20.29	168.57	155.79
B4	5.22	4.11	21.11	19.00	142.22	141.11
C3	4.19	4.20	22.56	20.67	154.88	160.20
C4	5.54	4.33	20.46	18.75	157.08	156.25

表7-1は、CLJの産出した説明的文章サンプルの平均値を示している。その結果についてχ^2検定（有意水準0.05）を行ったところ、文章サンプルの平

均値は、文章ジャンルと大学間や学年間では有意差が認められなかった[①]。段落の平均値は4.75±0.27（95%信頼区間）、文の平均値は20.74±0.75（95%信頼区間）、文節の平均値は152.81±3.46（95%信頼区間）であった。

7.2　論理的文章に求められる基本条件

7.2.1　関連研究の概観

文章の構成や展開の論理性については、これまでさまざまな観点から研究がなされてきた。以下、代表的な研究を挙げて概観する。

Toulmin（1958：97–107）では、論証構造はClaim、Data、Warrant、Backing、Rebuttal、Qualifierの6つの要素により構成されていると指摘されている。この6つの要素があれば、「隙のない、防衛力のある論証ができる」（向後，2004：37）とされている。

井上（1989）は、日本人学生に対する国語教育における言語論理[②]教育の観点から上記のToulminモデルの有効性について指摘している。その上で、6つの要素における後者の3つを「但し書き（条件づけ）（Backing、Rebuttal、Qualifier）」にまとめ、それらを一括するほうが理論的にすっきりし、かつ実際的にも扱いやすいと指摘している。また、井上は言語論理教育における説明文や意見文といった説明的文章の役割を強調し、言語表現の「情報的意味」の機能として最も重要なのは「一義性・明示性」（p.25）であると指摘している。

木下（1981、1994）は、情報や意見の伝達を目的とした「仕事の文書」やレポートには、(1) 内容の精選、(2) 事実と意見の区別、(3) 記述の順序、(4) 明快・簡潔な文章が求められると指摘している。日本人学生に対する「情報を正確につたえ、意見を整然と述べるための言語技術教育」（木下，1994：34）の必要性を唱えている。

また、日本に留学する学部や大学院レベルの日本語学習者の作文における論理展開の問題については、第2章で概観したように、二通（2001）、木戸（2004）、村岡（2007b）、村岡他（2007、2008）においてさまざまな観点か

① 平均段落数については、文章ジャンルと大学間：$\chi^2(2)=0.09$, $p=0.96>0.05$、学年間：$\chi^2(1)=0.02$, $p=0.88>0.05$。平均文数については、文章ジャンルと大学間：$\chi^2(2)=0.22$, $p=0.89>0.05$、学年間：$\chi^2(1)=0.02$, $p=0.90>0.05$。平均文節数については、文章ジャンルと大学間：$\chi^2(2)=0.52$, $p=0.77>0.05$、学年間：$\chi^2(1)=0.02$, $p=0.89>0.05$。

② 井上（1989：19）では、「言語論理」が「言語化された主張・命題の真偽性、妥当性、適合性を、一定の基準にもとづいて判断し評価すること」と定義されている。その中には、形式的側面と内容的側面が存在すると指摘されている。

ら指摘がなされている[①]。

以上における論理的文章に関連する種々の研究は、共通して書き手の論理的思考力の重要性を強調している。また、日本人学生や日本語学習者に対する指導に有益な示唆を与えていると考えられる。一方、それらの指摘は、それぞれ異なる対象者への教育場面を想定して議論されていると言える。本研究はCLJという、母国の学部段階で外国語として日本語を学ぶ学習者を対象としたものである。そのため、上記の関連研究では、必ずしも視野に入れられていない教育の観点が存在すると考えられる。そこで、本研究は、以下の7.2.2において、それらの研究の知見を踏まえつつ、学部段階のライティングタスクで特に重要である説明的文章としての論理的文章に求められる基本条件を検討する。

7.2.2　本研究における論理的文章の条件

本研究における論理的文章とは、書き手の直感やイメージによるのではなく、分析、総合、比較、関係付けなどの論理的思考に基づき、論理的な日本語表現により作成された説明的文章のことである。図7-1に示した本研究の分析対象のような、複数の段落で構成された、600～800字という比較的短い説明的文章が論理的文章として成立するためには、図7-2に示した、「重点の明示性」、「内容の説得性」、「配列の適切性」、「視点の一貫性」といった基本条件を満たす必要があると筆者は考えている。その根拠を図7-2に沿って説明する。

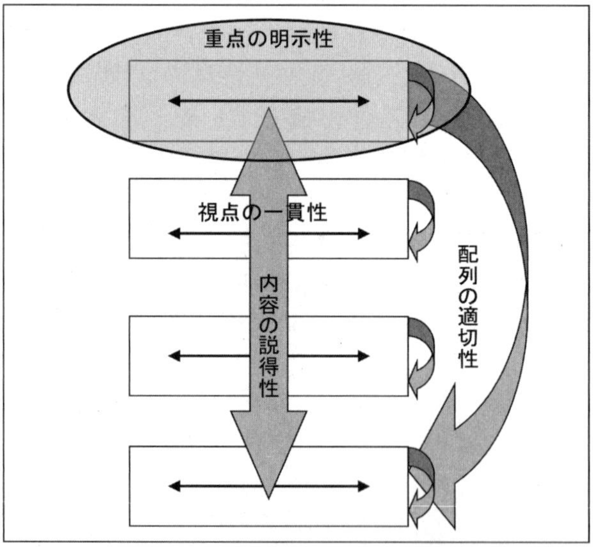

図7-2　本研究で考える論理的文章に求められる基本条件

① 詳細については、第2章に示した。

まず、「重点の明示性」とは、文章の主題が明示されていることである。この条件は文章全体に関わる最も基本的な条件として、ほかの条件の前提となる。主題といった「重点」が明示されない場合、読み手は各自の背景知識に頼りつつ、文脈から主題を推測しなければならないため、書き手が本来意図した意味伝達が遂行できない危険性がある。「重点」を提示する順序について、木下（1981、1994）および向後（2004）は文章の先頭に書く重要性を提唱している[①]。本研究では、「重点」の提示される順序より、そのものが明示されることを強調して「重点の明示性」とする。図7-2では、「重点」が一般的に提唱されているように先頭の段落に示されているが、ほかの段落に位置する場合も考えられる。

「内容の説得性」とは、「重点」が明示された上で、関連の解説や論証がその意味内容の統括範囲内にあり、かつそれを十全に支持していることである。すなわち、「重点」に反する記述や関係のない記述を行わず、説得力のある内容を精選し解説や論証を行うことで、読み手を納得させることである。記述内容に説得性が欠けた文章は、「重点」が明示されていても、根拠が不十分となるため、読み手を納得させることは困難となる。

「配列の適切性」とは、段落分けが適切に行われており、かつ段落内の文や段落自体の配列順序が適切であり、接続表現やメタ言語表現などの論理展開を示す言語表現によって結束性を持たせ、筋道が立てられていることである。適切な段落分けは、読み手への明快な意味伝達と書き手自身の論理を組み立てる手掛かりとして重要であり、文章の論理性を保つために有効である（二通，2001：74）。また、段落内の文や段落自体の配列順序が問題となる場合、「重点」が明示され、かつ説得性のある内容が部分的に書かれていたとしても、「主張の不明瞭さ」（村岡他，2008：7）を招き、論理展開が不整合となる。

最後に、「視点の一貫性」とは、各段落の記述内容が一定の視点に立ち、その段落で行われた解説や論証のプロセスを貫いていることである。「内容の説得性」が「重点」に対する支持部分と「重点」との間の関係を重視するのに対して、「視点の一貫性」はすべての記述内容に関連し、各段落の内部の関係に重点が置かれる。

それらの基本条件は、「文章全体 > 各段落間 > 段落内の各文間」といっ

---

① 木下（1994：140）では、「報告・説明の文章やある考えを主張するのが目的の文章では、真っ先にいちばん大事なポイント（要点）を書く —**重点先行**で書く— ことが情報化時代の要請である。」と指摘され、「重点先行主義」を提唱されている。なお、**ゴシック体**は原文のままである。また、向後（2004）も文章の「一貫性」を保つために「トピック文/まとめの文」を文章の先頭に書く重要性を提唱している。

た3つの階層において異なる役割を担っている。具体的には、「文章全体:重点の明示性 > 各段落間:内容の説得性、配列の適切性 > 段落内の各文間:視点の一貫性、配列の適切性」という関係により、各々□内の要素が4つの基本条件の「1＋2＋2」の組み合わせで文章の論理性を保証するものとする。これらはすべて重要な条件であり、どの条件に不備があっても、論理的文章としては問題が残る。

以上の条件は同時に、後述の〔例証〕のような、複数の文を含む、まとまった意味内容を持った意味ブロック[①]の論理性を保つためにも有効であると考えられる。この場合、「意味ブロック全体 > 意味ブロック内の各文間」という2つの階層となり、論理性のチェックポイントは「意味ブロック全体:重点の明示性 > 意味ブロック内の各文間:内容の説得性、配列の適切性」となる。また、「視点の一貫性」は意味ブロック全体を貫いて求められる。

上記の条件は論理的文章が成立する最低限の要件になると考える。CLJの大学卒業後に求められるビジネス文書やアカデミックな文章など、一定量以上のライティングにおいては、上記に挙げられた基本条件を満たした上で、さらにジャンルの目的に応じてほかの条件が求められることがあると考えられる。学部段階のライティング教育では、図7-2で提示した基本条件をCLJに定着させれば、それは彼らの将来の実用的な文章を作成するための基礎となると考えられる。

また、それらの基本条件は論理展開の指導方法や評価基準を検討するためにも示唆を与えるものと考えられる。さらに、CLJにとっても各自の文章を論理展開の観点から推敲する際の指針として活用することが可能であろう。

以下では、図7-2の基本条件に照らし合わせ、7.3では説明的文章サンプル全体の「重点の明示性」を中心に分析を行い、7.4では意見文の〔例証〕について分析する。同時に、上記に挙げた諸条件の論理性を整えるための有効性についても検証する。

7.3 文章全体の主題文の出現状況と論理展開の型

本研究における主題文とは、選択されたテーマに対して解釈や主張を行い、文章全体の記述内容を統括する文または文の集合である。以下に示す具体例については、例7-1は「大学でのアルバイトは学業にどのように影響

① 「意味ブロック」とは、形式でなく、意味的なまとまりであり、市川（1978: 146）が指摘している「文段」に相当する。

するか」といった意見文のテーマの問いに対して、自分の主張を冒頭部の段落で具体的に明示している。また、例7-2は文章の結尾部の段落に位置し、先行の記述内容を締め括って「学校から自宅までの行き方」といった説明文のテーマに帰着している。例の後に（「テーマ」当該箇所が出現した段落/総段落数）①で情報を付した。

例7-1　しかし、周りの人と私自身の例と見ると、アルバイトは、私達の学業に悪い影響があるのではないかと思う。全部のアルバイトは、勉強に悪い影響をくれるのが言えないけれども、大部分が、私達の学習にとってよくないと思う。

（「アルバイト」1/3）

例7-2　以上は私の家から学校までの行き方です。

（「行き方」3/3）

文章全体の論理展開の型を明らかにするために、まず主題文を抽出して出現状況を把握した。主題文の抽出は、「文」を最小単位とし、提題表現、接続表現、メタ言語表現などの論理展開を示す表現形式②を手がかりに筆者が行った。なお、文法や表記の誤用には注目しない。抽出結果は、第6章の分析時と同様の協力者2名（人文系のアカデミックな文章を作成した経験を有する日本語母語話者）にチェックを依頼した。筆者を含めた3名の一致率は87.4%であり、不一致の箇所は協議の上、共通の認識が得られた。

表7-2は主題文の出現状況に関する調査結果を示している。説明文では全71編の84.5%である60編において85箇所、意見文では全68編の91.2%を占める62編の97箇所から、主題文が抽出された。表7-2の結果については大学間、学年間にχ^2検定（有意水準0.05）を行ったところ、有意差は認められなかった③。主題文は文章全体の記述内容を統括する役割を担う「重点」として、論理展開上不可欠な役割を担っている。この結果から、CLJが全体的に

① 具体例を提示する際には、それぞれのテーマについて次の略称で示す。説明文テーマ①を「行き方」、テーマ②を「キャラクター」、テーマ③を「学習方法」と略し、意見文テーマ①を「アルバイト」、テーマ②を「成績と就職」、テーマ③を「女性」と略す（p.90の説明を再掲）。

② 寺村他（1990: 59）では、接続表現や指示表現、提題表現などの表現形式は文章構造の類型を分析する際の手がかりであると指摘されている。「提題表現」とは、「文章や段落の話題を示す、より広い表現形式」である。

③ 説明文については、主題文の出現状況（文章数・主題文箇所数）と大学間：$\chi^2(2)=0.47$, $p=0.79>0.05$、学年間：$\chi^2(1)=0.0003$, $p=0.99>0.05$。意見文については、主題文の出現状況と大学間：$\chi^2(2)=0.21$, $p=0.90>0.05$、学年間：$\chi^2(1)=0.01$, $p=0.92>0.05$。

は論理的文章に求められる「重点の明示性」といった条件を一定程度認識していると推測される。

表7-2　説明的文章サンプルにおける主題文の出現状況

文章ジャンルと出現数 / 大学・学年	説明文（71編）		意見文（68編）	
	文章数（60）	主題文箇所数（85）	文章数（62）	主題文箇所数（97）
A3	13	22	10	16
A4	9	14	14	23
B3	7	8	13	21
B4	7	10	7	12
C3	12	14	8	11
C4	12	17	10	14

主題文が明示された122編の文章サンプルの論理展開について調査した結果、表7-3に示した**演繹型**、**帰納型**、**複合型**の3つの型が抽出された。各々の型における主題文の位置は囲み線により示している。表7-3から分かるように、説明文においては、3型は比較的均等になっているが、**複合型**がほかの2型より多く見られた。また、意見文においては、**演繹型**や**帰納型**より、**複合型**による論理展開が顕著に多く用いられている。

表7-3　主題文が明示された文章における論理展開の型

論理展開の型	主題文の位置	文章数（122編）	
		説明文（60編）	意見文（62編）
演繹型	冒頭部⇒展開部⇒結尾部	17	8
帰納型	冒頭部⇒展開部⇒結尾部	19	10
複合型	① 冒頭部⇒展開部⇒結尾部 ② 冒頭部⇒展開部⇒結尾部	24 （①24、②0）	44 （①38、②4）

このように、CLJは全体的に、600～800字の説明的文章において主題を明示し、かつ形式面において一定の論理展開の型にまとめられた文章を作成していることが分かった。また、CLJの産出した説明的文章においては、主題文が冒頭部と結尾部の両方で述べられ、**複合型**の論理展開が比較的多く

行われる傾向があると言える。

以下の7.4では、意見文における〔例証〕を例に、具体的に記述された内容に注目して、論理展開の問題の有無を検討する。

7.4 〔例証〕における論理展開の問題

7.4.1 〔例証〕の出現状況および論理展開の型

本研究では〔例証〕を、客観的に記述された具体的な事例によって書き手の主張を裏付け、その正当性を高めて説得力を増す論証プロセスとする。〔例証〕の論証構造に必要な要素については、表7-4に示したように、記述の「重点」に当たる〈主張〉とそれを支持する役割を担う〈例示〉の2つを含める。〈例示〉は、さらに「事例」と「解説」に分類する。

表7-4 〔例証〕の論証構造に必要な要素

構成要素		記述内容
〈主張〉		〔例証〕の記述内容を統括し、書き手の観点や意見を表明する文または文の集合。
〈例示〉	事例	〈主張〉の根拠となる特定の事例を記述する文または文の集合。
	解説	事例から〈主張〉への一般化を行う文または文の集合。常に明示的に現れるとは限らない。

〔例証〕の抽出は主題文と同様の手法で行い、結果も前述した2名の日本語母語話者の協力者にチェックを依頼した。筆者を含めた3名の一致率は93.3%であり、不一致の箇所は協議の上、共通の認識が得られた。

表7-5には〔例証〕の出現状況の調査結果を示した。68編の意見文のうち、6割を超える42編から計60例の〔例証〕が抽出できた。その内訳は、1つの文章に4例見られたものが1編、3例見られたものが2編、2例見られたものが11編であり、ほかの28編で各々1例見られた。B大学3年生において文章数が9に対し、〔例証〕数が19であり、ほかと比べて多いという結果が見られたものの、全体としては、〔例証〕の現れた文章数および〔例証〕の出現状況についてχ^2検定（有意水準0.05）を行った結果、有意に異なっているとは言えない[①]。

① 〔例証〕の出現数と大学間: $\chi^2(2)=0.90, p=0.64>0.05$、学年間: $\chi^2(1)=0.05, p=0.83>0.05$。

表7-5　大学・学年別の〔例証〕の出現状況

大学・学年 ＼ 〔例証〕の出現数	文章数（42編）	〔例証〕（60例）
A3	7	7
A4	4	5
B3	9	19
B4	5	6
C3	11	15
C4	6	8

60例の〔例証〕中5例は、〈例示〉が〈主張〉の特定の名詞句に関する具体的な説明であったため、論証とは認めがたいと考え、以下に行う分析の対象から除外した①。残った55例の論理展開を調査した結果、表7-6に示した3つの型に分類できた。〈主張〉を先に提示してから〈例示〉でそれを裏付ける**演繹型**は42例と圧倒的に多く、先に議論を行ってから〈主張〉を導く**帰納型**は6例、〈主張〉が明示されなかったケースは7例と少なかった。この結果から、CLJは〔例証〕の論証を行う際に「重点」の〈主張〉を先に提示する演繹的な論理展開型を好むことがうかがえた。

表7-6　〔例証〕の論理展開型

論理展開の型		〔例証〕数（例）
演繹型	〈主張〉⇒〈例示〉	42
帰納型	〈例示〉⇒〈主張〉	6
その他	〈主張〉潜在	7

例7-3は最も多く見られた**演繹型**の典型例である。〈主張〉(①) が明示された後、〈例示〉で具体的な事例 (②～⑧) およびそれに関する解説 (⑨) が述べられている。なお、本章における具体例の提示では、**ゴシック体**は〈主張〉、明朝体は〈例示〉、網掛け部は〈例示〉の言語表現の特徴（7.4.2で詳述）を示す。

① 下に示した〈例示〉は「家庭内のトラブル」という名詞句を具体的に説明したものである。

例: **仕事で忙しくなって、家族への関心や交流などが少なくなって、家庭内のトラブルを起しやすくなるからです。**例えば、家は雑然になること、夫婦の間のけんか、子供との交流がうまく進まないことなどです。(「女性」)

例7-3　**①もしひたすらアルバイトをしばかりとすれば、学業にマイナスの影響をもたらすことが当然です。**②私の一人の知合いは、ずいぶん生活費に困っています。③彼女は週末どころか、平日までアルバイトをしています。④特に、一級試験の準備の間で、あいかわらずアルバイトに忙しかったのです。⑤ですから、授業を受ける時間とアルバイトをする時間のほかに、ほとんど復習する時間がなかったのです。⑥それで、彼女はよく徹夜して勉強して、お昼も休みを取らなかったのです。⑦毎日睡眠不足の状態にいて、もちろん学業にすごく悪い影響を与えてました。⑧結局、一級試験に合格できなかったのです。⑨そこから見れば適切にアルバイトしたらいいですが、もしやりすぎては大変学業によくないと思います。

（「アルバイト」2/3）

7.4.2 〈例示〉における言語表現の特徴

〈例示〉は〔例証〕の成否に直接関係する重要な要素であり、かつ事例と解説を含む比較的複雑な構造になっている。その言語表現の特徴を明らかにすることは有意義であると考えられる。〈例示〉内における言語表現の特徴は表7-7にまとめた。

表7-7　〈例示〉内の言語表現の特徴

記述の機能	言語表現の特徴
事例の提示（55例）	1. 事例の冒頭に位置し、具体的な人物や事件を提示する提題表現（21例） 2. 事例の前に位置し、論理展開を示すメタ言語表現（16例） 3. 事例の前に位置する接続表現（12例） 4. 事例の提示を明示する伝聞表現（6例）
事例に関する解説（23例）	1. 解説の冒頭に位置する接続表現、指示表現や反復表現など結束性を示すメタ言語表現（16例） 2. 解説の前に位置し、論理展開を示すメタ言語表現（7例）

55例の〈例示〉中、事例を提示する記述には、上記における例7-3の「私の一人の知合いは」のような特定の人物を示す提題表現は21例と最も多く、「一つの実例を挙げましょう」のようなメタ言語表現や「例えば」のような接続表現も比較的多く見られた。また、55例のうち23例には事例に関する解説が含まれている。解説の記述には、「だから」のような接続表現や例7-3の

「そこから見れば」[①]のようなメタ言語表現が多用されていた。このように、〈例示〉内には、論理的文章で重視される記述内容の配列を適切に行うための言語表現が明示されているといった特徴が見られた。

一方、以上のような接続表現などの言語表現は使用されているものの、実際の文章が示す意味内容には論理性が欠如しており、〔例証〕の論証機能が十分に果せなかった例が存在していた。以下の7.4.3では、〔例証〕の論理展開に見られる問題について検討する。

7.4.3 〔例証〕の論理展開に見られる問題

〔例証〕の論理展開については、論理展開を示す言語表現に注目しつつ、論理的文章に求められる基本条件に照らし合わせて問題を分析した。〈主張〉の出現状況に基づいて「重点の明示性」、〈例示〉における記述内容を通して「内容の説得性」と「配列の適切性」を検討した。「視点の一貫性」については、〔例証〕内の各文を通して考えた。分析の結果、表7-8に示した問題が見られた。そのうち、(2)「内容の説得性」に関する**〈例示〉内における事例の不備・逸脱**の問題が最も多く、(3)「視点の一貫性」と (4)「配列の適切性」に関する問題も比較的多く見られた。

表7-8 〔例証〕の論理展開に見られる問題

調査・分析の観点	論理展開の問題
(1)　「重点の明示性」	**〈主張〉の欠如**
(2)　「内容の説得性」	**〈例示〉内における事例の不備・逸脱**
(3)　「視点の一貫性」	**〈例示〉内の事例に関する解説の不備・逸脱**
(4)　「配列の適切性」	**〈例示〉の不適切な配列順序**

以下、(2) (3) (4) の問題が見られた具体例を通して分析を行い、改善策を検討する。なお、表7-8の**ゴシック体**で示した表現は、以下の議論にもキーワードとして提示する。

(1)〈例示〉内における事例の不備・逸脱

例7-4は文章の展開部に位置している。書き手は冒頭部で「女性は仕事や勉学より家庭のことを優先すべきです」と主張した。例7-4における〈例示〉内の事例は〈主張〉から逸脱している。

① 「そこから見れば」のような条件節を構成した場合、接続表現的な機能も有しているが、文節全体で解説を提示する機能を果たしているため、本研究ではメタ言語表現に分類した。

例7-4　**①家族は空気のような存在で、人間はその大切さを忘れがちです。②しかし、一旦失ったらその不可欠性がわかります。**③私を例として、小さい時から今まで、満点を取ったにせよ、友達とけんかしたにせよ、けがしたにせよ、C大学に入学できたにせよ、いつも私のそばにいるのは家族です。④私と一緒に喜んだり、泣いた時私を慰めてくれたりして、支えになりました。

（「女性」2/4）

〈主張〉には「人間は家族の大切さを忘れがちである」(①) と「いったん家族を失ったらその大切さが分かる」(②) の2つの側面が含まれるものの、〈例示〉における「私の支えになった家族」といった事例 (③④) は「家族の大切さ」にしか言及していない。①で調査対象者が「忘れがち」とした根拠および②の根拠も示されていないまま議論が終わっている。③④の事例は書き手自身の経験を想起した記述であり、〈主張〉を支持できる「家族を失ってしまった」経験ではないため、〈例示〉として不十分である。①と②の〈主張〉を十分な根拠があるものとするためには、「以前は家族のことを大事にしていなかったが、家族を失ったことを機に、その大切さに気付き始めた」といった具体的な事例を挙げ、〈主張〉の意味内容の統括範囲内に修正する必要がある。

また、ここでは〈主張〉の支持部分である〈例示〉を中心に議論を行っているが、〈主張〉の記述における文末モダリティの問題が見られた。すなわち、「～失ったら、～わかります」と家族を失ったことに基づいた「事実」として言い切ってしまっている問題である。それを修正する際には、書き手の伝達意図を確認した上で、慎重に行うように注意する必要がある。

次の例7-5は文章の中間部に位置した〔例証〕である。調査対象者は結尾部で「アルバイトにはメリットがありながら、デメリットもある」と文章全体の主張を述べている。例7-5の〈例示〉における事例では〈主張〉を支持するための十分な記述が行われていない。

例7-5　(前略) **①勉強には、教科書や本などの理論的な知識が欠かせないとはいえ、実践的な知識と結び付けなければその理論が机上の空論になる一方だ。②それに一時実践すると、知識の欠けている部分がうきほりになって、その時本などの理論にもどって補足すれば、かえって知識を固められてくる。**③たとえば、日本人のガイドのアルバイトをする場合、日常日本語が話せるとしても足りないだと思う。④案内しているうちに名所の紹介用語や人に接するマナーも必要とされている。⑤それはガイドをしなくては勉強にならないものだ。

（「アルバイト」2/4）

〈主張〉には「理論的な知識は実践と結びつかなければ机上の空論になる」(①) と「実践により理論的な知識を補足でき、固められる」(②) の2点が含まれている。〈例示〉の③④⑤は①に即して、「理論的な知識」を「日常会話」、「実践的な知識」を「名所の紹介用語や人と接する時のマナー」、「両者を結び付ける」を「日本人のガイドのアルバイトをする」とそれぞれ具体化して支持している。一方、②は直後に〈例示〉が続くにもかかわらず、事例による具体化が全く行われていない。このような〈例示〉の不備の問題を改善するためには、⑤に続き、例えば「ガイドのアルバイトを終わった後、名所の紹介や人と接する時のマナーを再度本などで勉強して確認する」のような具体的な記述を加え、②の意見を支持する必要がある。

〈例示〉内における事例の不備・逸脱の問題は調査対象者の〔例証〕に最も多く見られた問題である。〈主張〉を支持できる説得性のある妥当な事例は、(1)〈主張〉の意味内容の統括範囲内に属すこと、(2)〈主張〉を十全に支持する具体的な事例であること、の2つの条件を満たさなければならない。例7-4はこれら2条件とも満たせず、例7-5は（1）を満たしたものの、記述は不十分である。ほかには、挙げられた事例に〈主張〉を支持する記述がありながら、〈主張〉と関係のない記述が行われたケースも観察された。〈主張〉は書き手自ら考案したものであるにもかかわらず、事例に不備・逸脱が見られたという結果は、彼らが事例の提示にあたり、上記の条件を明確に意識していなかったことを示唆している。

(2)〈例示〉内の事例に関する解説の不備・逸脱

例7-6は文章の中間部に位置し、書き手が冒頭部で「学業成績の優秀な人は必ず適切な就職先が見つかるか」といったテーマの問いに対して否定的な回答をしている。〈例示〉における解説 (③) は事例 (②) から逸脱している。

例7-6　(前略) **①もちろん、学生として、学業成績もかなり重要ですけれども、近年来、実践能力を重視する企業がますます多くなってきたんです。**

②例えば、面接する時、学校でどんな部活をしたのか、またどんなアルバイトをしたことがあるのか、それを通して、あなたの

収穫は何だかのような質問がしょっちゅうされます。③学業成績の優秀な人は必ず能力を持っているとは言えないし、自分に適切する仕事の情報を収集できるのかもわからないです。

（「成績と就職」2&3/6）

この事例は、〈主張〉（①）で述べられた「学生の実践能力を重視する企業が多くなってきた」ことを「就職試験の面接での質問内容」に具体化し、〈主張〉を支持している。この後も同様の視点から議論を展開して事例の補強を行うことが期待されるが、③では突然視点を変え、②で言及されなかった「学業成績が優秀であってもほかの面も優れているとは限らない」という新しい議論を始めており、解説は事例から逸脱している。この文章を改善するためには、解説の視点を、〈主張〉と事例の双方に一致させ、「実践能力の重要性」を中心に議論を展開させなければならない。

〈例示〉内の事例に関する解説の不備・逸脱の問題は、先述した事例の問題と類似し、(1) 例7–6のような解説の逸脱のほか、(2) 解説が行われているものの、記述が不十分である問題、(3) 解説には事例から始めて〈主張〉を裏付ける記述がありながら、無関係な記述もあるといった問題が見られた。解説は、事例に基づき、〈主張〉への裏付けが必要十分に行われなければ、妥当性に欠け、十分に機能しないものとなる。

(3)〈例示〉の不適切な配列順序の問題

例7–7は文章の冒頭部に位置し、〔例証〕の〈主張〉（①）は文章全体の主張でもある。この例では、〈例示〉内の事例（②③）と解説（④～⑥）の配列順序に問題が見られた。

例7–7　　①**「学業成績の優秀な人は必ず適切な就職先が見つかる」、この観点は私がぜったい認められない。**②新聞によると、中国で一番優秀な大学 —清華大学のある女の博士が就職できないそうです。③同じことで、香港科技大学のある化学博士が就職できないために、自殺した。④この二つの事件から見れば、文章の冒頭の観点は正しいとは言えないと思う。⑤確かに学業成績の優秀な人は激しい競争の中で、有利な位置を占めている。⑥しかし、これは適切な就職先の保証ではないと思う。

（「成績と就職」1/4）

〈例示〉では、2つの事例（②③）が提示されてから、解説（④⑤⑥）が行われている。②と③では適切な就職先どころか、「就職先すら見つからない」との事例によって〈主張〉(①) の「適切な就職先が見つからない」という判断を支持している。④で〈主張〉の念押しを行った時点では、〔例証〕のプロセスは完了している。しかし、その後「確かに～、しかし～」という論証の型で⑤で異論に言及し、⑥で「適切な就職先」の観点を新たに提示し再反論を行ったが、その根拠となる事例が提示されないまま議論が終わっている。さらに、⑥の記述自体には複数の問題がある。指示表現の「これ」が前文⑤の「就職活動の有利な位置」か、⑤全文か、「優秀な学業成績」のいずれを指しているのかがあいまいである。また、①の「ぜったい認めない」との強い主張に対し、⑥では「～ではないと思う」と語気を和らげて主張を緩めている。その結果、反論としては弱く、〔例証〕の論理上も不整合となっている。

実際、⑤は〈主張〉(①) への異論であり、②③④⑥はすべて⑤への再反論である。例7-7の問題を解決するために、記述の順序を配置し直す必要がある。具体的には、〈例示〉の解説を〈主張〉の後に入れ、「①〈主張〉→⑤⑥異論およびその反論→②③反論のための事例→④結論確認」と並べ替え、また④では「適切な就職先どころか、そもそも就職先さえ見つからない」と明言して〈主張〉を確認するという順序である。このような再配置により、それぞれの記述内容の関連付けがより明らかになり、論証の整合性も整えられると考えられる。

なお、「視点の一貫性」といった条件に照らし合わせて検討することも例7-7の問題の改善につながると考えられる。すなわち、〔例証〕全体と視点が異なった⑤を1文として独立させず、「確かに学業成績の優秀な人は激しい競争の中で、有利な位置を占めているとも思われるが、これは適切な就職先の保証ではないと思う。」(下線部は筆者) といったように⑥と結合させることにより、議論の重心を上記の改善案の修節である⑥に移行させて、議論のより重要な点を明示する方法である。

7.5　CLJにおける文章作成後の論理展開に関する内省

CLJの説明的文章産出後の1週間以内に、フィールドワークの作業3として、調査対象者全員に対して次の手順で個別にインタビューを行い、各自の文章について内省を依頼した。まず、「初回作文」の自己推敲 (作業2) を依頼時に配布した課題提示に記述された参照項目 (図7-3) の順に、「推敲作文」の説明文と意見文のそれぞれについて自己分析 (以下、**自己分析**) を依頼した。次に、筆者から質問して詳細な回答 (以下、**質問への回答**) を求めた。

筆者の質問は、CLJの**自己分析**に基づき、「为什么提供这个例子我还是不太明白（この事例を提示する理由はまだ分かりません）」や「是按照时间顺序写的吧（時系列で記述しましたね）」などのような誘導も行っている。また、内省の後、口頭による再度の推敲（以下、**再推敲**）を依頼した。

本節では、それらの結果に基づき、上記7.4で検討した論理展開の問題についてCLJ自身がどの程度モニターしているかを中心に検討する。

(1) 選んだテーマを十分に理解して、それに合った内容を書いていますか。
(2) 自分の主張や最も述べたいことは明確に示していますか。
(3) 文章に合った文体を使っていますか。
(4) 文章の全体的構成と論理展開は明確で適切ですか。
(5) 日本語の文法や表現は的確に使っていますか。

図7-3　作業2で配布した課題提示の項目（図3-4から抜粋して再掲）

7.5.1　論理展開に関する内省の有効性

CLJの内省ついては、図7-3に示した項目（1）、（2）、（3）、（5）を概観してから、本研究の中心である（4）に特化して詳細に見ていく。

CLJは全体的に（1）と（2）について最も自信を示しており、文章全体や各段落を統括する文を明確に回答した。このことは上記7.3における分析結果と一致しており、調査対象者は全体的に論理的文章に求められる「重点の明示性」について認識していることが確認できた。また、（3）についても書き言葉と話し言葉の区別や「ます」体と「だ/である」体の区別などの言及が多く見られ、ライティング時に注意が払われたことがうかがえた。一方、（5）については、文章作成および推敲を依頼時には辞書使用可と許可されていたものの、最も自信の度合いが低かった。CLJは文法表現の正確さより、いわゆる「日本語らしさ」や「美しい表現」へのこだわりが強いことがうかがえ、第5章におけるCLJのライティングに対する意識の分析結果と一致している。これは書き手がそれまでに受けた日本語教育や外国語教育、あるいは母語教育のスタイルの影響の可能性も考えられる。が、そのことを証明するには、さらなる調査が必要なため、本章では指摘にとどめる。

（4）については、意味内容に注目して「文章全体の構成 → 段落ごとの展開 → 各文の記述意図」の順に内省するように依頼した。その結果、CLJの各自の産出文章における論理展開の問題について、2タイプの気付きのプロセスが観察された。1つは、最初の「文章全体」の分析で強い自信を示したが、「段落」や「文」という細部にわたった検討を行うにしたがって、論理展開の問題を自覚し、修正を加える必要性を感じたタイプである。もう1つは、CLJが**自己分析**後の**質問への回答**において、筆者を説得するための読み返しを通して見逃した問題に気付いたタイプである。

また、**再推敲**については、図7-4に示したように、72名のCLJが作成した144編の文章中、論理展開に関して修正すると回答したのは全体の75%に当たる108編で、現状を維持すると述べた「修正しない」、および論理展開に言及しなかった「その他」をあわせて36編と25%にとどまっている。このように、CLJ自らの検討を促し、また、第三者（今回は筆者）の誘導性のある質問などの支援を行うことは、論理展開の問題への彼らの気付きに対して、一定の効果があったと考えられる。

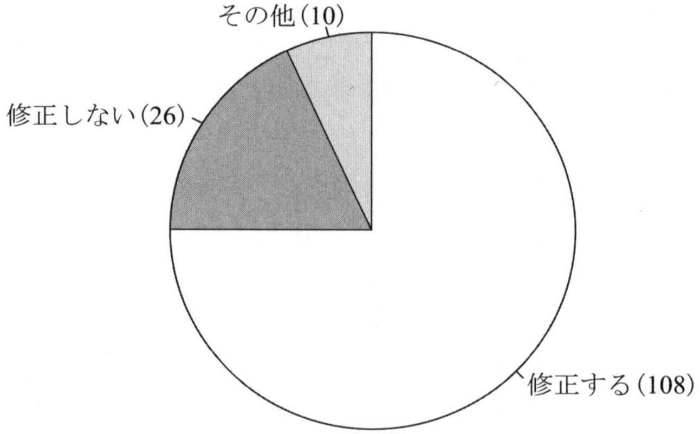

図7-4　CLJにおける内省後の論理展開部分に対する修正の意志

インタビューの最後に、フィールドワークの調査に参加した全体的な感想を尋ねた。その際、72名の対象者のうち52名がインタビューの内省に言及し、高い効果を実感していると述べた。特に論理展開について、以下に示す例7-8と例7-9のように高い満足度を示している。

例7-8　学到了很多东西。看到了自己很多不足。以前写文章更多地注重语法和文体方面，在文章的构思方面还不足，以后会努力的吧。
[自分の足りない部分が分かって非常に勉強になった。これまではライティングする時には文法と文体に多くの注意を払っていたが、文章の論理展開にはあまり注意していなかった。これからは頑張りたいと思う。]

例7-9　第一次顺手就写完了，第二次自己改出了一些语法错误，但是比较深一点的东西都没有注意到。刚才根据那几项问了一下，发现自己在结构上真的有需要改的。这让我觉得自己的文章真的有问题，并清楚地知道问题出在哪里了。
［1回目はすぐに書き上げたが、2回目では自分で文法的な間違いを訂正できた。しかし、(推敲が必要な) より深いところには気づかなかった。さっきの内省で項目別に分析してみたら、論理展開に修正が必要であることが分かった。自分の文章の問題の所在がはっきり分かった。］

以上のような意味内容まで踏み込んだ論理展開に関する検討は、72名のCLJ中67名が母語の中国語で行っている。そのため、彼らは比較的短時間にライティング中の論理展開に関する構想や情報を提示する意図などをより詳細に検討でき、調査者で支援者でもある筆者の方でも問題の原因を綿密に把握できた。

7.5.2では、インタビューにおけるCLJの内省について具体例を提示して検討を行う。

7.5.2　インタビューにおける内省例

例7-10は、上記の7.4.3 (2)**〈例示〉内の事例に関する解説の不備・逸脱**の問題として提示した例7-6に関する書き手の内省および**再推敲**から抜粋したものである。質問への回答における筆者の質問を「Q」、書き手の回答を「A」で示す。下線部は分析の便宜上筆者が付したものである。

例7-10では、書き手のCLJが**自己分析**で文章全体の流れをはっきり示しており、「重点」である〈主張〉についても明確に回答できている。一方、**質問への回答**では、下線部に示されたように、例7-6の〔例示〕で挙げられた企業の面接といった具体例に関する解説で、A1とA2では不整合となっている語りが見られた。書き手自身も内省について語った後、その解説の逸脱に気付き始めており、当初のライティングの際に、「思いつくまま書いた」といった不適切な行動がモニターできた。その気付きから、このCLJは内省後の**再推敲**において、中間部の〈例証〉における事例と解説とを結び付けるように工夫するといった新たな修正方針を生み出したことが分かる。

例7-10

自己分析

第一句话，也就是第一小段，先阐明自己的观点。第二段，结合自身和其他一些自己获得的信息对上面的观点进行具体阐述。第三段，是稍微具体一些的例子，最后是以一个具体事例来说。

［最初の文、つまり最初の段落では、まず自分の観点を明らかにしました。第2段落では、自分自身の経験や聞いた情報に基づいて自分の観点を具体的に論述しました。第3段落では、ちょっと具体的な例を挙げて（解説しています）。最後はもっと具体的な例を挙げました。］

質問への回答

Q1：从开始「もちろん…」到段落结束的内容和之前的内容是什么关系？

［「もちろん…」から段落最後までの内容は、その前の内容とはどんな関係ですか。］

A1：写的时候没想那么多。这还是跟后面的联系大一些。后面说的是现在重视实践能力的企业越来越多了，所以后面就讲，面试的时候有这样的具体的提问，这实际上也是我见闻的一个具体例子。

［書く時はそんなに深く考えていませんでした。今考え直すと、やっぱり次の段落との関係がもっと深いです。次の段落（第3段落）では、最近実践能力を重視する企業がますます多くなってきたことについての記述です。だから、面接の時の具体的な質問を挙げています。これも私の経験した具体例です。］

Q2：第三段「例えば…」是一个例子。这是关于面试，还是普遍的来说？

［第3段落の「例えば…」は具体例ですね。これは面接についてですか。それとも一般的なことについてですか。］

A2：普遍的来说。这里想说，成绩好的未必能力就很高。

［一般的なことについてです。ここで言いたかったのは、成績が良くても必ずしもほかの能力も高いとは言えないことです。］

再推敲の修正方針

我觉得这篇文章还是写得有些仓促。中间的部分可能把例子跟解说更好地结合一下。我现在的文章是随着思路来的。(後略)

［この文章は少し急いで作成されたような印象を持ちます。中間部の記述では、挙げられた事例とその解説とをさらに結び付けるように工夫したいと考えています。今のは思いつくままに書いたものです。］

このように、書き手が筆者との母語を媒介とした問答によって、比較的短い期間に〈例示〉における解説の逸脱といった論理展開の問題に気付き、推敲に至ったことが分かった。文章産出後の**自己分析**および**質問への回答**から、CLJのライティングにおける論理展開の問題への気付きに対して、彼ら自身の検討および教員や支援者による支援が有効であると考えられる。

さらに、以上のように、CLJの**自己分析**と**質問への回答**は彼らの母語の中国語によって行うことが、短期間で問題の原因を顕在化させることには効果的であると考えられる。もちろん、時間的な余裕があり、かつ書き手が目標言語の日本語能力が堪能な場合、こういった作業は日本語によって行うことも同様の効果があると考えられる。一方、現状では、ライティング教育の時間が限られているため、かつCLJにとって日本語を用いて上記例7-10のような内省を行うことは困難である。このような状況下において、CLJの堪能な母語を媒介としたサポートが、彼らのライティングにおける論理展開の問題を発見し、改善する有効な方法であると言える。また、中国語母語話者である教員や支援者にとっても、母語による思考や表現の方法の指導は有利である。

7.6　本章のまとめと総合的考察

本章では、まず、CLJの産出した説明的文章の全体像を把握した。その上で、論理的文章に求められる条件として「重点の明示性」、「内容の説得性」、「視点の一貫性」、「配列の適切性」を提案し、それらの条件に照らし合わせて文章サンプル全体および意見文の〔例証〕における論理展開を検討した。また、CLJの文章産出後に行われた、母語の中国語による内省を検討した。その結果、以下のことが明らかになった。

まず、文章全体の主題文および〔例証〕における〈主張〉の出現状況から、CLJは説明的文章における「重点の明示性」を意識していることが明らかになった。主題文を前後に提示する**複合型**、〔例証〕における〈主張〉を先に提示する**演繹型**が顕著に見られたことから、CLJが「重点」を先行させる傾向も観察された。

実用的な文章は、使用場面や目的、ジャンルによって好まれる論理展開型が異なる。例えば、経済性を重視するビジネス文書では一般的に「重点先行」の論理展開型が好まれることが知られている[①]。この場合、**演繹型**が適切であり、**帰納型**は効率が低いと見られかねない。それに対して、レポートや論文のようなアカデミックな文章の場合、章や節のタイトル、また記述内容を予告する論理展開を示す表現によって「重点」が先に提示される必要があるが、本論の議論そのものにおいては、必ずしも常に**演繹型**で論を展開するわけではない。「重点」となる分析や考察の結果は、先行研究や背景知識の提示後に、データを検討した上で導かれるといった帰納的な論理展開型も一般的に用いられている。アカデミック・ライティングに関す

① ビジネス文書の書き方を紹介した入門書では、鳩貝（2001）など、多数の市販の書籍が存在する。

る指導の一例としては、Swales（1990）で提唱されたCARSモデルが挙げられる。

なお、文章の論理展開型は国や地域の文化により異なる（Kaplan, 1966）といった先行研究もあるが、本研究で扱っている説明的文章ジャンルは、文化の相違とは基本的に関係しないユニバーサルなものである。そのような前提のもとで、文章の目的やジャンルに合致した複数の型とその意義について意識的にCLJに学ばせるとともに、各自が実際に必要とする際に適切な論理展開型を選択する能力を養うことも必要である。

また、論理的文章に求められる基本条件に照らし合わせて検討した結果、〔例証〕には、**(1)〈主張〉の欠如、(2)〈例示〉内における事例の不備・逸脱、(3)〈例示〉内の事例に対する解説の不備・逸脱、(4)〈例示〉の不適切な配列順序**、といった問題が見られた。(1) は少数であるが、(2) と (3) は非常に多く、(4) も比較的多かった。(2) と (3) の問題は、書き手が文章を組み立てるために準備すべき情報の取捨選択が適切に行われず、〈主張〉の意味内容の統括範囲およびそれを支持するために提示すべき十分な事例と解説について、正確に把握できなかったことに起因していると推察される。また、(4) に関する問題は、調査対象者における「情報の配列についての意識の欠如」(村岡他, 2007: 104) に関係があると推測される。インタビューからは、多くのCLJが文章作成中、新たなアイディアが思い浮かぶと、書く前に考えた構成を随時部分的に修正していたことが分かった。換言すれば、これは調査対象者が全体の構成より部分に注目しがちであり、情報の配列、すなわち文脈の整合性を保ちながら記述する配慮が不足していたことを示している。第6章における自己推敲の分析からも、書き手の推敲箇所の影響範囲に対する認識不足の問題が見られた。以上から、「配列の適切性」についてはCLJの問題は重篤であり、指導の際により重点が置かれることが必要であると考えられる。

本章で提案した改善策は、当該問題に対して一定の効果が期待できる。上記における諸問題は互いに独立したものではなく、重なる部分が存在する。その修正の結果、さらに別の修正 (表現の統一やさらなる論理展開の修正) が必要となる場合には、書き手によっては、関連するすべての問題を見極められない可能性があり、自身の文章表現能力にも限界がある。しかしながら、論理展開上の1つの問題の解決は、ほかの問題の発見および解決にもつながることから、論理展開の整合性について実例に即して深く学ぶことは有効であると考えられる。

また、7.5で検討した文章作成後における書き手の自己分析や支援者からのコメントと質疑の有効性は論理展開の指導に示唆的であると考えられる。

まず、支援者の活動を含めた学習者の内省といった内的行動はライティングにおける論理展開の正確な把握に有効であると言える。ライティングにおける書き手同士の意見交換も重要である（村岡他, 2009: 28）が、加えて7.5の分析結果から、CLJ自身の内省を促すことも必要であると言える。また、中国人教員が中国語による論理展開を指導する可能性を提示している。現状におけるCLJへのライティング教育は、一般に、日本人教員により、文法や表現に偏った指導がなされており、論理展開の指導はほとんど見られず、また、中国人教員の関与もない状況である[①]。7.5の分析結果から、CLJの論理的ライティング力の育成を目ざす指導は、日本人教員と中国人教員が協働で行い、それぞれの長所や優位性を活用させる指導体制の可能性についても示された。

① 詳細については図5-5に示した。

第8章　CLJの論理的文章作成を目ざす指導への示唆

本研究はCLJの実用的なニーズの分析から出発し、論理的ライティング力の育成を目的とした実証的研究として、第4章から第7章まで4つの側面から彼らのライティングにおける論理展開について検討した。

本章では、上記の分析結果を受け、論理的文章作成を目ざすライティング教育のあり方について図8-1の通り提案を行う。具体的には、以下に示す3つの側面について論じたい。

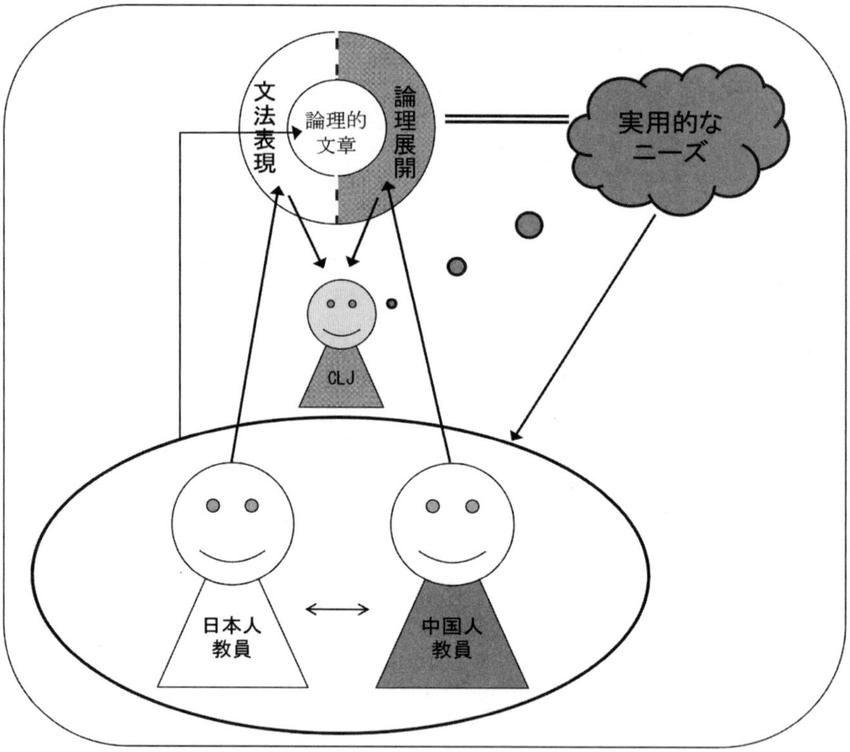

図8-1　論理的文章作成を目ざすライティング教育への提案

8.1　把握されたCLJのニーズをもとに、カリキュラム編成に反映して実施し、評価する必要性

8.2　説明的文章を柱とするライティング教育に論理展開の指導を導入する必要性

8.3　日本人教員と中国人教員双方のメリットを最大限活用できる協働指導体制を構築する必要性

8.1　CLJのニーズの把握

効果的なライティング教育を行うためには、まず学習者のニーズを正確に把握する必要がある。第4章と第5章では、CLJにおけるライティングのニーズについて調査を行い、その結果に基づいて、説明的文章の割合を高める必要性と論理展開に関する指導の必要性を明らかにした。それらの分析結果を教育現場に還元することは効果的な指導につながると考えられる。

一方、より高い教育効果を得るためには、本研究のような調査を定期的に行う制度を整備し、CLJのニーズに対するシステマティックな把握を目ざすことが望ましい。そのためには、単発的なデータ収集だけでなく、調査の項目、方法、対象、結果の還元などを明確に定めた上で、可能ならCLJへのニーズ調査をカリキュラムの一環として設定すること、また、授業運営に関わる教員個々人の努力ではなく、教員間で連携し、情報を共有しながら集団体制で行うことが求められる。本研究のようなアンケートやインタビューのほか、課外の懇談、添削やフィードバックなどの指導機会を活用するなど、日常的にも積極的に多様な機会を与える姿勢が必要であろう。

さらに、このシステムに期待されるのは、CLJの実用的なニーズを綿密に把握して教育現場へ還元することだけではない。CLJがまだ十分に意識できていないものの、将来必要となるライティング力について、仕事や研究の現場から最新の情報を収集し、教育現場に発信する機能を果たすことも期待できる。

すなわち、本研究においてこれまで議論してきた、CLJの実用的なニーズに応えるということは、学習者のすべての要望を無条件に満足させるために努力するべきであるというわけではないことをここで強調したい。換言すれば、教員はCLJのさまざまな特定の要望にできる限り耳を傾けることによって、その中から共通して緊急度の高いものや指導を強化すべき基礎となる部分（例えば、本研究で指摘した説明的文章や論理展開に関する指導）を発見できる。そのことこそが、学習者のニーズを把握するために最も重要であると言える。

このような調査の結果を蓄積し、そのデータに基づいたカリキュラムの検討によって、CLJへのライティング教育は、教員個々人の持つ信念に左右されている現状から脱却し、学習者のニーズに応えるものになっていくだろう。

なお、以上提案したシステムは、中国人教員主導のもとで運営することが望ましい。日本人教員は年間契約で勤務する場合が多く、限られた期間内に高学年のライティング授業と低学年の会話授業の両方を担当させられることが通例となっている。そのため、学習者一人ひとりのニーズを把握し、相応しいカリキュラム開発に取り組み、かつ効果的な指導を行うことは現実的には難しい。中国人教員の関与により、教育経験の蓄積や教員間の意見交換、指導体制の一定期間の継続などを円滑に進めることができ、より高い教育効果が期待できる。

8.2 ライティング教育の指導内容

CLJの実用的なニーズに応えるためのライティング教育は説明的文章を柱とし、論理展開に関連する指導の導入が必要であると考えられる。以下、4つの側面から具体的に検討する。

(1) ライティングのタスクにおける説明的文章の割合を高める必要性

第4章の分析結果から分かるように、調査対象者の在籍大学におけるライティング授業で行われたタスクでは、全体的に説明的文章の割合が文学的文章より低い。CLJの実用的なニーズから、論理的ライティング力の育成がライティング授業の目標として求められる。そのため、タスクの課題として、説明的文章の割合を高める必要があると考えられる。まず、説明的文章は心情的要素を含めず、事実や意見の効率的な伝達を目的とすることから、実用的な文章と共通性が高い。また、説明的文章を柱とするライティング授業では、CLJの重視する文法や表現の正確さや論理展開をすべて扱うことは可能である。そのため、教育期間が限られたライティング授業においては、説明的文章を柱とすることが効率的である。

また、第5章の分析結果から分かるように、CLJは文法や表現の正確な使用のみでは満足せず、いわゆる「日本語らしさ」や「美しい表現」など、日本語の文学作品に特有なものも重視している。一方、それは限られた教育期間における授業形態での学習では高い効果が得難く、CLJ自身が自律的に行う大量のリーディングに基づいた表現の積み重ねが必要となる。また、学習者のこのような要望は、日本人教員の指導による影響も推測されるため、教員も、CLJに何が必要であるかを明確に意識した上で、指導に臨むことが望ましいと考えられる。

(2) 論理展開に関する指導を取り入れる必要性

論理的文章の作成においては、「言語表現と論理が一致した文章を書くこと」(木戸, 2004: 21) が求められる。一方、第5章の分析で明らかになったように、CLJの論理展開の指導に関する要望を担当教員が十分に把握できておらず、実際の指導内容は日本語の言語表現の正確さや適切さに偏っており、記述された内容の論理性に関する問題は重要視されていない。また、CLJ自身が論理展開に関する指導を強く求める一方、その中身については明確な認識を有していない。

以上から、日本語による論理展開については、その指導の重要性について教員側とCLJ側における共通した認識を得た上で、指導内容として取り入れなければならない。論理展開の問題は、言語を問わず、論理的文章全般に通じる知識の有無に関わるものであるが、CLJにとっては、それが目標言語である日本語に伴って現れるものであり、論理的思考による文章構造と論理展開を行う能力は実際に日本語ライティング力の一環である。そのため、日本語のライティング指導において論理展開に関する内容の導入は必要であり、かつ現実的で意味のあることである。

(3) 論理展開に関する指導内容を明確にする必要性

論理展開に関する指導の重要性を認識した上で、CLJの問題点をはっきりさせ、具体的な解決策を工夫することが求められる。

第6章では、ライティング時にはCLJが、論理展開の問題を修正できず、必要な配慮や注意すべき範囲には及ばなかったことが明らかになった。また、第7章では、本研究で提案した論理的文章の基本条件に照らし合わせて具体的な文章例を検討した。その結果、CLJは論理展開について、文章全体における段落分けや重点の明示など形式的側面は比較的よく把握できているが、文章内のそれぞれの段落やまとまった記述内容においては、取り入れるべき内容の取捨選択、それらの内容の記述時の視点や順序といった側面に多く問題が見られた。

以上の分析結果は実際の指導現場における情報提供として有意義であると考える。それらの結果に基づき、CLJへの指導において、「重点」の明示を促すより、1) 明示された「重点」を真に支持できる、説得性のある内容の厳選、2) 選択された内容の相互の整合性に配慮した適切な配列、といった2つの側面に重点を置いて行うことが効果的であると推測される。また、これらの問題を短期間に解決するためには、ライティング授業のみでは困難であり、CLJ自身の意識的な自律的学習やチューターなど支援者からの種々のサポートなど、授業時間外の努力も求められる。

(4) 論理展開を示す表現の適切な使用を指導する必要性

第6章と第7章における実際の文章例に対する分析からは、CLJが接続表現やメタ言語表現といった論理展開を示す表現をライティングに用いていることが分かった。しかし、それらの表現は担うべき機能を果たせず、文章の意味内容の問題に起因した論理展開の不整合が見られた。

その結果を受け、論理的文章作成を目ざすライティング授業における文法や表現に関する指導では、助詞や活用形などの文法、書き言葉と話し言葉の区別だけではなく、論理展開を示す種々の表現の適切な使用に関する指導も不可欠であると考えられる。その際、問題例や模範例のモデル文章の論理展開およびそれを示す表現の適切性を分析する「テキスト分析タスク」など、有効性が検証されている指導方法①をCLJの実情にあわせて適宜導入することが学習効果の向上につながると考えられる。

8.3　協働指導体制の構築

以上、ライティング教育におけるCLJの実用的なニーズの把握およびそれに応えるための指導内容について本研究の分析結果から示唆を得た。限られた教育期間でそのような指導を効率的、かつ効果的に行うためには、現状の指導体制は限界があり、実際の指導においては、日本人教員と中国人教員が指導上それぞれ有する優位な資質を最大限に活用した、論理的文章の作成を共通の目標とする協働体制の構築が求められると考えられる。以下､3つの側面から議論を加える。

(1) 日本人教員と中国人教員の合理的な役割分担を工夫する必要性

日本人教員は、母語話者ならではの「日本語らしさ」についての言語感覚を有し、論理展開を示す適切な言語表現の教授には強みがある。一方、中国人教員の最大の有利な点としては次の2点が挙げられる。まず、CLJの母語によるライティング学習の背景に関する知識が豊富である。例えば、大学入学まで受けてきた言語教育の内容や教育システム、また、大学入試の内容や受験システムなどである。これらは、大学入学後のCLJのライティングに何らかの影響を及ぼしていると考えられる。さらに､CLJの論理展開に関する問題そのものの指摘のみならず、その根源的な理由についてもCLJと同じ母語で比較的容易に把握し､CLJとの十分なコミュニケーションによって、彼らをより深い理解へ導くことが可能である。

第7章では､CLJは、母語を媒介とした自己分析や筆者の質問を通じた支援により、論理展開の問題について､30分前後のインタビューを通して正確に認識し、解決に成功したことを報告した。すなわち、論理的思考に深く関わる論理展開の指導は､CLJに馴染み深い中国語を有効活用すること

① 「テキスト分析タスク」については、因他（2008）、村岡他（2009）、村岡（2014）が教育実践による有効性を検証している。

で、比較的短期間での効果が期待できると考えられる。このことから、協働体制に基づいた指導では、図8-1に示したように、日本人教員は学習者の目標言語である日本語の文法や表現、特に論理展開を適切に表す言語表現を中心に指導を行うことが求められる。また、中国人教員は主として意味内容に踏み込んで論理的思考に関する指導を行い、問題の根源をCLJに意識化させることが、役割分担として適切である。このようにして、日本人教員と中国人教員はそれぞれのより有利な点を活かし、体系化した指導体制の構築に貢献することが可能となるであろう。

(2) サポート体制を整備する必要性

日本人教員と中国人教員の協働指導体制は、限られた授業時間内で各々が効率的な指導を全うするほか、授業時間外の補助的なサポート体制を整備し、CLJの論理展開の問題を指摘できる支援者を養成するためにも有効に機能することが望ましい。

第7章においては、CLJの文章産出後の内省について分析を行った。その結果から分かるように、支援者（本研究では筆者）が行う、CLJの母語である中国語を用いたサポートには、論理的思考力の形成を促すという効果がある。支援者としては、(1) CLJの目標言語である日本語に関する一定程度以上の語学能力、(2) 論理的ライティング力、(3) CLJとの適切なコミュニケーションにより問題の原因を指摘する能力、といった条件を満たすことが望ましい。例を挙げると、アカデミック・ライティングの経験を有する大学院生が、チューターやティーチング・アシスタントといった支援者としてCLJのライティング過程に関わり、アドバイスを与えるというものなどである[①]。

そのような人材を養成するためには、協働指導体制のもと、支援者本人に論理的文章を作成する専門的な訓練を行うことが求められる。また、適切な支援の観点やその方法、蓄積された経験を、組織的にワークショップの開催といった機会に共有し、サポート体制を整えることも、この協働指導体制の果たすべき機能であると思われる。以上の体制を確実に整備するためには、CLJの大学在学中と卒業後の双方に必要なライティング能力育成の重要性を教育関係者が十分に共有し、現在の問題を共通理解にしていく努力が必須であると考えられる。

(3) 関連研究に取り組む必要性

本研究の分析結果に基づいた日本人教員と中国人教員の協働指導体制に

① 例えば、日本では、書き手のライティングの過程に関与してアドバイスを与える実践としては、早稲田大学アカデミック・ライティングセンターが挙げられる（http://www.cie-waseda.jp/ awp/index.html. 2010.2.21アクセス）。

関する提案は、本研究の調査対象者のCLJには効果があると予測される。一方、そのような指導体制は、現在までの中国におけるライティング教育ではほとんど見られず、それを有効に機能させるためには、まだ多くの課題が残っている。

まず、本研究で行われた指導内容に関する分析のほか、CLJの論理的ライティング力を習得する過程にも注目する必要がある。例えば、彼らがどの部分が習得しやすく、どの部分が困難と感じており、それはどのような要因に関連しているか、などについて研究を行い、その研究成果を教育現場に還元し、教員養成にもその知見を提供することが求められる。

また、CLJの実用的なニーズに応えるためには、本研究で提案した協働指導体制に基づいて、学部高学年のCLJのみならず、4年間にわたった教育カリキュラムについても考えなければならない。そのためには、単発的な教育実践の報告や研究ではなく、1年生から4年生までのライティング教育のコースデザイン全般について、現状の問題を十分に分析した上での、長期間にわたる体系的な研究が求められる。

さらに、日本人教員と中国人教員におけるこのような協働指導体制における役割分担の最善の割合、指導に関与する最も適切な時期や方法など、今後複数の教育実践や研究から得られた知見に基づいて検討する必要がある。また、中国人教員全員が、論理展開について十分な認識があり、かつ十全な指導ができるとは一概に言えない。そのため、教員が自身の指導力を高めるための積極的な自己研鑽としての定期的な研修の機会も求められる。

第9章　結論と展望

ライティング教育は、転換期にある中国の大学の日本語専攻教育の一環として、学習者の実用的なニーズに応じた再検討があまり重視されていない。そのような中、本研究は、学部高学年の学習者であるCLJに注目し、彼らの専門日本語教育の対象としての特徴を抽出し、論理展開の観点から、彼らのライティングについて統合的な分析を行った。CLJにおけるライティング学習の実態、ライティングに対する意識、文章産出における論理展開の扱い方、および産出した文章の問題点、を明らかにした。それらの結果に基づき、CLJの論理的ライティング力育成を目ざすライティング教育について示唆を得て、日本人教員と中国人教員による協働指導体制を提案した。

本章においては、まず本研究を総括してから、今後の課題を提示して新たなライティング教育を展望する。

9.1　本研究の総括

第1章では、本研究の背景として、中国の大学における日本語専攻教育の歴史的変遷と、専門日本語教育の発展について概観し、ライティング教育に関する問題を探った。その上で、本研究の位置付けを述べ、各分析の詳細な目的を明らかにした。

第2章では、専門日本語教育研究の流れを概観した上で、同研究分野で提唱されている論理展開の観点から行われたライティング研究について整理した。先行研究の知見に基づき、(1) CLJにおけるライティングのニーズをさらに綿密に把握していく必要性、(2) 論理展開に注目して分析する観点の重要性、といった2つの側面から示唆を得た。

以上を踏まえ、第3章では本研究で用いる種々のデータの収集方法について概説した。それらのデータを用いて、第4章から第7章において異なる側面から分析を行い、第8章で教育現場への示唆を得た。

第4章では、アンケートとインタビューによって実施した意識調査の結果をまとめ、CLJのライティング学習の実態について量的・質的分析を行い、ライティング指導に説明的文章を取り入れる必要性について検証した。まず、CLJがライティング授業の課題として作成した経験のある文章ジャンルを調査し、説明的文章の低い割合を明らかにした。次に、ライティングのタスクに取り入れる必要のある文章ジャンルに関するCLJの認識を分析し、実用的な文章や説明的文章に関連するタスクの必要性を示した。また、教員におけるライティング教育に関する信念を検討し、文学的文章が高い割合になる原因について議論した。

第5章では、意識調査の結果に基づいて、CLJのライティングに対する意識について量的・質的分析を行い、論理展開に関する指導の必要性を指摘した。まず、CLJにおける教員の指導に対する認識と評価について分析し、彼らが持っている論理展開の指導への高い要望を明らかにした。次に、CLJのライティング意識を分析し、文法や表現、文体、論理展開といった3項目は、CLJが指導を受けたと認識し、かつライティング時に重視するにもかかわらず困難を感じることを明らかにした。また、CLJにおけるライティング授業への期待と、担当教員の信念との相違を検討した。以上の結果に基づき、CLJへのライティング教育の現状を明らかにし、論理的文章作成を目的とした指導が必要な項目、指導方法など、彼らのライティングに関するニーズについて総合的に考察を行った。

第6章では、上記の結果を踏まえ、論理展開の観点から、CLJの説明的文章の産出における自己推敲について量的・質的分析を行った。関連の先行研究を概観した上で、まず、自己推敲を抽出して、「表面的推敲」、「言語標識と情報配列の調整」、「情報の調整」の3レベルと、「加筆」、「削除」、「書き換え」、「順序変更」、「分割/結合」の5項目に分類した。次に、推敲前後の分量の変化、推敲の頻度、各CLJにおける論理展開に関する推敲の傾向について量的分析を行った。その結果、論理展開に関する自己推敲は全体的に少数であった。そのうち記述された情報の付加などの「情報の調整」が、「言語標識や情報配列の調整」より多く行われていることが分かった。また、割合が顕著に高い項目に絞り、具体例に基づいて推敲による文章の論理性の改善の有無に注目して質的分析を行った。その結果、CLJは論理展開の推敲過程には文章全体やテーマとの整合性への配慮が不足していることが明らかになった。

第7章では、CLJの産出した説明的文章に絞って論理展開の分析を行った。文章サンプルの全体像を把握してから、まず、論理的文章に求められる基本条件として「重点の明示性」、「内容の説得性」、「配列の適切性」、「視点の一貫性」を提案した。次に、主題文の出現状況に基づいて文章全体の論理展開の型を明らかにし、CLJの説明的文章における「重点」を明示する傾向を明らかにした。その後、意見文における〔例証〕の論証構造に焦点を当て、論理展開の問題を検討し、CLJにおける「内容の説得性」と「配列の適切性」に関する問題を指摘した。最後に、それらの問題の発見および解決のための母語による内省の有効性を検証し、指導現場への示唆を得た。

第8章では、上記第4章から第7章の分析結果を受け、(1) 把握されたCLJのニーズをもとに、カリキュラム編成に反映して実施し、評価する必要性、(2) 説明的文章を柱とするライティング教育に論理展開の指導を導入する必要性、(3) 日本人教員と中国人教員双方のメリットを最大限活用できる協働指導体制を構築する必要性、といった3つの側面からCLJの論理的文章作成を目ざす指導のための示唆を得た。

本研究で得られた成果を以下の通りまとめる。

(1) CLJに対するライティング教育の現状および問題を明らかにし、論理的ライティング力を育成する必要性を調査に基づいて検証した。
(2) CLJのライティング学習の実態とライティングに対する意識を明らかにし、説明的文章に基づいた論理展開に関連する指導の必要性を指摘した。
(3) 論理展開に注目した推敲の分類方法を提案し、CLJの文章産出における論理展開の扱い方を明らかにし、問題点を指摘した。
(4) 論理的文章に求められる基本条件として「重点の明示性」、「内容の説得性」、「配列の適切性」、「視点の一貫性」を提案し、具体的な文章例に基づいてその有効性を検証した。
(5) 具体例に基づいてCLJの産出文章の論理展開の問題を検討し、各自でそれらの問題をモニターするためには、母語による内省が有効であることを示した。
(6) 以上の結果に基づき、CLJの実用的なニーズを視野に入れた、日本人教員と中国人教員の協働指導体制を提案した。

9.2　今後の課題

本研究は、CLJの論理的ライティング力の育成に向けて、日本語専攻教育のライティング指導に資する基礎的、実証的研究である。今後の課題として、次の通りまとめられる。

(1) 中国人教員におけるライティング教育への信念に関する研究

第4章と第5章では、学習者のCLJとライティング教育の現場に携わる日本人教員に注目してさまざまな分析を行った。また、第6章と第7章では、CLJの実際のライティングにおける論理展開を中心に分析を行った。それらの結果に基づき、第8章では日本人教員と中国人教員の協働指導体制の構築を提案した。

一方、このような協働指導体制を効果的に機能させるためには、中国人教員におけるライティング教育への信念についても綿密に把握する必要があると考えられる。今後、中国人教員に対しても調査・分析を行い、ライティング教育に対する信念について、日本人教員との共通点・相違点を把握する。

(2) 教育現場に向けた本研究の成果に対する発展と検証

第6章における学習者の文章産出時の自己推敲に対する分析から、CLJの自己推敲には、論理展開に関するものが少数であり、そのうち「情報の調整」と「標識と配列の調整」とは約7: 3といった一定の割合になっている結果が得られた。それらの結果は、CLJが手書きで産出した「初回作文」を筆者がパソコンで入力し、それを用いた彼らの手書きによる推敲作業から得られたものである。

一方、現在の教育現場においてはまだ少数にとどまっているものの、近い将来におけるCLJのライティングは、手書きよりパソコンによる作業を行う機会がますます多くなると予測される。また、e-learningなど教育方法の隆盛に伴い、ライティングの宿題の提出や教師添削もメールやSNSを介したものも今後増えていくであろう。そのため、今後、本研究で得られた結果を受け、例えばパソコンを媒介とするなど実験条件を変更してさらに研究を深め、新たな問題点の有無などについても詳細な分析が必要であろう。

(3) 認知心理学の観点からCLJのメタ認知に対する検討

本研究では、第6章における自己推敲および第7章における産出文章とその内省を通して、CLJの論理展開に対するモニタリングを概ね把握できている。一方、文章を産出する過程は単線的ではなく、「構想」、「書く」、「推敲」といった行動が「再帰的に繰り返しながら」(井下, 2002: 15) 成し遂げられ、連続性のあるものである。今後、本研究で明らかにされた結果を受けながらも、認知心理学の観点を取り入れ、プロトコル発話法などのアプローチを用いて、CLJのライティング前の構想時から文章完成までの全過程を追跡し、彼らの論理展開に対するセルフモニタリングの全貌を明らかにする必要がある。

また、学習者の内省に対する誘導については、本研究の調査対象者であるCLJには母語による内省が顕著な効果をもたらしており、論理展開の問題への気付きや改善に対して有効に機能していることが明らかになった。一方、書き手のこのような内省を支援するためには、支援者は、どの程度誘導を加えれば最も適切であるかは、書き手によってかなり異なってくると推測される。実際、書き手の自己分析のみでも十分効果が現れる場合もあれば、誘導を行わなければ本人がまったく気付かないことも非常に多い。中国人教員やほかの補助的なサポーターとしては、どのような学習者にどの程度の支援が適切であるかを明らかにするためには、認知心理学の観点も取り入れた研究が求められると考えられる。

参考文献

[1] 浅井美恵子 (2003)「論説的文章における接続詞について —日本語母語話者と上級日本語学習者の作文比較—」『言葉と文化』4, 名古屋大学国際言語文化研究科, 87–98.

[2] アカデミック・ジャパニーズ研究会 (2001)『大学・大学院留学生の日本語②作文編』アルク.

[3] アカデミック・ジャパニーズ研究会 (2002)『大学・大学院留学生の日本語④論文作成編』アルク.

[4] アプドゥハン恭子・石東万里子 (2003)「科学読み物教材開発と研究室訪問の実践」『専門日本語教育研究』5, 51–54.

[5] アプドゥハン恭子 (2006)「自律的な日本語学習 —工学系留学生に対する聞き取り調査の分析—」『専門日本語教育研究』8, 33–38.

[6] アプドゥハン恭子 (2008)「学部で学ぶ留学生の日本語自律学習過程について —縦断的聞き取り調査の分析—」『専門日本語教育研究』10, 41–46.

[7] 阿部紘久 (2007)『明快な文章』くろしお出版.

[8] アンソニ・ウェストン 古草秀子 訳 (2005)『論理的に書くためのルールブック』PHP研究所.

[9] 安藤淑子 (2002)「上級レベルの作文指導における接続詞の扱いについて —文系論文に用いられる接続詞語彙調査を通して—」『日本語教育』115, 81–89.

[10] 井口あずさ (2007)「意見文作成過程における重要な自己評価活動の探究 —学習者の内省記述の分析から—」『国語科教育』62, 全国大学国語教育学会, 11–18.

[11] 井口あずさ (2008)「中学生の意見文作成過程におけるメタ認知方略の教育的妥当性の検討」『広島大学大学院教育学研究科紀要』2–57, 209–218.

[12] 池上素子 (2005)「原因を表す『によって/により』—学術論文コーパスにおける用いられ方—」『日本語教育』127, 21–30.

[13] 池尾スミ (1974)『教師用日本語教育ハンドブック①文章表現』凡人社.

[14] 池田伸子 (1996)「日本人ビジネスマンの話し言葉における語彙調査 —ビジネスマン用日本語教育システム開発の基礎として—」『日本語教育』86号別冊, 117–127.

[15] 池田玲子（1998）「日本語作文におけるピア・レスポンス」『拓殖大学日本語紀要』8, 217–240.
[16] 池田玲子（1999）「日本語作文推敲におけるピア・レスポンスの効果 中級学習者の場合」『言語文化と日本語教育』17, お茶の水女子大学日本言語文化学研究会, 36–47.
[17] 池田玲子（2000a）「アジア系学習に対するピア・レスポンスについての考察」『拓殖大学日本語紀要』10, 47–55.
[18] 池田玲子（2000b）「推敲活動の違いによる推敲作業の実際」『お茶の水女子大学人文科学紀要』53, 203–213.
[19] 池田玲子（2002）「第二言語教育でのピア・レスポンス研究 —ESLから日本語教育に向けて—」『言語文化と日本語教育』2002年5月特集号, お茶の水女子大学日本言語文化学研究会, 289–310.
[20] 池田玲子・舘岡洋子（2007）『ピア・ラーニング入門 —創造的な学びのデザインのために』ひつじ書房.
[21] 石黒圭（2004）「中国語母語話者の作文に見られる漢語副詞の使い方の特徴」『一橋大学留学生センター紀要』7, 3–13.
[22] 石黒圭（2005）『よくわかる文章表現の技術Ⅲ —文法編—』明治書院.
[23] 石黒圭（2006）『よくわかる文章表現の技術Ⅳ —発想編—』明治書院.
[24] 石黒圭・筒井千絵（2009）『留学生のための ここが大切 文章表現のルール』スリーエーネットワーク.
[25] 石毛順子（2007a）「日本語学習者の作文過程 —学習段階と分析的評価の視点から—」『2007年度日本語教育学会春季大会予稿集』170–175.
[26] 石毛順子（2007b）「日本語学習者の作文過程における下書き」『2007年度日本語教育学会秋季大会予稿集』209–214.
[27] 石毛順子（2008）『第二言語習得における作文教育の意義と特殊性』東京外国語大学博士学位論文, http://repository.tufs.ac.jp/handle/10108/43890 , 2009.9.23アクセス.
[28] 石橋玲子（2002）『第2言語習得における第1言語の関与 —日本語学習者の作文産出から—』風間書房.
[29] 石橋玲子（2005）「作文推敲過程からみる自己訂正及び教師添削の効果 —中級日本語学習者の発話プロトコル分析—」『茨城大学留学生センター紀要』3, 1–9.
[30] 石橋玲子（2006）「日本語学習者の文章産出に関するbeliefs」『茨城大学留学生センター紀要』4, 1–11.
[31] 石橋玲子（2007）「日本語学習者の文章構成における第1言語の影響 —中国語母語話者の論説文を対象に—」『茨城大学留学生センター紀要』5,

1-10.
[32] 市川孝 (1975)「文章論」『覆刻文化庁国語シリーズX 文章の構成・表現』97-125.
[33] 市川孝 (1978)『国語教育のための文章論概説』教育出版.
[34] 糸井通浩 (2003)「第13章 文章・談話研究の歴史と展望」『朝倉日本語講座7 文章・談話』朝倉書店, 275-297.
[35] 井上京子 (2004)「論文の書き方コンプレックス —文系学際領域から—」『専門日本語教育研究』6, 3-7.
[36] 井上尚美 (1989)『言語論理教育入門』明治図書.
[37] 井上優 (2007)「中国語話者による日本語作文と中国語作文の比較」『日本語学習者の書き言葉に対する対照言語学的・文章論的研究 課題番号17520360 平成17-18年度科学研究費補助金基盤研究 (C) (2) 研究成果報告書』99-107.
[38] 井下千以子 (2002)『高等教育における文章表現教育に関する研究 —大学教養教育と看護教育に向けて—』風間書房.
[39] 今井寿枝・品川直美・浜田盛男・矢沢理子 (2005)「3モード編成による活動志向のアカデミックコースデザイン —学習者の多様な背景、ニーズに応えるために—」『2005年度日本語教育学会秋季大会予稿集』239-240.
[40] 今村和宏 (2004)「社会科学分野におけるサ変名詞のふるまい」『専門日本語教育研究』6, 9-16.
[41] 上田孝 (1995)「海外における日本語教育」『日本語教育』86号別冊, 119-126.
[42] 上野田鶴子 (1988)「日本語学習者の多様化」『日本語教育』66, 1-13.
[43] 宇佐美洋 (2004)「意見を伝えるテクニック —説得力を生み出すための文章構成—」『日本語学』23-10, 46-55.
[44] 宇佐美洋 (2007a)『日本語学習者の書き言葉に対する対象言語学的・文章論的研究 課題番号17520360 平成17-18年度 科学研究費補助金基盤研究 (C) (2) 研究成果報告書』.
[45] 宇佐美洋 (2007b)「学習者作文に対する教師コメントの分析 —より効果的なコメントを書くための視点—」『日本語教育』135, 60-69.
[46] 宇佐美洋・森篤嗣・吉田さち (2008)「『非母語話者が書いた日本語手紙文』に対する母語話者の評価プロセス:評価観点の運用に見られる相違」『第22回社会言語科学会研究大会予稿集』36-39.
[47] 宇佐美洋 (2009)「『外国人が書いた日本語手紙文』に対する日本人の評価態度の多様性 —質的手法によるケーススタディー—」『社会言語化

学』12-1, 122-134.
[48]臼杵美由紀（2009）「アカデミック・ライティング指導の果たすべき役割とは何か —留学生のための日本語支援を通して—」『上越教育大学研究紀要』28, 1-8.
[49]内田伸子（2009）「作文の推敲課程における語の選択 —ことばを選ぶこと・考えを発見すること—」『日本語教育』140, 4-14.
[50]梅村修（2005）「日本語の要約談話スキル —留学生と日本語母語話者との比較から—」『日本語・日本文化』31, 大阪外国語大学日本語日本文化教育センター, 63-79.
[51]王健宜（2007）「中国の大学の日本語専攻における問題 —卒業論文の指導—」『中国21』27, 愛知大学現代中国学会 風媒社, 455-64.
[52]王宏（1995）「1993年中国日本語教育事情調査報告 —1990年との比較—」『世界の日本語教育 日本語教育事情報告編』3, 191-206.
[53]大阪大学留学生センター（2009）『第2回 大阪大学専門日本語教育研究協議会報告書 大阪大学における専門日本語教育のさらなる定着に向けて —留学生・指導教員とのディスカッションを通して—』.
[54]大島弥生（2003a）「作文指導における日本語教員と大学専門教員とのティームティーチングの試み」『国立国語研究所H15年度日本語教育短期研究（第2回）作文教育における、日本語教師と大学専門教員との協力のために』19-26.
[55]大島弥生（2003b）「日本語アカデミック・ライティング教育の可能性— 日本語非母語・母語話者双方に資するものを目指して—」『言語文化と日本語教育2003年11月増刊特集号 第二言語習得・教育の研究最前線 —2003年版—』お茶の水女子大学日本言語文化学研究会, 198-224.
[56]大島弥生（2006a）「大学初年次日本語表現科目でのライティングのコース設計」『アカデミック・ジャパニーズの挑戦』ひつじ書房, 115-127.
[57]大島弥生（2006b）『大学での学習を支える日本語表現能力育成カリキュラムの開発: 統合・協働的アプローチ 平成15～平成17年度科学研究費補助金（基盤研究（B））研究成果報告書（課題番号15320065）』.
[58]大島弥生（2007a）「大学基礎教育段階の授業の中で書かれた文章の構成要素と表現の特徴」『社会言語科学会第19回大会発表論文集』社会言語科学会, 152-155.
[59]大島弥生（2007b）「レポートのアウトライン点検時のピア・レスポンスにみる情報の交渉」『2007年度日本語教育学会秋季大会予稿集』245-246.
[60]大島弥生（2009）「社会科学系の事例・史料にもとづく研究論文における

論証の談話分析」『専門日本語教育研究』11, 15–22.
[61] 大島弥生・佐藤勢紀子・因京子・山本富美子・二通信子（2010）「学術論文の導入部分における展開の型の分野横断的比較研究」『専門日本語教育研究』11, 27–34.
[62] 太田ミユキ（2006）「日本語教師の役割と資質を考える —作文授業の口頭フィードバックから—」『拓殖大学語学研究』113, 拓殖大学, 155–176.
[63] 大坪一夫（1999）「専門日本語研究の一方向」『専門日本語教育研究』1, 2–3.
[64] 大坪一夫（2002）「東亜日語教育国際検討会について」『専門日本語教育研究』4, 17–18.
[65] 岡崎眸・岡崎敏雄（2001）『日本語教育における学習の分析とデザイン —言語習得過程の視点から見た日本語教育—』凡人社.
[66] 岡田靖子（2006）「大学授業におけるプロセス・ライティングの取り組み —アンケート調査と内省文の分析を踏まえて—」『聖学院大学論叢』18–3, 249–263.
[67] 岡益巳（1994）「経済学部留学生のための経済用語の指導について」『日本語教育』82, 23–33.
[68] 岡益巳（2002）「日本経済語彙における日中両語でのずれについて」『日本語教育』113, 63–72.
[69] 岡本佐智子・張群舟（2000）「中国における日本語教育の発展と定着に向けて」『アジアにおける日本語教育』三修社, 51–70.
[70] 小川貴士（2006）「内包された読者と伸展するテキスト 読みのテキストを学習者が創る活動についての試論」『リテラシーズ2 —ことば・文化・社会の日本語教育へ』くろしお出版, 71–81.
[71] 奥田邦男（1995）「国立大学における日本語教育の現状と課題」『日本語教育』86号別冊, 38–48.
[72] 奥村学（2001）「自然言語処理と語学教育」『専門日本語教育研究』3, 9–14.
[73] 小田珠生（2005）「中国人中学生が支援者との協働による作文生成において解決した問題」『世界の日本語教育』15, 207–222.
[74] 海保博之・茂呂雄二（2003）「第12章 文章・談話の心理学的研究」『朝倉日本語講座7 文章・談話』朝倉書店, 250–274.
[75] 影山陽子（2001）「上級学習者による推敲活動の実態 —ピア・レスポンスと教師フィードバック—」『お茶の水女子大学人文学紀要』54, 107–119.
[76] 加治有恒（1983）「外国人に対する専門別日本語教育 —化学— —大連

外国語学院の場合―」『日本語教育』51, 44-48.
[77] 鹿嶋彰 (2001)「L2テキストからの専門学習の問題点」『専門日本語教育研究』3, 41-46.
[78] 加藤英司 (1985)「理学部における日本語教育 ―ミニ講義の効果―」『日本語教育』56, 93-96.
[79] 加藤由香里 (2004)「情報系論文中の図表が内容理解に与える効果 ―日本人学生と外国人留学生の比較―」『専門日本語教育研究』6, 33-40.
[80] 門倉正美 (2003)「日韓共同理工系学部留学生事業協議会報告 ―『日韓プログラム』の特徴と『アカデミック・ジャパニーズ』の位置づけ―」『専門日本語教育研究』5, 17-20.
[81] 門倉正美・嶋田和子・堀井恵子・三宅和子・中村敦雄 (2005)「アカデミック・ジャパニーズをデザインする ―予備教育・大学日本語教育・大学表現教育・国語教育の現場から―」『2005年度日本語教育学会秋季大会予稿集』249-260.
[82] 門倉正美・筒井洋一・三宅和子 (2006)『アカデミック・ジャパニーズの挑戦』ひつじ書房.
[83] 金久保紀子・金仁和・本田明子・松崎寛 (1993)「講義の日本語における理科系・文科系の特徴」『日本語教育』80, 74-90.
[84] 樺島忠夫・植垣節也 (1986)「第三章 文章の型」『表現学大系 各論篇第二六巻 説明・表記の表現』冬至書房, 53-79.
[85] 樺島忠夫 (1996)『文章構成法』講談社.
[86] 樺島忠夫 (1999)『文章表現法 ―五つの法則による十の方策―』角川書店.
[87] 鎌田美千子 (2003)「日本語教育における長期的なレポート課題の試み ―学部留学生への上級日本語作文教育―」『外国文学』52, 宇都宮大学, 79-85.
[88] 鎌田美千子 (2005)「学部留学生の発表活動に必要な日本語文章表現指導 ―レジュメ・提示資料に見られる問題点とその指導―」『外国文学』54, 宇都宮大学, 53-66.
[89] 鎌田倫子・古本裕子・笹原幸子・要門美規 (2004)「日本薬学会要旨集にみる専門日本語語彙の特徴」『専門日本語教育研究』6, 17-24.
[90] 鎌田倫子・笹原幸子・古本裕子 (2005)「薬学会要旨集にみる『により』の意味用法」『専門日本語教育研究』7, 41-46.
[91] 亀山恵 (2004)「第3章 談話分析: 整合性と結束性」『談話と文脈 言語の科学7』岩波書店, 93-121.
[92] 河路由佳 (1994)「中国・西安交通大学の科学技術日本語専門課程 ―その

沿革とカリキュラム—」『日本語教育』82, 147–157.
[93] 河内千春（1988）「技術研修員のための日本語教育 —JICA大阪センターの日本語研修—」『日本語教育』66, 91–97.
[94] 川森めぐみ（2001）「法学専攻学部留学生の抱える問題点」『専門日本語教育研究』3, 29–34.
[95] 木坂基（1988）「第一章 文章研究と文章史観」『近代文章成立の諸相』和泉書院, 1–32.
[96] 木戸光子（1992）「文の機能に基づく新聞投書の文章構造」『表現研究』55, 表現学会, 9–19.
[97] 木戸光子（1997）「文の配列における文の機能の認定 —文章からみた表現としての事実と意見—」『日本語教育論集』12, 筑波大学留学生センター, 1–10.
[98] 木戸光子（2001）「日本語教育におけるアカデミックライティングの授業の試み」『筑波大学留学生センター日本語教育論集』16, 121–132.
[99] 木戸光子（2004）「報告1：留学生に対する作文教育」『論理的文章作成能力の育成に向けて（日本語教育ブックレット5）』国立国語研究所, 20–31.
[100] 木戸光子（2005）「中上級日本語学習者のレポート作成のための作文授業」『日本語教育論集』20, 筑波大学留学生センター, 83–91.
[101] 木戸光子（2006）「作文における『客観的表現』とは何か」『2006年度日本語教育学会春季大会予稿集』127–132.
[102] 木戸光子（2007）「作文における『客観的表現』—上級日本語学習者の作文の分析を通して分析を通して—」『筑波大学留学生センター日本語教育論集』22, 1–10.
[103] 木戸光子・増田真理子・脇田里子・衣川隆生（2007）「教育現場と研究領域の橋渡しとしての作文教育の課題と展望」『2007年度日本語教育学会秋季大会予稿集』287–298.
[104] 木戸光子（2008）「文章構造における冒頭文と末尾文の統括機能と形態上の特徴 —頭括型と尾括型の要約文の分析を通して—」『文藝言語研究 言語篇』53, 筑波大学文藝・言語学系, 33–49.
[105] 木下是雄（1981）『理科系の作文技術』中公新書.
[106] 木下是雄（1994）『レポートの組み立て方』筑摩書房.
[107] 木本和志（2006）「法学系論文の序論に見られる文章構造の分析 —民法、商法、知的財産権法系論文を対象に—」『専門日本語教育研究』8, 19–26.
[108] 金孝卿（2006）「研究発表の演習授業における『質疑・応答』活動の可能

性 —発表の内容面に対する『内省』の促進という観点から—」『世界の日本語教育』16, 89–105.
[109] 金宥暻（2007）「第二言語の文章能力の再定義 —第二言語の文章能力における母語の文章能力の影響—」『九州大学留学生センター紀要』16, 23–28.
[110] 工藤嘉名子（2009）「口頭発表レジュメの段階的指導の試み 超級レベルの留学生を対象とした実践例」『シリーズ言語学と言語教育 第19巻 日本語教育学研究への展望 柏崎雅世教授退職記念論集』ひつじ書房, 389–407.
[111] 久保田美子（2006）「ノンネイティブ日本語教師のビリーフ —因子分析にみる『正確さ志向』と『豊かさ志向』—」『日本語教育』130, 90–99.
[112] 熊谷智子・定延利之・野田尚史・半澤幹一・佐久間まゆみ・岸江信介（2006）「文章・談話 —研究方法から見た可能性—」『日本語学会2006年度春季大会シンポジウム報告』107–130.
[113] 倉井誠（2005）「『論証型反論』の研究とその実践 —『伝え合う力』を高める意見文指導のために—」『宇大付属中研究論集』53, 宇都宮大学, 18–25.
[114] 栗野満（1983）「中国人研究生に対する日本語による物理学の講義」『日本語教育』51, 37–43.
[115] K・ジョンソン, H・ジョンソン 岡秀夫 監訳（1999）『外国語教育学大辞典』大修館書店.
[116] 言語技術の会（1990）『実践・言語技術入門 —上手に書くコツ・話すコツ—』朝日新聞社.
[117] 向後千春（2004）「報告2: 日本人大学生に対する作文教育」『論理的文章作成能力の育成に向けて（日本語教育ブックレット5）』国立国語研究所, 32–40.
[118] 国立国語研究所（2001）『日本語学習者による日本語作文と、その母語訳との対訳データベースver.2』正式公開版.
[119] 小口一郎（2008）「第2章 定型文から論文へ —形式からアプローチするアカデミックライティング—」『言語文化学への招待』大阪大学出版会, 91–203.
[120] 小島聡（1999）「漢字プログラムの進度と習得数との関係の調査」『専門日本語教育研究』1, 44–49.
[121] 小島聡（2005）「研究活動に必要な力を伸ばすための学部日本語教育の試み」『専門日本語教育研究』7, 7–12.
[122] 小長井誠（2000）「電気情報系教官による『科学技術日本語』の講義」

『専門日本語教育研究』2, 10–13.
[123] 小西久也（1983）「学部における理工系留学生の問題点 ―東海大学の場合―」『日本語教育』51, 27–36.
[124] 河野理恵（2000）「作文教育としての『ジャーナル・アプローチ』の意義」『一橋大学留学生センター紀要』3, 59–68.
[125] 小原京子（2001）「機械翻訳から見た日本語」『専門日本語教育研究』3, 5–8.
[126] 小林一貴（2001）「意見文の表現形成と発話・伝達態度の選択」『全国大学国語教育学会発表要旨集』101, 53–56.
[127] 小林一貴（2003）「表現学習における議論の前提の共有化 ―学習者の意見文におけるトピック・センテンスの考察を通して―」『人文科教育研究』30, 人文科教育研究編集委員会, 1–11.
[128] 小林美和子（2003）「中国語を母語とする日本語学習者の作文分析 ―初級後半から中級学習者を中心に―」『別科日本語教育』5, 大東文化大学, 67–74.
[129] 小林恒明（1983）「生物系大学院留学生の日本語教育 ―大連外国語学院の場合―」『日本語教育』51, 61–64.
[130] 小林由子（2007）「日本語のアカデミック・ライティングにおける『文体』シラバス」『日本語教育方法研究会誌』14–1, 日本語教育方法研究会, 58–59.
[131] 五味政信（1996）「専門日本語教育におけるチームティーチング ―科学技術日本語教育での日本語教員と専門科目教員による協同の試み―」『日本語教育』89, 1–12.
[132] 小宮千鶴子（1995）「専門日本語教育の専門語 ―経済の基本的な専門語の特定をめざして―」『日本語教育』86, 81–92.
[133] 小宮千鶴子（2001）「経済の初期専門教育における専門連語」『専門日本語教育研究』3, 21–28.
[134] 小宮千鶴子（2005a）「異なる読者を対象とした類似内容の文章の表現比較 ―日本語教育のために―」『表現と文体』明治書院, 481–490.
[135] 小宮千鶴子（2005b）「理工系留学生のための化学の専門語 ―高校教科書の索引調査に基づく選定―」『専門日本語教育研究』7, 29–34.
[136] 小宮千鶴子（2014）「留学生のための『経済の基礎的専門用語』の有効性」『日本語教育』159, 76–91.
[137] コリン・ベーカー著 岡秀夫 訳（1996）「第10章 バイリンガリズムにおける認知理論とカリキュラム」『バイリンガル教育と第二言語習得』大修館書店, 161–176.

[138] 近藤彩（1998）「ビジネス上の接触場面における問題点に関する研究—外国人ビジネス関係者を対象として—」『日本語教育』98, 97–108.
[139] 西條美紀（1998）「まとまりのある作文を中級学習者が書くための作文指導についての試論」『岐阜大学留学生センター紀要』創刊号, 82–90.
[140] 西條美紀（2000）「弁証法的作文過程のための作文指導」『日本語教育』105, 91–100.
[141] 佐久間まゆみ（1983）「段落とパラグラフ —理論化の系譜を辿って—」『日本語学』2–2, 21–31.
[142] 佐久間まゆみ（1986）「文章構造論の構想 —連文から文段へ—」『文章論と国語教育』朝倉書店, 49–67.
[143] 佐久間まゆみ（1990）「文章の構造類型」『ケーススタディ日本語の文章・談話』桜楓社, 94–105.
[144] 佐久間まゆみ・杉戸清樹・半澤幹一（1997）『文章・談話のしくみ』おうふう.
[145] 佐久間まゆみ（1999）「現代日本語の文章構造類型」『日本女子大学紀要文学部』48, 1–28.
[146] 佐久間まゆみ（2000）「文章・談話における『段』の構造と機能」『早稲田大学日本語研究教育センター紀要』13, 67–84.
[147] 佐久間まゆみ（2003）「第5章 文章・談話における『段』の統括機能」『朝倉日本語講座7 文章・談話』朝倉書店, 91–119.
[148] 佐久間まゆみ（2005）「文章論と文体論 —『文章・談話』と『文体・話体』の補完性—」『表現と文体』明治書院, 458–467.
[149] 櫻本明美（1996）「説明的表現の指導 —書き出しの工夫に着目して—」『神戸親和女子大学研究論叢』30, A400–A422.
[150] 佐々木泰子（2001）「課題に基づく意見の述べ方 —日本人大学生の場合・日本語学習者の場合—」『日本語教育のためのアジア諸言語の対訳作文データ収集とコーパスの構築』国立国語研究所日本語教育センター, 219–230.
[151] 佐治圭三・李翠霞・顧明耀・劉柏林（2007）「中国における日本語教育の移り変わり」『中国21』27, 愛知大学現代中国学会 風媒社, 3–18.
[152] 佐藤佳世（2005）「マレーシア語話者に対する日本語作文の一指導法」『日本大学大学院総合社会情報研究科紀要』6, 267–277.
[153] 佐藤勢紀子（1993）「論文作成をめざす作文指導 —目的に応じた教材の利用法—」『日本語教育』79, 137–147.
[154] 佐藤勢紀子（1997）「論文の展開パターンに着目した作文指導」『東北大学留学生センター紀要』3, 88–95.

[155] 佐藤勢紀子・仁科浩美（1997）「工学系学術論文にみる『と考えられる』の機能」『日本語教育』93, 61–71.
[156] 佐藤勢紀子（2006）「多様な専門分野のサンプル論文を用いたアカデミック・ライティングの指導法」『専門日本語教育研究』8, 39–44.
[157] 佐藤勢紀子・大島弥生・二通信子・山本富美子・因京子・山路奈保子（2013）「学術論文の構造型とその分布 —人文科学・社会科学・工学270論文を対象に—」『日本語教育』154, 85–99.
[158] 佐藤宏孝（2005）「数学における専門日本語語彙の分類 —留学生への数学教育の立場から—」『専門日本語教育研究』7, 13–20.
[159] 佐藤不二子・二通信子（1999）「留学生に対するアカデミック・ライティング教育 —1年間の指導内容と今後の課題—」『経済と経営』30–2, 札幌大学, 285–315.
[160] 佐藤礼子（2004）「日本語の説明文理解における質問作成の効果に関する一考察 —モニタリングの働きに注目して—」『広島大学大学院教育学研究科紀要』2–53, 227–235.
[161] 佐渡島沙織・吉野亜矢子（2008）『これから研究を書くひとのためのガイドブック』ひつじ書房.
[162] 佐野ひろみ（2009）「目的別日本語教育再考」『専門日本語教育研究』11, 9–14.
[163] 椎名和男（2007）「忘れ得ぬ先達の思い出と若き人々への期待」『日本語教育』135, 35–40.
[164] 志柿光浩（1992）「経済学専攻の非漢字系学習者にはどんな漢字を教えればよいか —経済学文献を対象として漢字使用頻度調査の結果と分析—」『日本語教育』76, 67–87.
[165] 重田美咲（2007）「専門日本語口頭運用能力に関する一考察 —工学を専門とする大学院留学生の口頭発表に着目して—」『専門日本語教育研究』9, 43–48.
[166] 重田美咲（2008）「工学系研究室における博士課程留学生の生活調査」『専門日本語教育研究』10, 35–40.
[167] 篠崎摂子・曹大峰（2006）「中国における非母語話者日本語教師教育の質的変化 —『大平学校』と北京日本学研究センター（2）—」『日本学研究』16, 134–141.
[168] 篠田義明（1986）『コミュニケーション技術 実用的文章の書き方』中公新書.
[169] 島田めぐみ・澁川晶（1999）「アジア5都市の日系企業におけるビジネス日本語のニーズ」『日本語教育』103, 109–118.

[170] 清水寿子（2008）「日本語教師の作文添削行動の構造 —TAEとPAC分析による質的研究—」『第22回社会言語科学会研究大会予稿集』212-215.
[171] 清水まさ子（2010）「先行研究を引用する際の引用文の文末表現 —テンス・アスペクト的な観点からの一考察—」『日本語教育』147, 52-66.
[172] 白畑知彦・冨田祐一・村野井仁・若林茂則（1999）『英語教育用語辞典』大修館書店.
[173] 朱桂栄（2009）「学生による評価が学生の発表への意識及び実際の発表に及ぼす影響 —中国の日本語専攻出身の大学院生を対象に—」『言語文化と日本語教育』37, お茶の水女子大学日本言語文化学研究会, 74-77.
[174] 修剛（2006）「中国における大学日本語専攻の現状と問題点」『2006清华大学日本语言国际文化论坛パネルディスカッション』, http://www.aichi-gakuin.ac.jp/~molihua/2006Qing hua/paneru.doc, 2009.10.4アクセス, 27-29.
[175] 徐一平（2007）「コーパス言語学から見た日本語研究 —中日対訳コーパスの構築とその応用研究をめぐって—」『日中対照言語学研究論文集 —中国語からみた日本語の特徴、日本語からみた中国語の特徴—』和泉書院, 149-167.
[176] 杉田くに子（1994）「日本語母語話者と日本語学習者の文章構造の特徴 —文配列課題に現れた話題の展開—」『日本語教育』84, 14-26.
[177] 杉田くに子（1997）「上級日本語教育のための文章構造の分析 —社会人文科学系研究論文の序論—」『日本語教育』95, 49-60.
[178] 杉戸清樹・塚田実知代（1991）「言語行動を説明する言語表現 —専門的文章の場合—」『国立国語研究所報告103 研究報告集12』131-164.
[179] 鈴木（清水）寿子・徳丸さと子（智子）（2008）「作文添削活動の実践研究における添削者の学び —TAEを用いた内省の分析—」『言語文化と日本語教育』36, お茶の水女子大学日本言語文化学研究会, 11-20.
[180] 砂川博史（2002）「『例証』を利用した意見文指導の在り方 —国語科教育における論理的表現力育成の一方策として—」『宇大国語論究』13, 宇都宮大学国語教育学会, 56-67.
[181] 砂川有里子・朱桂栄（2008）「学術的コミュニケーション能力の向上を目指すジグソー学習法の試み —中国の日本語専攻出身の大学院生を対象に—」『日本語教育』138, 92-101.
[182] 泉子・K・メイナード（2005）『日本語教育の現場で使える 談話表現ハンドブック』くろしお出版.
[183] 高木美嘉・川口義一（2007）「企業の重役への敬語表現教育の理念と方

法 —社会生活の内省を通した敬語表現教育の試み—」『専門日本語教育研究』9, 3-8.
[184] 高木隆司（2003）「論文作成や発表用資料作成の指導をどのように行うか」『国立国語研究所H15年度日本語教育短期研究（第2回）作文教育における、日本語教師と大学専門教員との協力のために』9-19.
[185] 高里盛国（2008）『私の添削ノート』広東外語外貿大学東方語言文化学院日本語学科, 未公刊.
[186] 高橋薫（2006）「作文ソフト『ひらめきライター』を使用したライティング活動の効果検証」『日本教育工学会論文誌』30, 73-76.
[187] 高橋薫・綱島珠美・村澤慶昭（2008）「ビジネス日本語専攻の大学院生を対象とした協働的ライティング活動 —自ら考える力を育成するカリキュラム開発—」WEB版『日本語教育実践研究フォーラム報告 2008年度日本語教育実践研究フォーラム』.
[188] 武井直紀（2001）「活動とタスク中心のコース運営」『専門日本語教育研究』3, 47-52.
[189] 竹中佐英子（2007）「日本中小学国语写作教学法分析」『文学・言語学研究』3, 目白大学, 13-24.
[190] 武部良明（1982）『文章の書き方』第一法規出版株式会社.
[191] 竹山桜子・今野成子（2006）「上級学習者の文章表現授業の実践 —自己推敲力の育成を目指す取り組みを通して—」『早稲田大学日本語教育実践研究』5, 早稲田大学大学院日本語教育研究科, 187-198.
[192] 田島ますみ・佐藤尚子・小林佳代子（2008）「日本語文章指導に使用される『中心文』という用語の持つ問題点」『中央学院大学 人間・自然論叢』電子版, 26, http://wwwlib. cgu.ac.jp/ cguwww/06/26/026-04.pdf , 2010.2.8アクセス, 107-119.
[193] 田代ひとみ（1995）「中上級日本語学習者の文章表現の問題点 —不自然さ、わかりにくさの原因をさぐる—」『日本語教育』85, 25-37.
[194] 田代ひとみ（2007）「中級日本語学習者の意見文における論理的表現」『横浜国立大学留学生センター教育研究論集』14, 131-144.
[195] 夛田美有紀（1999）「中・上級日本語学習者のためのライティング —『専門日本語』クラスにおける実践報告—」『岐阜大学留学生センター紀要』2, 91-103.
[196] 立川和美（1997a）「国際化時代の語学教育 —国語科における段落構造のパターン指導への提案—」『第13回「金子賞」懸賞論文入選作品集』, 46-73.
[197] 立川和美（1997b）「説明文の『中核文』に関する試論 —マクロ構造把

握へむけての一考察—」『表現研究』66, 表現学会, 34–42.
[198] 立川和美（2000）「説明文の『分かりやすさ』に関する一考察（その2）」『日本教材学会年報』11, 日本教材学会, 29–31.
[199] 立川和美（2005）「狭義説明文のジャンル特性と文章構造に関する試論」『国文』102, お茶の水女子大学国語国文学会, 10–19.
[200] 立川和美（2007）「第1章 テクスト分析における指示語の先行研究」『ひつじ研究叢書〈言語編〉第51巻 日本語随筆テクストの諸相』ひつじ書房, 3–16.
[201] 立川真紀絵（2013）「ビジネスコミュニケーションにおける異文化間コンフリクトへの対応 —中国人ビジネスパーソンの対立管理方式から—」『日本語教育』155, 189–197.
[202] 田中信之（2005）「中国人学習者を対象としたピア・レスポンス —ビリーフ調査をもとに—」『日本語教育』126, 144–153.
[203] 田中恒寿（2002）「日本語作文教育に応用した『3Pライティング』とその評価」『札幌大学総合論叢』13, 157–181.
[204] 田中真理・坪根由香里・初鹿野阿れ（1998）「第二言語としての日本語における作文評価基準 —日本語教師と一般日本人の比較—」『日本語教育』96, 1–12.
[205] 田中真理・初鹿野阿れ・坪根由香里（1998）「第二言語としての日本語における作文評価 —『いい』作文の決定要因—」『日本語教育』99, 60–71.
[206] 田中真理・長阪朱美（2006）「第13章 第2言語としての日本語ライティング評価基準とその作成過程」『世界の言語テスト』くろしお出版, 253–276.
[207] 田中真理・長阪朱美（2009）「ライティング評価の一致はなぜ難しいか —人間の介在するアセスメント—」『社会言語科学』12–1, 108–121.
[208] 田中宏幸（1998）「文章添削指導の研究 —大学生を対象とした意見文指導の場合—」『教育学研究紀要』44–2, 中国四国教育学会, 49–54.
[209] 谷原公男・栗山恵子（2002）「アメリカにおけるビジネス日本語教育事情 —最近の動向—」『専門日本語教育研究』4, 11–16.
[210] 谷部弘子（1999）「中国の大学における日本語教育の質的変化 —言語教育と専門性—」『日本語教育』103, 99–108.
[211] 玉地瑞穂（2005）「日本語と中国語のモダリティの対照研究 —言語類型論の観点から—」『高松大学紀要』44, 17–54.
[212] 丹菊洋子（2000）「作文指導への電子メール利用に関する初期的考察」『日本學刊』04, 香港日本語教育研究会, 41–45.

[213] 譚建川 (2006)「中国における「日本事情」教育の現状」『日本言語文化研究会論集』2, 国際交流基金日本語国際センター 国立国語研究所 政策研究大学院大学, 59-81.
[214] チェンバレイン富士子 (1988)「会議通訳・翻訳養成科における聴解指導法 —クインズランド大学の場合—」『日本語教育』66, 165-176.
[215] 因京子・市丸恭子 (1994)「作文訂正に見る学習者の自己訂正意識 —自律的習得を促進する教授法考案のための基礎研究—」『九大留学生センター紀要』6, 57-76.
[216] 因京子・栗山昌子・上垣康与・吉川裕子 (1998)「大学院レベルの日本語予備教育に求められるもの —日本語の到達度は何を示すのか—」『日本語教育』99, 120-130.
[217] 因京子・アプドゥハン恭子・池田隆介 (2000)「理系中級者用の専門科目型日本語教材の素材と作業 —研究活動のシミュレーションのために—」『専門日本語教育研究』2, 38-45.
[218] 因京子・村岡貴子・米田由喜代・仁科喜久子・深尾百合子・大谷晋也 (2007)「日本語専門文書作成支援の方向 —理系専門日本語教育の観点から—」『専門日本語教育研究』9, 55-60.
[219] 因京子・村岡貴子・仁科喜久子・米田由喜代 (2008)「日本語テキスト分析タスクの論文構造スキーマ形成誘導効果」『専門日本語教育研究』10, 29-34.
[220] 張威 (2006)「新しい時代に求められる日本語教育と人材養成の目標」『2006清华大学日本语言国际文化论坛パネルディスカッション』, http://www.aichi-gakuin.ac.jp/~molihua/ 2006Qinghua/paneru.doc , 2009.10.4アクセス, 41-42.
[221] 張威 (2007)「理工系向け日本語教材改革の構想と実践 —『現代実用日本語』シリーズ教材の作成例を中心に—」『専門日本語教育研究』8, 17-22.
[222] 張興・徐一平 (2000)「中国人学習者の作文における命題目当てのモダリティ表現について —中国語との対照を含めて—」『第8回国立国語研究所国際シンポジウム』61-71.
[223] 張利平 (2005)「中国における日本語教育の概観」『開かれた日本語教育の扉』スリーエーネットワーク, 241-255.
[224] 張瑜珊・原田三千代 (2009)「研究生のための『アカデミック日本語教室』の試み —協働で学ぶ研究計画書作成—」『言語文化と日本語教育』37, お茶の水女子大学日本言語文化学研究会, 31-40.
[225] 陳俊森 (2007)「中国の大学日本語教育の現状と改革の展望」『中国21』27, 愛知大学現代中国学会 風媒社, 19-44.

[226] 陳生保（1988）「継続する日本語ブーム —学習者の多様化—」『日本語教育』66, .209–216.

[227] 塚原鉄雄（1966）「論理的段落と修辞的段落」『表現研究』5, 表現学会, 1–9.

[228] 塚原鉄雄（1970）「文章以前」『文章の技法3 悪文の条件』明治書院, 8–57.

[229] 辻井潤一（1983）「情報工学を中国人留学生に教育してみて」『日本語教育』51, 49–52.

[230] 槌田和美・今井美登里・守谷智美・久保田美映（2007）「大学初年次における留学生のアカデミック・ライティングの教材開発と実践の試み」『2007年度日本語教育学会春季大会予稿集』287–288.

[231] 筒井通雄（1999）「アメリカにおける専門日本語教育 —過去・現在・未来—」『専門日本語教育研究』1, 10–15.

[232] 鶴尾能子（1988）「学習者の多様性の実態と対応 —（財）海外技術者研修協会の産業技術研修生受入れの場合—」『日本語教育』66, 76–90.

[233] 鶴田清司（1997）「説明文・論説文教材で作文技術を指導する —『リライト』の可能性—」『言語技術教育』6, 日本言語技術教育学会, 76–80.

[234] 寺村秀夫・佐久間まゆみ・杉戸清樹・半澤幹一（1990）『ケーススタディ日本語の文章・談話』桜楓社.

[235] 時枝誠記（1975）「文章研究の要請と課題」『文法・文章論』岩波書店, 175–186.

[236] 時枝誠記（1977）『文章研究序説』明治書院.

[237] 徳岡善助（1983）「物理学教科書を用いた日本語教育 —大連外国語学院の場合—」『日本語教育』51, 57–60.

[238] 得丸智子（さと子）（2009）「ジェンドリンTAEの応用可能性 —文章表現教育と質的研究—」『言語文化と日本語教育』37, お茶の水女子大学日本言語文化研究会, 67–70.

[239] 戸次徳久・仁科喜久子・奥村学・杉本茂樹・八木豊・阿辺川武・傅亮（2000）「構文解析を利用した構文木表示と助詞・助動詞相当句表示、および履歴利用の検討 —学習履歴とアンケート調査から—」『専門日本語教育研究』2, 22–29.

[240] 杜鳳剛（2005）「工学専攻の学生のための『日本語強化コース』と語学専攻の学生のための『専門強化コース』」『専門日本語教育研究』7, 68.

[241] トムソン木下千尋（2008）「海外の日本語教育の現場における評価 —自己評価の活用と学習者主導型評価の提案—」『日本語教育』136, 27–37.

[242] 内藤真理子・小森万理 (2013)「どんな手助けがあればレポートの自己修正ができるのか —マーカー機能とコメント機能を使った作文指導の実践報告—」『専門日本語教育研究』15, 41–46.

[243] 中川健司 (2010)「基礎医学術語を学ぶ上で優先的に学習すべき漢字の選定の試み — 二字漢語及び基礎医学術語中の出現漢字傾向調査を基に—」『日本語教育』145, 61–71.

[244] 中川正弘 (2000)「留学生の日本語作文データベース (2) —書き直された作文の活用—」『広島大学留学生教育』04, 1–8.

[245] 中川正弘 (2001)「日本語作文のフィードバック —添削と文法を越えて—」『広島大学留学生センター紀要』11, 15–29.

[246] 永野賢 (1972)『文章論詳説』朝倉書店.

[247] 永野賢 (1986)『文章論総説—文法論的考察—』朝倉書店.

[248] 中島美樹子 (2003)「研究指導に用いる言語について」『専門日本語教育研究』5, 9–12.

[249] 中村重穂 (1991)「専門教官と日本語教官との協働による社会科学系留学生のための上級日本語教育 — 一橋大学に於ける実践報告—」『日本語教育』74, 172–185.

[250] 西尾珪子 (1995)「ビジネス関係者への日本語教育 —現状と展望—」『日本語教育』86号別冊, 108–118.

[251] 西尾珪子 (2007)「日本語教育界30年の歩みの中から —対象別日本語教育の開発—」『日本語教育』135, 41–46.

[252] 西谷まり (2001a)「日本語教官と専門科目教官との協力体制 —東北師範大学赴日本国留学生予備学校の事例から—」『専門日本語教育研究』3, 35–40.

[253] 西谷まり (2001b)「海外における予備教育のあり方 —東北師範大学赴日本国留学生予備学校の事例から—」『言語文化』38, 一橋大学語学研究室, 3–18.

[254] 仁科喜久子 (1983)「東京工業大学留学生の日本語学習の現状」『日本語教育』51, 12–26.

[255] 仁科喜久子・笹川洋子・土井みつる・五味政信・楠本はるみ (1994)「理工系留学生のセミナーでの対話理解過程の分析 —理工系学生のシラバス作成に向けて—」『日本語教育』84, 40–52.

[256] 仁科喜久子 (1999)「多言語対応専門日本語読解学習支援システムの構想について」『専門日本語教育』1, 40–43.

[257] 仁科喜久子 (2008)「専門日本語教育の10年と今後の課題 — 日本語教育の立場から—」『専門日本語教育』10, 25–28.

[258] 仁科浩美 (2007)「理工系修士論文発表会における質疑の視点と表現方法 —化学系関連分野の分析から—」『専門日本語教育研究』9, 23–30.
[259] 西野章代 (1983)「東京大学大学院土木工学専門課程の留学生に対する日本語教育」『日本語教育』51, 1–11.
[260] 二通信子 (1996)「レポート指導に関するアンケート調査の報告」『学園論集』86・87, 北海学園大学, 63–78.
[261] 二通信子・佐藤不二子 (1999)「留学生のためのアカデミック・ライティング教材の開発に関する研究」『学園論集』99, 北海学園大学, 67–84.
[262] 二通信子 (2001)「アカデミック・ライティング教育の課題 —日本人学生および日本語学習者の意見文の文章構造の分析から」『北海学園大学学園論集』110, 北海学園大学学術研究会, 61–77.
[263] 二通信子・佐藤不二子 (2003)『改訂版 留学生のための論理的な文章の書き方』スリーエーネットワーク.
[264] 二通信子・大島弥生・山本富美子・佐藤勢紀子・因京子 (2004)「アカデミック・ライティング教育の課題」『2004年度日本語教育学会春季大会予稿集』285–296.
[265] 二通信子 (2007)「外からの情報を自分の文章にどう組み込んでいくか —アカデミック・ライティングにおける引用の学習—」『2007年度日本語教育学会春季大会予稿集』283–284.
[266] 二通信子・大島弥生・因京子・佐藤勢紀子・山本富美子 (2008)「論じる行為への理解を進める論文・レポート作成支援表現集の開発」『専門日本語教育研究』10, 53–58.
[267] 二通信子・大島弥生・佐藤勢紀子・因京子・山本富美子 (2009)『留学生と日本人学生のためのレポート・論文表現ハンドブック』東京大学出版会.
[268] 野口ジュディー (2005)「ESPからの提言」『専門日本語教育研究』7, 3–6.
[269] 野口悠紀雄 (2002)『「超」文章整理法』中公新書.
[270] 野村眞木夫 (1986)「パラグラフにおける文の展開をめぐって」『表現研究』44, 表現学会, 11–18.
[271] 野村眞木夫 (1987)「現代日本語のトピック・センテンス」『弘学大語文』13, 36–45.
[272] 野村眞木夫 (2000)『日本語のテクスト —関係・効果・様相—』ひつじ書房.
[273] 野村眞木夫 (2002a)「文章構造の指導のために」『日本語学』21–5, 94–101.
[274] 野村眞木夫 (2002b)「文章・文体」『国語学』53–4, 89–95.

[275] 波多野完治（1954）「文章の要素と種類」『文章講座Ⅱ文章構成』河出書房, 10–62.
[276] 八若寿美子（1999）「日本語母語話者と日本語学習者の作文における読解材料からの情報使用について」『言語文化と日本語教育』18, お茶の水女子大学日本言語文化学研究会, 12–24.
[277] 鳩貝久延（2001）「ビジネスの文章」『文章のルール・ブック』學燈社, 79–94.
[278] 土部弘（1993）「『説明』の機能 —シンポジウムを司会して—」『表現研究』58, 表現学会, 18–25.
[279] 羽田野洋子（1991）「科学技術日本語教育と外来語」『日本語教育』74, 73–85.
[280] 馬場眞知子・田中佳子・林部英雄・有賀幸則・小野博（2003）「日本語リメディアル教育 日本語文章能力開発演習の試行と成果の検証」『メディア教育研究』11, メディア教育開発センター, 27–38.
[281] 林四郎（2003）「第7章 文章生産の機構モデル小考」『朝倉日本語講座7 文章・談話』朝倉書店, 151–170.
[282] 林伸一（1988）「中国医学研究員のための日本語講座」『日本語教育』64, 191–200.
[283] 林大・林四郎・森岡健二（1976）『現代作文講座4 作文の過程』明治書院.
[284] 林洋子（2002）「『考える』プロセスを重視して —多文化クラスの試み—」『専門日本語教育研究』4, 35–40.
[285] 林洋子（2004）「工学系修士論文口頭発表に用いられる語彙・表現」『専門日本語教育研究』6, 25–32.
[286] 速水博司（1976）「説明文の書き方」『現代作文講座4 作文の過程』明治書院, 145–175.
[287] 原子朗（1970）「自分に適した文体の発見」『文章の技法4 書くことの基本』明治書院, 151–180.
[288] 原田三千代（2006a）「中級日本語作文における学習者の相互支援活動 —言語能力の差はピア・レスポンスにとって負の要因か—」『世界の日本語教育』16, 53–73.
[289] 原田三千代（2006b）「中級学習者の作文推敲過程に与えるピア・レスポンスの影響 —教師添削との比較—」『日本語教育』131, 3–12.
[290] 春原憲一郎（2008）「技術研修生のための日本語研修における評価の観点 —『技術研修生』が突きつける評価の課題群—」『日本語教育』136, 4–16
[291] 平川敬介（2009）『600字で書く 文章表現法』大阪教育図書株式会社.

[292] 平沢八重子・加藤千代子（1983）「国際学友会日本語学校における数学教育の現状と問題点」『日本語教育』51, 65–76.
[293] 平畑奈美（2007）「海外で活動する日本人日本語教師に望まれる資質—グランデッド・セオリーによる分析から—」『早稲田大学日本語教育研究』10, 早稲田大学大学院日本語教育研究科, 31–44.
[294] 平畑奈美（2008）「アジアにおける母語話者日本語教師の新たな役割—母語話者性と日本人性の視点から—」『世界の日本語教育』18, 81–99.
[295] 平畑奈美（2009）「海外で活動する日本人日本語教師に望まれる資質の構造化—海外教育経験を持つ日本人日本語教師への質問紙調査から—」『早稲田日本語教育学』5, 早稲田大学大学院日本語教育研究科・早稲田大学日本語教育研究センター, 15–29.
[296] 平尾得子（1999）「大阪外国語大学の日本語教育における『専門性』をめぐる諸問題」『専門日本語教育研究』1, 50–56.
[297] 廣瀬香恵（2008）「日本留学試験『記述問題』におけるトピックの影響」『日本語教育』136, 59–67.
[298] 広瀬和佳子（2004）「ピア・レスポンスは推敲作文にどう反映されるか—マレーシア人中級日本語学習者の場合—」『第二言語としての日本語の習得研究』7, 60–80.
[299] 広滝道代（1997）「大学作文指導の組織化—『日本語表現法Ⅰ』の考察を中心に—」『平安女学院短期大学教育研究所年報』4, 平安女学院大学, 1–14.
[300] 深尾百合子（1994）「工学系の専門読解教育における日本語教育の役割」『日本語教育』82, 1–12.
[301] 深尾百合子（1999）「『専門日本語教育』研究に期待するもの」『専門日本語教育研究』1, 6–9.
[302] 深尾百合子・馬場眞知子（2000）「農学・工学系論文に出現した『に対して』の用法分析」『専門日本語教育研究』2, 14–21.
[303] 深尾百合子（2002）「科学技術作文教材の開発及びモデル解答作成のための解答文分析—工学部専門教官による解答文の評価を通して—」『多摩留学生センター教育研究論集』3, 33–41.
[304] 深尾百合子（2006）「理系日本人学部生を対象としたライティング授業の試み—留学生用教材を使用した基礎科学技術文章作成指導—」『2006年度日本語教育学会春季大会予稿集』115–120.
[305] 深澤のぞみ（1994）「科学技術論文作成を目指した作文指導—専門教員と日本語教師の視点の違いを中心に—」『日本語教育』84, 27–39.
[306] 深澤のぞみ（1997）「理工系留学生を対象にした『読む本番』を意識し

た読解教材開発について」『日本語教育』92, 25–35.
[307] 深澤のぞみ・札野寛子（2000）「科学技術日本語読解教材の開発 —『意味ある受信』を支える教材選択と『意味ある発信』を実現させるタスク練習—」『専門日本語教育研究』2, 30–37.
[308] 深澤のぞみ・濱田美和・後藤寛樹（2003）「『留学生のためのコンピューター用語集』の開発」『専門日本語教育研究』5, 45–50.
[309] 深澤のぞみ（2003）「日本語教師と大学専門教員との作文指導における視点の違い」『国立国語研究所H15年度日本語教育短期研究（第2回）作文教育における、日本語教師と大学専門教員との協力のために』1–8.
[310] 深田淳（1994）「専門日本語読解教育の方法 —読解支援システムの設計と開発—」『日本語教育』82, 13–22.
[311] 福澤一　(2002)『議論のレッスン』日本放送出版協会.
[312] 福島・E・文彦（2003）「研究指導に用いる言語は英語か日本語か」『専門日本語教育研究』5, 13–16.
[313] 福嶋健伸（2007）「日本留学試験の記述問題について —教育現場から『評価』の妥当性を問い直す—」『2007年度日本語教育学会春季大会予稿集』207–213.
[314] 藤家智子（2003）「上級レベル日本語学習者における作文指導 —推敲能力向上のために—」『日本語・日本文化研究』10, 京都外国語大学留学生別科, 95–106.
[315] 藤森弘子（2007）「海外の中等日本語教育の現状と展望 —中国地域調査結果の分析から—」『言語と文化の展望』英宝社, 163–179.
[316] 札野寛子（2007）「留学生と日本人学生の共同プロジェクト授業におけるペア間の日本語コミュニケーションを促す工夫」『専門日本語教育研究』9, 31–36.
[317] 舟橋秀晃（2000）「『論理的』に読む説明的文章のあり方 —『国語教育基本論文集成』所収論考ならびに雑誌掲載論考にみる『論理』観の整理から—」『国語科教育』47, 33–40.
[318] 古城紀雄（1999）「『専門日本語教育研究会』の発足まで」『専門日本語教育研究』1, 4–5.
[319] 古城紀雄（2000）「『日韓共同理工系学部留学事業』と専門日本語教育」『専門日本語教育研究』2, 8–9.
[320] 古城紀雄（2002）「『専門日本語教育』振興の今日的意味」『専門日本語教育研究』4, 1–2.
[321] 古城紀雄（2006）「専門日本語教育推進の流れ」『専門日本語教育研究』

8, 1–2.
[322] 古城紀雄（2008）「想い出すがまま」『専門日本語教育研究』10, 1–2.
[323] 古田一恵（2007）「ピア・レスポンス活動後の自己推敲 —ビリーフとの関連—」『2007年度日本語教育学会秋季大会予稿集』197–202.
[324] 古本裕子・苗田敏美・八重澤美知子・川西琢也（2005）「工学を専門とする日本人学生が書いた文章に見られる基礎的な問題点」『専門日本語教育研究』7, 47–52.
[325] 彭広陸（2007）「中国における日本語教育事情 —大学日本語専攻の場合—」『中国21』27, 愛知大学現代中国学会 風媒社, 45–54.
[326] 北條淳子（1988）「変りつつあるフランスの大学の日本語教育」『日本語教育』66, 130–136
[327] 堀恵子（2007）「自習時間のない理工系上級学習者クラスにおける読解教材 —読解教材の語彙分析から—」『専門日本語教育研究』9, 37–42.
[328] 堀口純子（2003）「中国の大学における日本語教育の最新の動向」『明海日本語』8, 11–19.
[329] Bor Hodošček・阿辺川武・Andrej Bekeš・仁科喜久子（2011）「レポート作成のための共起表現産出支援 —作文支援ツール『なつめ』の使用効果—」『専門日本語教育研究』13, 33–40.
[330] 前川喜久雄（2008）「KOTONOHA『現代日本語書き言葉均衡コーパス』の開発」『日本語の研究』4–1, 日本語学会, 82–95.
[331] 前田佳奈（2007）「専門日本語教育の内容と方法に対する日本語教師と専門教師の認識差 —マレーシアの理系予備教育の担当者へのアンケート—」『専門日本語教育研究』9, 49–54.
[332] 増田光司・中川健司・佐藤千史（2004）「二漢字語を見出し語とした医学術語学習辞典作成の試み」『専門日本語教育研究』6, 49–54.
[333] 舛田弘子（2004）「説明的な文章の読解に及ぼす読者の『文脈』および『観点』の影響について」『札幌学院大学人文学会紀要』76, 札幌学院大学, 17–30.
[334] 増田真理子・二通信子・菊地康人（2005）「論文作成を目指す留学生のための上級アカデミックライティング —『専門分野の違いを肯定的に捉える』という視点—」『2005年度日本語教育学会秋季大会予稿集』237–238.
[335] 松岡弘（1994a）「『文型』を見直す」『言語文化』31, 一橋大学語学研究室, 51–74.
[336] 松岡弘（1994b）「日本語教育における『論理的文章の組み立て方』の指導」『一橋論叢』111–3, 一橋大学, 469–487.

[337] 松岡弘（1995）「論述文における『論型』の指導について」『言語文化』32, 一橋大学語学研究室, 87–108.
[338] 松崎賜（2007）「実用的文章を作成するための授業について」『都城工業高等専門学校研究報告』41, 都城工業高等専門学校, 101–112.
[339] 松原直路（1988）「多様化する海外の日本語教育をめぐって」『日本語教育』66, 120–129.
[340] 松元宏行（2000）「医学系留学生のための専門日本語教育」『専門日本語教育研究』2, 46–53.
[341] 三門準（1994）「テレビ番組『視点・論点』を利用した専門日本語教育の試み」『日本語教育』82, 158–170.
[342] 水谷信子（1995）「日本語教育における過去二年間の研究活動と成果 —日本語の国際化と学習者の多様化を焦点に—」『日本語教育』86号別冊, 82–93.
[343] 水野りか（1988）「旧情報と新情報の出現順序が説明文の処理に及ぼす影響」『教育心理学研究』36, 日本教育心理学会, 352–357.
[344] 水本光美・池田隆介（2002）「日本語能力試験2級レベルの学部留学生が抱える問題点 —理工系学部留学生のケーススタディー—」『専門日本語教育研究』4, 19–26.
[345] 水本光美・池田隆介（2003）「導入教育における『基礎専門語』の重要性—環境工学系留学生のための語彙調査と分析から—」『専門日本語教育研究』5, 21–28.
[346] 水本光美・池田隆介（2004）「理工系学部留学生にとって効果的なチューター制度」『専門日本語教育研究』6, 55–60.
[347] 水本光美・池田隆介・平山義則・福田展淳・孫連明・李丞祐（2005）「カタカナ語を含む専門用語の特徴—環境工学系『純粋専門語』の調査と分析—」『専門日本語教育研究』7, 35–40.
[348] 水本光美・池田隆介（2006）「オンライン教材を使用した漢字学習の効果と課題」『専門日本語教育研究』8, 45–50.
[349] 道田泰司（2004）「第1章『論理的である』とはどういうことか」『論理的文章作成能力の育成に向けて（日本語教育ブックレット5）』国立国語研究所, 1–17.
[350] 光野公司朗（2005）「論理的な文章における効果的な構成指導の方向性—論証の構造を基本とした新しい文章構成の在り方—」『国語科教育』57, 60–67.
[351] 宮崎茂子・岩見宮子（1988）「多様な学習者に対するカリキュラム作成の留意点と実例」『日本語教育』66, 63–75.

[352] 宮崎七湖（2008）「大学院留学生の文章課題遂行過程における文章モデル使用の実態」『言語文化と日本語教育』36, お茶の水女子大学日本言語文化学研究会, 1–10.
[353] 宮瀬真理（2002）「留学生の作文推敲方略 —推敲の単位の観点から—」『日本語・日本文化』28, 大阪外国語大学日本語日本文化教育センター, 51–58.
[354] 向井留実子・串田真知子・築地伸美・菅野真紀子・吉井隆明（2006）「非漢字圏学部留学生の漢字語彙力調査から見えてくるもの —マレーシア政府派遣留学生を事例として—」『専門日本語教育研究』8, 51–56.
[355] 六笠恵美子（2007）「中級日本語作文に対する読み手の評価 —日本語母語話者によるコメントから—」『早稲田大学日本語教育研究』10, 59–70.
[356] 村岡貴子・柳智博（1995）「農学系学術雑誌の語彙調査 —専門分野別日本語教育の観点から—」『日本語教育』85, 80–89.
[357] 村岡貴子・影廣陽子・柳智博（1997）「農学系8学術雑誌における日本語論文の語彙調査 —農学系日本語論文の読解および執筆のための日本語語彙指導を目指して—」『日本語教育』95, 61–72.
[358] 村岡貴子（1999）「農学系日本語論文の『材料および方法』で用いられる文末表現と文型」『専門日本語教育研究』1, 16–23.
[359] 村岡貴子（2001）「農学系日本語論文における『結果および考察』の文体 —文末表現と文型の分析から—」『日本語教育』108, 89–98.
[360] 村岡貴子・因京子・仁科喜久子・深尾百合子・加納千恵子（2001）「専門日本語教育の現状と将来の方向」『専門日本語教育』3, 15–20.
[361] 村岡貴子（2002）「農学系日本語論文の『結果および考察』における接続表現と文章展開」『専門日本語教育研究』4, 27–34.
[362] 村岡貴子（2003）「日本の理系大学院で学ぶ留学生の専門日本語コミュニケーション」『社会言語科学』6–1, 99–111.
[363] 村岡貴子・仁科喜久子・深尾百合子・因京子・大谷晋也（2003）「理系分野における留学生学位論文使用言語」『専門日本語教育研究』5, 55–60.
[364] 村岡貴子・米田由喜代・大谷晋也・後藤一章・深尾百合子・因京子（2004）「農学・工学系日本語論文『緒言』における接続表現と論理展開」『専門日本語教育研究』6, 41–48.
[365] 村岡貴子・米田由喜代・因京子・仁科喜久子・深尾百合子・大谷晋也（2005）「農学系・工学系日本語論文の『緒言』の論理展開分析 —形式段落と構成要素の観点から—」『専門日本語教育研究』7, 21–28.
[366] 村岡貴子（2006）「理系日本語論文における緒言部と結論部との呼応的

関係 ―専門日本語教育のための文章研究として―」『言内と言外の交流分野 小泉保先生傘寿記念論文集』大学書林, 555–564.
[367] 村岡貴子 (2007a)「農学系日本語論文の考察部の論理展開分析 ― 日本語論文作成支援を目ざして―」『言語と文化の展望』英宝社, 181–195.
[368] 村岡貴子 (2007b)「日本語教育におけるアカデミック・ライティングの論理展開に関する問題とその指導」『言語文化共同研究プロジェクト2006 アカデミック・ライティング研究 ―日本語と英語の場合―』大阪大学大学院言語文化研究科, 27–34.
[369] 村岡貴子・因京子・米田由喜代・仁科喜久子 (2007)「理系大学院レベル留学生のライティングに関する問題の調査・分析 ―日本語論文作成支援リソース開発のために―」『2007年度日本語教育学会秋季大会予稿集』101–106.
[370] 村岡貴子 (2008)「専門日本語教育における語彙指導の課題 ―アカデミック・ライティングの例を中心に―」『日本語学』27–10, 60–69.
[371] 村岡貴子・因京子・仁科喜久子・米田由喜代 (2008)「理系大学院レベルの留学生が作成した日本語意見文の論理構造に関する分析」『第10回専門日本語教育学会研究討論会要旨集』6–7.
[372] 村岡貴子・因京子・仁科喜久子 (2009)「専門文章作成支援方法の開発に向けて：スキーマ形成を中心に」『専門日本語教育研究』11, 23–30.
[373] 村岡貴子・因京子・仁科喜久子 (2013)『論文作成のための文章力向上プログラム ―アカデミック・ライティングの核心をつかむ』大阪大学出版会.
[374] 村岡貴子 (2014)『専門日本語ライティング教育 ―論文スキーマ形成に着目して―』大阪大学出版会.
[375] 村上京子 (2005a)「作文評価における文の種類の影響 ―意見文と説明文の比較―」『日本留学試験が日本語教育に及ぼす影響に関する調査・研究 ―国内外の大学入学前日本語予備教育と大学日本語教育の連携のもとに― 平成14年度～16年度科学研究費補助金基盤研究費 (A) (1) 課題番号14208022 研究成果報告書』43–51.
[376] 村上康代 (2005)「理工系日本人学部生による課題レポートの『結論』の文章構造」『専門日本語教育研究』7, 53–58.
[377] 村田年 (1996)「経済学専門用語四字漢語の語構 ―専門分野導入期の日本語教育の方法を探る―」『日本語教育』91, 84–95.
[378] 村田年 (1999)「論述構造を支える文型の基礎的研究 ―多変量解析によるジャンル判別に有効な文型の抽出―」『専門日本語教育研究』1, 32–39.

[379] 茂住和世（2007a）「情報提供型口頭発表の内容構成とレジュメ化に見られる問題点 ―アカデミックスキルの観点から―」『日本語教育方法研究会誌』14-1, 日本語教育方法研究会, 30-31.
[380] 茂住和世（2007b）「口頭発表用レジュメの作成指導について 箇条書きと構成の指導を中心として」アカデミックジャパニーズグループ 日本語教育学会テーマ研究会, http://www soc.nii.ac.jp/nkg/themekenkyu/th-academic.htm , 2009.10.5アクセス.
[381] 森岡健二（1966）『文章構成法』至文堂.
[382] 森岡健二・大熊五郎（1970）「推敲と評価」『文章の技法4 書くことの基本』明治書院, 181-217.
[383] 守谷智美（2005）「研修生の日本語学習動機とその生起要因 ―ある中国人研修生グループの事例から―」『日本語教育』125, 106-115.
[384] 森田衛（2006）「日本の高級ホテル飲食施設案内文に見られる特徴」『専門日本語教育研究』8, 27-32.
[385] 守山惠子（2000）「留学生のための水産学用語集作成の試み」『専門日本語教育研究』2, 54-57.
[386] 森由紀（1999）「マレーシア政府派遣留学生受入れの10年」『三重大学留学生センター紀要』1, 15-24.
[387] 矢沢理子（2006）「専門職従事者のための日本語研修 ―行動志向のコースデザイン―」『専門日本語教育研究』8, 3-8.
[388] 矢高美智子（2007）「第2言語作文におけるプランと作文の関係 ―プランでの第1言語使用の有効性―」『茨城大学留学生センター紀要』5, 53-63.
[389] 矢野米雄・緒方広明・榊原理恵・脇田里子（1997）「日本語作文教育のためのネットワーク型添削支援システムCoCoAの構築」『教育システム情報学会誌』14-3, 21-28.
[390] 矢野和歌子（2014）「人文・社会科学系優秀卒業論文の分析 ―引用の使用に関する基礎調査―」『専門日本語教育研究』16, 67-72.
[391] 山崎信寿（2000）「理工系日本人学部生のための専門日本語教育」『専門日本語教育研究』2, 4-7.
[392] 山崎信寿（2008）「専門日本語の気配り」『専門日本語教育研究』10, 19-24.
[393] 山下友子・横溝紳一郎（2003）「短作文の誤用訂正に関するアクション・リサーチ ―いつもの訂正を振り返る―」『広島大学日本語教育研究』13, 47-51.
[394] 山下直子（1999）「講義でのノート・テーキングの問題点 ―外国人留

学生と日本人学生の比較―」『専門日本語教育研究』1, 24-31.

[395] 山下みゆき（2000）「日本語学習者の前置き表現の使用の実際 ―課題に基づく意見文より―」『第8回国立国語研究所国際シンポジウム』210-218.

[396] 山本一枝（1995）「科学技術者のための専門文献読解指導 ―チームティーチングによるMIT夏季集中日本語講座―」『日本語教育』86, 190-203.

[397] 山元啓史（1995）「専門日本語読解支援システムの評価と方法」『日本語教育』85, 90-100.

[398] 山本富美子（2005）「アカデミック・ジャパニーズに求められる能力とは ―論理的・分析的・批判的思考法と語彙知識をめぐって―」『日本留学試験が日本語教育に及ぼす影響に関する調査・研究 ―国内外の大学入学前日本語予備教育と大学日本語教育の連携のもとに― 平成14年度～16年度科学研究費補助金基盤研究費（A）（1）課題番号14208022研究成果報告書』332-337.

[399] 山本富美子・糸川優・渋谷倫子・副島健治・戸坂弥寿美・星野智子（2008）「企業が期待する外国人『人財』の能力とビジネス日本語」『専門日本語教育研究』10, 47-52.

[400] 由井紀久子（2005）「書くための日本語教育文法」『コミュニケーションのための日本語教育文法』くろしお出版, 187-206.

[401] 横山紀子（2007）「非母語話者教師の目標言語学習が学習観・指導観に及ぼす影響 ―再教育における聴解学習に関する実証的研究―」『日本語教育』132, 98-107.

[402] 横田淳子（1990）「専門教育とのつながりを重視する上級日本語教育の方法」『日本語教育』71, 120-133.

[403] 吉田一彦・芝崎理恵（2008）「母語話者と現地教師との協働モデル構築に向けて ―モンゴルでできること、タイとの比較―」『アジアにおける日本語教育 ―「外国人としての日本語」修士課程設立一周年セミナー論文集―』チュラーロンコーン大学文学部東洋言語学科日本語講座, 89-102.

[404] 吉田美登利（2008）「『アイディアシート』を使った作文構想支援の効果」『日本語教育』138, 102-111.

[405] 吉田美登利（2009）「文章産出過程での方略の分析 ―効果的なライティングのために―」『2009年度日本語教育学会春季大会予稿集』245-246.

[406] 吉田弥寿夫（1983）「大阪外国語大学留学生別科における理科系クラス

のリーディング」『日本語教育』51, 53–56.
[407] 米田由喜代・林洋子（2003）「口頭発表の序論部の談話構造と語彙・表現—農学部卒業論文発表の分析から—」『専門日本語教育研究』5, 37–44.
[408] 李晨（2007）「中国語母語話者の日本語作文におけるモダリティ表現について」『語学教育研究論叢』24, 大東文化大学, 239–249.
[409] 李篠平（2003）「理工系大学生のための日本語教育におけるチャレンジ—中国大連理工大学日本語強化班の事例—」『専門日本語教育研究』5, 3–8.
[410] Lee凪子（2006）「留学生の書く日本語意見文の分析 —日本人学生との比較において—」『山口幸二教授退職記念論集 ことばとそのひろがり（4）』立命館大学法学会, 399–412.
[411] 李培建（2007）「中国における日本語教育と日本語教材の編成及び使用について」『中央学院大学社会システム研究所紀要』209–244.
[412] 劉偉（2007）「『構成要素』による社説の文章構造の日中対照研究 —日本語教育における作文指導のために—」『言語文化共同研究プロジェクト2006 アカデミック・ライティング研究 —日本語と英語の場合—』大阪大学大学院言語文化研究科, 34–45.
[413] 劉偉（2008）「中国の大学における日本語学習者のライティングに関する意識調査 —アカデミック・ライティング力向上のための基礎研究として—」『言語文化共同研究プロジェクト2007 アカデミック・ライティング研究Ⅱ —より効果的な教育のために—』大阪大学大学院言語文化研究科, 21–33.
[414] 劉偉（2009a）「海外コラム紹介 中国日本語教学研究会2008年度会並びに日本語教育・日本学研究国際シンポジウム」『日本語教育』141, 70.
[415] 劉偉（2009b）「中国人日本語学習者の説明的文章の論理展開に関する自己推敲の調査・分析」『専門日本語教育研究』11, 31–38.
[416] 林雅芬（2003）「日中エピソード文における結束性と主題の展開」『現代社会文化研究』26, 新潟大学大学院社会文化研究科, 213–230.
[417] 林璋（2009）「福建師範大学における日本語教育 —日本語専攻の伝統と変革を中心に—」『琉球大学留学生センター紀要 留学生教育』6, 1–6.
[418] 林長河（2006）「大学日本語学科のカリキュラムについての一考察 —必修科目を中心に—」『台灣日本語文學報』21, 台灣日本語文學會, 343–376.
[419] 冷麗敏（2005）「中国の大学における『総合日本語（精読）』に関する意識調査 —学習者と教師の回答を比較して—」『日本言語文化研究会論集』創刊号, 日本言語文化研究会, 59–73.

[420] 和田恵理（2006）「医療現場で求められるコミュニケーションスキル—薬剤師による効果的な服薬指導方法について—」『専門日本語教育研究』8, 9–12.

[421] 付克（1986）『中国外语教育史』上海外语教育出版社.

[422] 龔自知（1927）『文章學初編』商務印書館.

[423] 教育部高等学校外语专业教学指导委员会日语组（2001）『高等院校日语专业高年级阶段教学大纲』大连理工大学出版社.

[424] 梁继国（1994）「关于我国日语教育诸问题的考察」中国日语教学研究会・日本国际交流基金日本语国际中心, 103–106.

[425] 刘新民・郭洪波（2007）「影响大学生就业因素分析」『思想政治教育研究』3, http://www1. hrbust.edu.cn/baokan/sizheng/showqikan.asp?id=718 , 2009.10.12アクセス.

[426] 王欣荣（2008）「谈日语写作技能的培养问题」『長崎県立大学論集』41–4, 229–238.

[427] 修刚・李运博（2011a）『中国日语教育概览1』外语教学与研究出版社.

[428] 修刚・李运博（2011b）『跨文化交际中的日语教育研究　異文化コミュニケーションのための日本語教育①②』高等教育出版社.

[429] 于康（2008）『日语论文写作 —方法与实践』高等教育出版社.

[430] 于日平（2004）『日语写作教程』高等教育出版社.

[431] 朱德熙（1951）『作文指導』開明書店.

[432] Bridwell, Lillian S.（1980）"Revising Strategies in Twelfth Grade Students' Transactional Writing," *Research in the Teaching of English*, 14–3, 197–222.

[433] Faigley, Lester & Witte, Stephen（1981）"Analyzing revision," *College Composition and Communication*, 32–4, 400–414.

[434] Kaplan, Robert B.（1966）"Cultural Thought Patterns in Intercultural Education," *Language Learning,* 16, 1–20.

[435] Nitsu, Nobuko（2003）"Academic Writing Skills: Japanese as a Second Language Students in HGU," 北海学園大学人文論集25, 北海学園大学, 135–156.

[436] Swales, John M.（1990）*Genre Analysis: English in Academic and Research Settings*, Cambridge: Cambridge University Press.

[437] Toulmin, Stephen E.（1958）*The Uses of Argument*. Cambridge: Cambridge University Press.

参考Webサイト

[1] http://www.r-project.org/（R）

[2] http://www.pressure.to/qda/（Weft-qda）
[3] http://www.ikd.info.gifu-u.ac.jp/ibukiC（日本語文節構造解析システム ibukiC）
[4] http://aoki2.si.gunma-u.ac.jp/R/my-chisq-test.html（青木繁信氏のHP, Habermanによる残差調整）
[5] http://www.jasso.go.jp/study_a/documents/oversea_info_24.pdf（独立行政法人 日本学生支援機構 留学情報センター）. 2010.1.11アクセス
[6] http://www.jpf.go.jp/j/japanese/survey/country/2007-2008/china.html（日本国際交流基金2007～2008年度日本語教育国・地域別調査 中国）. 2009.10.11アクセス
[7] http://lryx.nenu.edu.cn/（中国赴日本国留学生预备学校HP）. 2009.10.28アクセス
[8] http://wordminer.comquest.co.jp/wmabout/tm.html（テキスト・マイニング紹介HP）. 2009.10.16アクセス
[9] http://wwwsoc.nii.ac.jp/nkg/menu-guide.htm（日本語教育学会HP）. 2009.10.23アクセス
[10] http://wwwsoc.nii.ac.jp/stje/lang-ja/information/（専門日本語教育学会HP）. 2010.3.7アクセス
[11] http://japanese.china.org.cn/japanese/206647.htm（北京オリンピックのマスコットキャラクター紹介）. 2008.3.25アクセス
[12] http://blog.tufnellpark.net/?eid=441468（北京オリンピックのマスコットキャラクター紹介）. 2008.3.25アクセス
[13] http://www.cie-waseda.jp/awp/index.html（早稲田大学アカデミック・ライティングセンター）. 2010.2.21アクセス

付録1

アンケート調査票（卒業生）

○あなたの情報について教えてください。

出　　身________省/市/自治区
現在の居住地※　①中国________省/市/自治区
　　　　　　　　②日本________都/道/府/県
年　　齢　________才
性　　別※　　①男性　　②女性
出身大学________________大学________________専攻
大学卒業年月________年________月
母　　語　________語
日本語以外の外国語の能力______語（① 超上級 ②上級 ③中級 ④初級）※
　　　　　　　　　　　　______語（① 超上級 ②上級 ③中級 ④初級）※
　　　　　　　　　　　　______語（① 超上級 ②上級 ③中級 ④初級）※
※該当箇所にチェックを入れてください。

○以下の質問に答えてください。

☆大学在学中の日本語学習について☆

1. 大学入学までに日本語を勉強したことがある方は、大学卒業までの日本語学習歴について教えてください。
① 大学入学まで
学習機関：（　　　　　　　　　　　　　　）学校
学習時間（　　　　）年（　　　）月から（　　　）年（　　　）月まで
② 大学入学から卒業まで
学習機関：（　　　　　　　　　　　）大学（　　　　　　　　　）学部
学習時間（　　　　）年（　　　）月から（　　　）年（　　　）月まで

2. 大学入学までに日本語を勉強したことのない方は、大学入学から卒業までの日本語学習歴について教えてください。
学習機関：（　　　　　　　　　　　）大学（　　　　　　　　　　）学部
学習時間（　　　　）年（　　　）月から（　　　）年（　　　）月まで

3. 大学在学中、日本語専攻の科目はどのように評価されましたか。**複数選択可。**
①筆記試験　　　　　②口頭試験
③レポート/小論文　　④その他（　　　　　　　　　　　　　）

4. レポート/小論文による評価がある、日本語の専攻以外の科目は、何科目くらいありましたか。
①なし　　　②1～2科目　　③3～4科目　　④5科目以上

5. 大学在学中、日本語の作文授業で、どのような文章を書きましたか。**該当番号に○をつけ、（　）には、書く際に想定された読み手を、下のAからHの中から適当なものを選んで入れてください。複数選択可。**
①伝言メモ
想定された読み手（　　　　　　　　　）
題目/主な内容（　　　　　　　　　　　　　　　　　　　　）
②手紙文（□電子メール　□手書き）
該当箇所にチェックを入れてください。
想定された読み手（　　　　　　　　　）
題目/主な内容（　　　　　　　　　　　　　　　　　　　　）
③感想文（読書や映画鑑賞の後に書く文章）
想定された読み手（　　　　　　　　　）
題目/主な内容（　　　　　　　　　　　　　　　　　　　　）
④意見文/論説文
想定された読み手（　　　　　　　　　）
題目/主な内容（　　　　　　　　　　　　　　　　　　　　）
⑤説明文（例：「私の一日」「中国の祝日」）
想定された読み手（　　　　　　　　　）
題目/主な内容（　　　　　　　　　　　　　　　　　　　　）
⑥課題レポート/調査報告
想定された読み手（　　　　　　　　　）
題目/主な内容（　　　　　　　　　　　　　　　　　　　　）
⑦卒業論文

想定された読み手（　　　　　　　　　　）
題目/主な内容（　　　　　　　　　　　　　　　　　　　　　　）
⑧自己PR等、就職のために書く文書と添書（□電子メール　□手書き）
該当箇所にチェックを入れてください。
想定された読み手（　　　　　　　　　　）
題目/主な内容（　　　　　　　　　　　　　　　　　　　　　　）
⑨研究計画書等、進学に必要な文書と添書（□電子メール　□手書き）
該当箇所にチェックを入れてださい。
想定された読み手（　　　　　　　　　　）
題目/主な内容（　　　　　　　　　　　　　　　　　　　　　　）
⑩その他（　　　　　　　　　　）
想定された読み手（　　　　　　　　　　）
題目/主な内容（　　　　　　　　　　　　　　　　　　　　　　）

A 先生	B ルームメート	C 中学や高校時代の友人
D 日本人の友人	E 家族	F アルバイト先の同僚/上司
G 就職を希望する企業等		Hその他（　　　　　　）

6. 大学在学中、日本語の作文授業以外に、日本語でどのような文章を書きましたか。**該当番号に○をつけ、（　）には、書く際に想定された読み手を、下のAからHの中から適当なものを選んで入れてください。複数選択可。**
①伝言メモ
想定された読み手（　　　　　　　　　　）
題目/主な内容（　　　　　　　　　　　　　　　　　　　　　　）
②手紙文（□電子メール　□手書き）
該当箇所にチェックを入れてください。
想定された読み手（　　　　　　　　　　）
題目/主な内容（　　　　　　　　　　　　　　　　　　　　　　）
③感想文（読書や映画鑑賞の後に書く文章）
想定された読み手（　　　　　　　　　　）
題目/主な内容（　　　　　　　　　　　　　　　　　　　　　　）
④意見文/論説文
想定された読み手（　　　　　　　　　　）
題目/主な内容（　　　　　　　　　　　　　　　　　　　　　　）
⑤説明文（例:「私の一日」「中国の祝日」）

想定された読み手（　　　　　　　　　　）
題目/主な内容（　　　　　　　　　　　　　　　　　　　　　　）
⑥課題レポート/調査報告
想定された読み手（　　　　　　　　　　）
題目/主な内容（　　　　　　　　　　　　　　　　　　　　　　）
⑦卒業論文
想定された読み手（　　　　　　　　　　）
題目/主な内容（　　　　　　　　　　　　　　　　　　　　　　）
⑧自己PR等、就職のために書く文書と添書（□電子メール　□手書き）
該当箇所にチェックを入れてください。
想定された読み手（　　　　　　　　　　）
題目/主な内容（　　　　　　　　　　　　　　　　　　　　　　）
⑨研究計画書等、進学に必要な文書と添書（□電子メール　□手書き）
該当箇所にチェックを入れてださい。
想定された読み手（　　　　　　　　　　）
題目/主な内容（　　　　　　　　　　　　　　　　　　　　　　）
⑩その他（　　　　　　　　　　）
想定された読み手（　　　　　　　　　　）
題目/主な内容（　　　　　　　　　　　　　　　　　　　　　　）

A 先生	B ルームメート	C 中学や高校時代の友人
D 日本人の友人	E 家族	F アルバイト先の同僚/上司
G 就職を希望する企業等	Hその他（　　　　　　　　　　）	

7. 大学在学中、どのような教材で日本語の作文を学習しましたか。**複数選択可。**
①日本で出版された作文教科書（名前:　　　　　　　　　　　　）
②中国で出版された作文教科書（名前:　　　　　　　　　　　　）
③新聞記事や小説など教師が用意した資料
④特になく、作文のテーマだけが教師から指示された
⑤その他（　　　　　　　　　　）

8. 日本語の作文授業の教師は日本語母語話者ですか。その教師にどのような指導を受けましたか。**該当のアルファベットに○をつけ、（　）には、書く際に想定された読み手を、下の①から⑨の中から適当なものを選んで入れてください。複数選択可。**

A　日本語母語話者 (指導項目:　　　　　　　　　　　　　　　　　　　　　　　)
B　中国語母語話者 (指導項目:　　　　　　　　　　　　　　　　　　　　　　　)
C　両方 (指導項目:　　　　　　　　　　　　　　　　　　　　　　　　　　　　)
D　その他 (具体的に :　　　　　　　　　　　指導項目:　　　　　　　　　　　)

①文字表記や書式（文字、句読点、原稿用紙の使い方など）
[书写方法和格式（字、标点符号、稿纸的使用方法等）]
②パソコンにおける日本語入力等の方法 [日语输入法等电脑中的应用]
③適切な文体の選択（文章の目的に合った文体の選択、話し言葉と書き言葉の差異の区別など）
[正确的文体选择（对与文章的目的相适应的文体的选择、对口语和书面语之间差异的区别等）]
④日本語の使い方（文法、表現の的確な使用など） [日语的用法（语法、语言表现的正确应用等）]
⑤文章の全体的な構成、論理展開（章立て、段落内の構成など）
[文章的整体结构、逻辑展开（谋篇布局、段落内的结构等）]
⑥文献・資料の収集方法や引用方法 [文献・资料的收集方法和引用方法]
⑦テーマについての十分な理解 [对题目的充分理解]
⑧内容のオリジナリティー [内容的独创性]
⑨その他（　　　　　　　　　　　　　　　　　　　　　　　　）

9. 卒業後の現在から振り返って、日本語の作文授業で受けた指導は十分であったと思いますか。
①十分であった　　②十分ではなかった　　③なんともいえない

10. **9. で②、③を選択した場合**、日本語の文章を書くために、さらにどのような指導が必要であったと思いますか。思いついたことを自由に書いてください。

____

____

____

____

____

11. 大学在学中、日本語で文章を書くとき、特にどのようなことを重視していましたか。**複数選択可。**

①文字表記や書式（文字、句読点、原稿用紙の使い方など）
[书写方法和格式（字、标点符号、稿纸的使用方法等）]
②パソコンにおける日本語入力等の方法［日语输入法等电脑中的应用］
③適切な文体の選択（文章の目的に合った文体の選択、話し言葉と書き言葉の差異の区別など）
[正确的文体选择（对与文章的目的相适应的文体的选择、对口语和书面语之间差异的区别等）]
④日本語の使い方（文法、表現の的確な使用など）［日语的用法（语法、语言表现的正确应用等）］
⑤文章の全体的な構成、論理展開（章立て、段落内の構成など）
[文章的整体结构、逻辑展开（谋篇布局、段落内的结构等）]
⑥文献・資料の収集方法や引用方法［文献・资料的收集方法和引用方法］
⑦テーマについての十分な理解　[对题目的充分理解]
⑧内容のオリジナリティー　[内容的独创性]
⑨その他（　　　　　　　　　　　　　　　　　　）

12. 大学在学中、日本語の作文学習で何が難しいと感じましたか。**複数選択可。**

① 文字表記や書式（文字、句読点、原稿用紙の使い方など）
[书写方法和格式（字、标点符号、稿纸的使用方法等）]
②パソコンにおける日本語入力等の方法［日语输入法等电脑中的应用］
③適切な文体の選択（文章の目的に合った文体の選択、話し言葉と書き言葉の差異の区別など）
[正确的文体选择（对与文章的目的相适应的文体的选择、对口语和书面语之间差异的区别等）]
④日本語の使い方（文法、表現の的確な使用など）［日语的用法（语法、语言表现的正确应用等）］
⑤文章の全体的な構成、論理展開（章立て、段落内の構成など）
[文章的整体结构、逻辑展开（谋篇布局、段落内的结构等）]
⑥文献・資料の収集方法や引用方法［文献・资料的收集方法和引用方法］
⑦テーマについての十分な理解　[对题目的充分理解]
⑧内容のオリジナリティー　[内容的独创性]
⑨その他（　　　　　　　　　　　　　　　　　　）

☆大学卒業後のライティングの実態について☆

13. 大学卒業後、どのような進路を選択しましたか。**複数選択可。**

①中国で就職　　　　　　（⇒続いて質問14〜19にお答えください。）※1
②日本で就職　　　　　　（⇒続いて質問14〜19にお答えください。）※1
③中国で就職後、日本に駐在（⇒続いて質問14〜19にお答えください。）※1
④中国の大学院に進学　　　（⇒続いて質問20〜28にお答えください。）※2
⑤日本の大学院に留学　　　（⇒続いて質問20〜28にお答えください。）※2
⑥その他（　　　　　　　　　　　　　　　　　　　　　　　　　　　）

※1. 転職された場合、転職前の状況も記入して下さるようお願いします。
※2. 仕事しながら大学院に通っている場合、また、仕事を経験した後大学院に進学された場合、両方記入して下さるお願いします。

就職の場合

14. 現在までの勤務経験について教えてください。複数ある場合には複数チェックしてください。
①企業（外資企業/合弁会社/日本関係の中国企業等）
②旅行社/航空会社
③日本語教育機関（大学、専門学校等）
④政府機関
⑤その他　（　　　　　　　　　　　　　　）
⑥転職経験有（以前:　　　　　　　　　　　現在:　　　　　　　　）

15. 現在は、日本語で文章を書くことがありますか。
①よくある　　②ある　　③あまりない　　④まったくない
転職された方の場合、転職前は、日本語で文章を書くことがありましたか。
①よくある　　②ある　　③あまりない　　④まったくない
※15. のいずれかで①、②、③を選択した場合、質問16、17、18にお答えください。

16. 現在は、どのような文章を書いていますか。また、どのような人がそれを読みますか。**複数選択可。**
①仕事先の社内文書
題目/主な内容（　　　　　　　　　　　　）読み手（　　　　　）
②仕事先の社外文書
題目/主な内容（　　　　　　　　　　　　）読み手（　　　　　）
③就職・転職に関する文書

題目/主な内容（　　　　　　　　　　）読み手（　　　　）
④その他
題目/主な内容（　　　　　　　　　　）読み手（　　　　）
転職された方の場合、転職前は、どのような文章を書きましたか。また、どのような人がそれを読みましたか。**複数選択可。**
①仕事先の社内文書
題目/主な内容（　　　　　　　　　　）読み手（　　　　）
②仕事先の社外文書
題目/主な内容（　　　　　　　　　　）読み手（　　　　）
③就職・転職に関する文書
題目/主な内容（　　　　　　　　　　）読み手（　　　　）
④その他
題目/主な内容（　　　　　　　　　　）読み手（　　　　）

17. 現在は、日本語で文章を書くとき、特にどのようなことを重視していますか。**複数選択可。**
① 文字表記や書式（文字、句読点、原稿用紙の使い方など）
［书写方法和格式（字、标点符号、稿纸的使用方法等）］
②パソコンにおける日本語入力等の方法［日语输入法等电脑中的应用］
③適切な文体の選択（文章の目的に合った文体の選択、話し言葉と書き言葉の差異の区別など）
［正确的文体选择（对与文章的目的相适应的文体的选择、对口语和书面语之间差异的区别等）］
④日本語の使い方（文法、表現の的確な使用など）［日语的用法（语法、语言表现的正确应用等）］
⑤文章の全体的な構成、論理展開（章立て、段落内の構成など）
［文章的整体结构、逻辑展开（谋篇布局、段落内的结构等）］
⑥文献・資料の収集方法や引用方法［文献・资料的收集方法和引用方法］
⑦テーマについての十分な理解　［对题目的充分理解］
⑧内容のオリジナリティー　［内容的独创性］
⑨その他（　　　　　　　　　　）

18. 現在は、日本語で文章を書くとき、何が難しいと感じていますか。**複数選択可。**
①文字表記や書式（文字、句読点、原稿用紙の使い方など）
［书写方法和格式（字、标点符号、稿纸的使用方法等）］

②パソコンにおける日本語入力等の方法［日语输入法等电脑中的应用］
③適切な文体の選択（文章の目的に合った文体の選択、話し言葉と書き言葉の差異の区別など）
［正确的文体选择（对与文章的目的相适应的文体的选择、对口语和书面语之间差异的区别等）］
④日本語の使い方（文法、表現の的確な使用など）［日语的用法（语法、语言表现的正确应用等）］
⑤文章の全体的な構成、論理展開（章立て、段落内の構成など）
［文章的整体结构、逻辑展开（谋篇布局、段落内的结构等）］
⑥文献・資料の収集方法や引用方法［文献・资料的收集方法和引用方法］
⑦テーマについての十分な理解　［对题目的充分理解］
⑧内容のオリジナリティー　［内容的独创性］
⑨その他（　　　　　　　　　　　　　　　　　　　）

19. 大学在学中における日本語の作文学習を振り返って、さらにどのような指導を受けていれば現在より役に立ったと思いますか。思いついたことを自由に書いてください。

____

____

____

____

____

進学・留学の場合

20. 現在の勉学状況について教えてください。
学習機関：（　　　　　）大学（　　　　）学部/研究科（　　　　）年
専攻（　　　　　）研究のテーマ/学位論文のテーマ（　　　　　）

21. 履修科目はどのように評価されていましたか。**複数選択可。**
①筆記試験　　②口頭試験
③レポート/調査報告　　④その他（　　　　　　　　）

22. 現在の研究においては、日本語でどのような文章を書く必要がありますか。**複数選択可。**
①ゼミ発表のレジュメ　　②学会/研究会発表の要旨

③課題レポート　④研究計画書
⑤研究報告書　⑥研究論文
⑦学位論文　⑧その他（　　　　　　　　）

23. 大学院に進学してから現在まで、日本語でどのような文章を書きました/書いていますか。**複数選択可。**
①ゼミ発表のレジュメ　②学会/研究会発表の要旨
③課題レポート　④研究計画書
⑤研究報告書　⑥研究論文
⑦学位論文　⑧その他（　　　　　　　　）

24. それらの文章を書くとき、特にどのようなことを重視していますか。**複数選択可。**
①文字表記や書式（文字、句読点、原稿用紙の使い方など）
［书写方法和格式（字、标点符号、稿纸的使用方法等）］
②パソコンにおける日本語入力等の方法［日语输入法等电脑中的应用］
③適切な文体の選択（文章の目的に合った文体の選択、話し言葉と書き言葉の差異の区別など）
［正确的文体选择（对与文章的目的相适应的文体的选择、对口语和书面语之间差异的区别等）］
④日本語の使い方（文法、表現の的確な使用など）［日语的用法（语法、语言表现的正确应用等）］
⑤文章の全体的な構成、論理展開（章立て、段落内の構成など）
［文章的整体结构、逻辑展开（谋篇布局、段落内的结构等）］
⑥文献･資料の収集方法や引用方法［文献･资料的收集方法和引用方法］
⑦テーマについての十分な理解　［对题目的充分理解］
⑧内容のオリジナリティー　［内容的独创性］
⑨その他（　　　　　　　　）

25. 日本語で文章を書くとき、何が難しいと感じていますか。**複数選択可。**
①文字表記や書式（文字、句読点、原稿用紙の使い方など）
［书写方法和格式（字、标点符号、稿纸的使用方法等）］
②パソコンにおける日本語入力等の方法［日语输入法等电脑中的应用］
③適切な文体の選択（文章の目的に合った文体の選択、話し言葉と書き言葉の差異の区別など）
［正确的文体选择（对与文章的目的相适应的文体的选择、对口语和书

面语之间差异的区别等）］
④日本語の使い方（文法、表現の的確な使用など）［日语的用法（语法、语言表现的正确应用等）］
⑤文章の全体的な構成、論理展開（章立て、段落内の構成など）［文章的整体结构、逻辑展开（谋篇布局、段落内的结构等）］
⑥文献・資料の収集方法や引用方法［文献・资料的收集方法和引用方法］
⑦テーマについての十分な理解 ［对题目的充分理解］
⑧内容のオリジナリティー ［内容的独创性］
⑨その他（　　　　　　　　　　　　　　　　　　　　）

26. 日本語で学術的な文章の書き方に関しては、教師にどのような指導を受けましたか。**複数選択可。**
①文字表記や書式（文字、句読点、原稿用紙の使い方など）［书写方法和格式（字、标点符号、稿纸的使用方法等）］
②パソコンにおける日本語入力等の方法［日语输入法等电脑中的应用］
③適切な文体の選択（文章の目的に合った文体の選択、話し言葉と書き言葉の差異の区別など）
［正确的文体选择（对与文章的目的相适应的文体的选择、对口语和书面语之间差异的区别等）］
④日本語の使い方（文法、表現の的確な使用など）［日语的用法（语法、语言表现的正确应用等）］
⑤文章の全体的な構成、論理展開（章立て、段落内の構成など）［文章的整体结构、逻辑展开（谋篇布局、段落内的结构等）］
⑥文献・資料の収集方法や引用方法［文献・资料的收集方法和引用方法］
⑦テーマについての十分な理解 ［对题目的充分理解］
⑧内容のオリジナリティー ［内容的独创性］
⑨その他（　　　　　　　　　　　　　　　　　　　　）

27. それらの指導は十分であったと思いますか。
①十分であった　　②十分ではなかった　　③なんともいえない

28. **27. で②、③を選択した場合**、学術的な文章を書くために、さらにどのような指導が必要であったと思いますか。思いついたことを自由に書いてください。

ご協力どうもありがとうございました。

付録2

アンケート調査票（在学生）

○あなたの情報について教えてください。

出身 ________省/市/自治区		年　　齢 ________才	
性　　別※　①男性　②女性		学　　年 ________年	
母　　語 ________語			

日本語以外の外国語の能力______語（①超上級 ②上級 ③中級 ④初級）※
______語（①超上級 ②上級 ③中級 ④初級）※
______語（①超上級 ②上級 ③中級 ④初級）※
※該当箇所にチェックを入れてください。［请在对应选项上画○］

○以下の質問に答えてください。

☆日本語学習全般について☆

1. 大学入学までに日本語学習経験のある方は、現在までの日本語学習歴について教えてください。［上大学前学过日语的同学，请填写你的日语学习经历。］
①大学入学まで
学習機関：（　　　　　　　　　　　　）学校
学習時間（　　　　）年（　　）月から（　　　　）年（　　）月まで、週（　　　）時間
②大学入学から現在まで
学習機関：（　　　　　　　　　）大学（　　　　　　　　　）学部
学習時間（　　　　）年（　　）月から（　　　　）年（　　）月現在まで、週（　）時間

2. 大学入学までに日本語学習経験のない方は、大学入学から現在までの

日本語学習歴について教えてください。［上大学前未学过日语的同学，请填写你从上大学至今的日语学习经历。］
学習機関（　　　　　　　　　　　　　）大学（　　　　　　　　　　　　　）学部
学習時間（　　　　　）年（　　）月から（　　　　　）年（　　）月現在まで、週（　）時間

3. 日本語の授業時間外に、どのような場面で日本語を使いますか。**該当番号に○をつけ、（　）には、具体的な行動のアルファベットを、下のAからEの中から適当なものを選んで入れてください。複数選択可。**
［除日语课以外，你还在什么情况下使用日语？请在相应的选项上画○，并在（　）中填入代表具体行动的英文字母。可多选。］
①日本語の授業内容の予習、復習、宿題　［日语课的预习、复习、作业］（　　　　　　　　）
②日本人の友人とのコミュニケーション　［和日本朋友的交流］（　　　　　　　　）
③日本語を用いるアルバイト　［和日语有关的工作］（　　　　　　　　）
④自分の自主的な学習活動　［自己的自主学习］（　　　　　　　　）
⑤その他　［其他情况］（　　　　　　　　　　　）
⑥日本語の授業以外には日本語を使わない　［除日语课以外，不接触日语］

A	聞く（日本語のラジオ放送、授業内容や歌のテープ/CD、インターネット上の日本のドラマなど）［听（日语广播、日语课内容或日语歌曲的磁带/CD、网络上的日本电影等）］
B	話す（日本人や同級生などと）　［说（和日本人、同学等）］
C	読む（日本語の小説、漫画、新聞、インターネットなど）［读（日语小说、漫画、报纸、网络等）］
D	書く（日本語の手紙、メール、メモ、日記、エッセイなど）［写（日语信件、电子邮件、便条、日记、随笔等）］
E	その他[其他]（　　　　　　　　　　　　　　　　　　　　）

4. 日本語専攻の科目はどのように評価されますか。**複数選択可。**［日语专业课的科目成绩是如何评价的？可多选。］
①筆記試験　［笔试］　　　　　　②口頭試験　［口试］
③レポート/小論文［报告／小论文］　④その他　［其他］（　　　　　　　）

5. レポート/小論文によって評価される、日本語の専攻以外の科目は、何

科目くらいありますか。[通过小论文评价成绩的科目，除日语专业以外有多少门课？]
①なし　②1〜2科目　③3〜4科目　④5科目以上

☆日本語の作文学習について☆

6. 日本語の作文授業でどのような文章を書きますか。**該当番号に〇をつけ、(　)には、書く際に想定された読み手を、下のAからHの中から適当なものを選んで入れてください。複数選択可。**
[你在日语写作课上写过哪些文章？请在相应的选项上画〇，并在(　)中填入代表写作时所设定的读者的英文字母。可多选。]
①伝言メモ　[留言条]
想定された読み手　[设定的读者](　　　　)
題目/主な内容　[题目/主要内容](　　　　)
②手紙文（□電子メール　□手書き）
該当箇所にチェックを入れてください。
[信件（□电子邮件　□手写）请选择对应选项。]
想定された読み手　[设定的读者](　　　　)
題目/主な内容　[题目/主要内容](　　　　)
③感想文（読書や映画鑑賞の後に書く文章）[读后感/观后感]
想定された読み手　[设定的读者](　　　　)
題目/主な内容　[题目/主要内容](　　　　)
④意見文/論説文　[议论文]
想定された読み手　[设定的读者](　　　　)
題目/主な内容　[题目/主要内容](　　　　)
⑤説明文（例:「私の一日」「中国の祝日」）　[说明文（例:《我的一天》《中国的节日》）]
想定された読み手　[设定的读者](　　　　)
題目/主な内容　[题目/主要内容](　　　　)
⑥課題レポート/調査報告　[课题小论文/调查报告]
想定された読み手　[设定的读者](　　　　)
題目/主な内容　[题目/主要内容](　　　　)
⑦卒業論文　[课题小论文/调查报告]
想定された読み手　[设定的读者](　　　　)
題目/主な内容　[题目/主要内容](　　　　)
⑧自己PR等、就職のために書く文書と添書（□電子メール　□手書き

該当箇所にチェックを入れてください。）［自我评价等求职时应用的文章及所附的信件（□电子邮件　□手写）请选择对应选项。］
想定された読み手　［设定的读者］（　　　　　　　　　　　）
題目/主な内容　［题目/主要内容］（　　　　　　　　　　　　　　　　　）
⑨研究計画書等、進学に必要な文書と添書（□電子メール　□手書き**該当箇所にチェックを入れてください。**）［研究计划书等时应用的文章及所附的信件（□电子邮件　□手写）请选择对应选项。］
想定された読み手　［设定的读者］（　　　　　　　　　　　）
題目/主な内容　［题目/主要内容］（　　　　　　　　　　　　　　　　　）
⑩その他　［其他］（　　　　　　　　　　）
想定された読み手　［设定的读者］（　　　　　　　　　　　）
題目/主な内容　［题目/主要内容］（　　　　　　　　　　　　　　　　　）

A 授業の先生　［老师］
B 中学・高校時代の友人　［初中・高中时的朋友］
C ルームメート　［室友］
D 日本人の友人　［日本朋友］
E 家族　［家人］
F アルバイト先の同僚/上司　［打工处的同事/上司］
G 就職を希望する企業等　［求职的企业等］
Hその他　［其他］（　　　　）

7. 日本語の作文授業の課題以外に、日本語でどのような文章を書きますか。**該当番号に〇をつけ、（　）には、書く際に想定された読み手を、下のAからHの中から適当なものを選んで入れてください。複数選択可。**
［除日语写作课的课题以外，你用日语写过什么文章？请在相应的选项上画〇，并在（　）中填入代表写作时所设定的读者的英文字母。可多选。］
①伝言メモ　［留言条］
想定された読み手　［设定的读者］（　　　　　　　　　　　）
題目/主な内容　［题目/主要内容］（　　　　　　　　　　　　　　　　　）
②手紙文（□電子メール　□手書き**該当箇所にチェックを入れてください。**）
［信件］（□电子邮件　□手写）请选择对应选项。
想定された読み手　［设定的读者］（　　　　　　　　　　　）
題目/主な内容　［题目/主要内容］（　　　　　　　　　　　　　　　　　）

③感想文 (読書や映画鑑賞の後に書く文章)［读后感/观后感］
想定された読み手　［设定的读者］(　　　　　　　　　　　)
題目/主な内容　［题目/主要内容］(　　　　　　　　　　　　　　　　　　)
④意見文/論説文　［议论文］
想定された読み手　［设定的读者］(　　　　　　　　　　　)
題目/主な内容　［题目/主要内容］(　　　　　　　　　　　　　　　　　　)
⑤説明文 (例:「私の一日」「中国の祝日」)　［说明文 (例:《我的一天》《中国的节日》)］
想定された読み手　［设定的读者］(　　　　　　　　　　　)
題目/主な内容　［题目/主要内容］(　　　　　　　　　　　　　　　　　　)
⑥課題レポート/調査報告　［课题小论文/调查报告］
想定された読み手　［设定的读者］(　　　　　　　　　　　)
題目/主な内容　［题目/主要内容］(　　　　　　　　　　　　　　　　　　)
⑦卒業論文　［课题小论文/调查报告］
想定された読み手　［设定的读者］(　　　　　　　　　　　)
題目/主な内容　［题目/主要内容］(　　　　　　　　　　　　　　　　　　)
⑧自己PR等、就職のために書く文書と添書 (□電子メール　□手書き **該当箇所にチェックを入れてください。**)　［自我评价等求职时应用的文章及所附的信件 (□电子邮件　□手写) 请选择对应选项。］
想定された読み手　［设定的读者］(　　　　　　　　　　　)
題目/主な内容　［题目/主要内容］(　　　　　　　　　　　　　　　　　　)
⑨研究計画書等、進学に必要な文書と添書 (□電子メール　□手書き **該当箇所にチェックを入れてください。**)　［研究计划书等时应用的文章及所附的信件 (□电子邮件　□手写) 请选择对应选项。］
想定された読み手　［设定的读者］(　　　　　　　　　　　)
題目/主な内容　［题目/主要内容］(　　　　　　　　　　　　　　　　　　)
⑩その他　［其他］(　　　　　　　　　　　)
想定された読み手　［设定的读者］(　　　　　　　　　　　)
題目/主な内容　［题目/主要内容］(　　　　　　　　　　　　　　　　　　)

A 授業の先生　［老师］
B 中学・高校時代の友人　［初中・高中时的朋友］
C ルームメート　［室友］
D 日本人の友人　［日本朋友］
E 家族　［家人］
F アルバイト先の同僚/上司　［打工处的同事/上司］
G 就職を希望する企業等　［求职的企业等］
Hその他　［其他］(　　　　　　)

8. 日本語の作文授業の課題以外に、さらにどのような文章作成に関するトレーニングが必要だと思いますか。思いついたことを自由に書いてください。**中国語使用可。**
[除日语写作课的课题以外，你认为还有必要进行哪些文章的写作练习？请随意写下你的建议和想法。可使用中文。]

___

___

___

___

9. どのような教材を用いて日本語の作文を学習しました/学習していますか。**複数選択可。**
[学习日语写作时，你使用了/正在使用什么教材？可多选。]
①日本で出版された作文教科書 [日本出版的写作教材]
(名前:)
②中国で出版された作文教科書 [中国出版的写作教材]
(名前:)
③教師が用意した資料 [教师准备的教材]
(例:)
④特になく、作文のテーマだけが教師から指示される [没有专门的教材, 教师只是指定题目]
⑤その他 [其他教材] ( )

10. 日本語の作文授業の教師は日本語母語話者ですか。その教師にどのような指導を受けましたか。**該当のアルファベットに○をつけ、( )には、書く際に想定された読み手を、下の①から⑨の中から適当なものを選んで入れてください。複数選択可。**
[日语写作课的教师是日籍教师吗？进行了哪些项目的指导？请在相应的选项上画○, 并在括号中填入相应的指导项目的号码。可多选。]
A 日本語母語話者[日籍教师] (指導項目:)
B 中国語母語話者[中国教师] (指導項目:)
C 両方[两者都有] (指導項目:)
D その他[其他] (具体的に: 指導項目:)

①文字表記や書式（文字、句読点、原稿用紙の使い方など）
［书写方法和格式（字、标点符号、稿纸的使用方法等）］
②パソコンにおける日本語入力等の方法 ［日语输入法等电脑中的应用］
③適切な文体の選択（文章の目的に合った文体の選択、話し言葉と書き言葉の差異の区別など）
［正确的文体选择（对与文章的目的相适应的文体的选择、对口语和书面语之间差异的区别等）］
④日本語の使い方（文法、表現の的確な使用など） ［日语的用法（语法、语言表现的正确应用等）］
⑤文章の全体的な構成、論理展開（章立て、段落内の構成など）
［文章的整体结构、逻辑展开（谋篇布局、段落内的结构等）］
⑥文献・資料の収集方法や引用方法 ［文献・资料的收集方法和引用方法］
⑦テーマについての十分な理解 ［对题目的充分理解］
⑧内容のオリジナリティー ［内容的独创性］
⑨その他（　　　　　　　　　　　　　　　　　　　　）

11. 日本語の作文授業で受けた指導は十分であったと思いますか。［你认为在日语写作课上所受的指导充分吗？］
① 十分であった[充分]
② 十分ではなかった[不充分]
③ なんともいえない[不清楚]

12. **11. で②、③を選択した場合**、その理由はなんですか。日本語の文章を書くために、さらにどのような指導が必要だと思いますか。思いついたことを自由に書いてください。**中国語使用可。**
［在11. 中选择②、③的请回答此问题。选择的理由是什么？你认为在日语写作中，还有哪些指导是必要的？请随意写下你的建议和想法。可使用中文。］

13. あなたは日本語で文章を書くとき、特にどのようなことを重視して

いますか。**複数選択可。**［你用日语写作的时候，特别重视哪些方面？可多选。］

①文字表記や書式（文字、句読点、原稿用紙の使い方など）
［书写方法和格式（字、标点符号、稿纸的使用方法等）］
②パソコンにおける日本語入力等の方法［日语输入法等电脑中的应用］
③適切な文体の選択（文章の目的に合った文体の選択、話し言葉と書き言葉の差異の区別など）
［正确的文体选择（对与文章的目的相适应的文体的选择、对口语和书面语之间差异的区别等）］
④日本語の使い方（文法、表現の的確な使用など）［日语的用法（语法、语言表现的正确应用等）］
⑤文章の全体的な構成、論理展開（章立て、段落内の構成など）
［文章的整体结构、逻辑展开（谋篇布局、段落内的结构等）］
⑥文献・資料の収集方法や引用方法［文献・资料的收集方法和引用方法］
⑦テーマについての十分な理解　［对题目的充分理解］
⑧内容のオリジナリティー　［内容的独创性］
⑨その他（　　　　　　　　　　　　　　　　　　　　）

14. あなたは日本語の文章作成で何が難しいと感じていますか。**複数選択可。**
［你在日语写作中，在哪些方面觉得困难？可多选。］
①文字表記や書式（文字、句読点、原稿用紙の使い方など）
［书写方法和格式（字、标点符号、稿纸的使用方法等）］
②パソコンにおける日本語入力等の方法［日语输入法等电脑中的应用］
③適切な文体の選択（文章の目的に合った文体の選択、話し言葉と書き言葉の差異の区別など）
［正确的文体选择（对与文章的目的相适应的文体的选择、对口语和书面语之间差异的区别等）］
④日本語の使い方（文法、表現の的確な使用など）［日语的用法（语法、语言表现的正确应用等）］
⑤文章の全体的な構成、論理展開（章立て、段落内の構成など）
［文章的整体结构、逻辑展开（谋篇布局、段落内的结构等）］
⑥文献・資料の収集方法や引用方法［文献・资料的收集方法和引用方法］
⑦テーマについての十分な理解　［对题目的充分理解］
⑧内容のオリジナリティー　［内容的独创性］
⑨その他（　　　　　　　　　　　　　　　　　　　　）

15. 大学入学後は、日本語以外の言語でどのような文章を書いていますか。**該当番号に○をつけ、(　)には、書く際に想定された読み手を、下のAからHの中から適当なものを選んで入れてください。複数選択可。**
[上大学后，除日语以外，你用其他语言写过哪些文章？请在相应的选项上画○，并在(　)中填入代表写作时所设定的读者的英文字母。可多选。]

①伝言メモ　[留言条]
　想定された読み手　[设定的读者](　　　　　　　　　)
　題目/主な内容　[题目/主要内容](　　　　　　　　　　　)

②手紙文(□電子メール　□手書き)
　該当箇所にチェックを入れてください。
　[信件](□电子邮件　□手写)请选择对应选项。
　想定された読み手　[设定的读者](　　　　　　　　　)
　題目/主な内容　[题目/主要内容](　　　　　　　　　　　)

③感想文(読書や映画鑑賞の後に書く文章)[读后感/观后感]
　想定された読み手　[设定的读者](　　　　　　　　　)
　題目/主な内容　[题目/主要内容](　　　　　　　　　　　)

④意見文/論説文　[议论文]
　想定された読み手　[设定的读者](　　　　　　　　　)
　題目/主な内容　[题目/主要内容](　　　　　　　　　　　)

⑤説明文(例:「私の一日」「中国の祝日」)　[说明文(例:《我的一天》《中国的节日》)]
　想定された読み手　[设定的读者](　　　　　　　　　)
　題目/主な内容　[题目/主要内容](　　　　　　　　　　　)

⑥課題レポート/調査報告　[课题小论文/调查报告]
　想定された読み手　[设定的读者](　　　　　　　　　)
　題目/主な内容　[题目/主要内容](　　　　　　　　　　　)

⑦卒業論文　[课题小论文/调查报告]
　想定された読み手　[设定的读者](　　　　　　　　　)
　題目/主な内容　[题目/主要内容](　　　　　　　　　　　)

⑧自己PR等、就職のために書く文書と添書(□電子メール　□手書き)
該当箇所にチェックを入れてください。[自我评价等求职时应用的文章及所附的信件(□电子邮件　□手写)请选择对应选项。]
　想定された読み手　[设定的读者](　　　　　　　　　)
　題目/主な内容　[题目/主要内容](　　　　　　　　　　　)

⑨研究計画書等、進学に必要な文書と添書（□電子メール　□手書き）**該当箇所にチェックを入れてください。**［研究计划书等时应用的文章及所附的信件（□电子邮件　□手写）请选择对应选项。］
　想定された読み手　［设定的读者］（　　　　　　　　　　）
　題目/主な内容　［题目/主要内容］（　　　　　　　　　　　　　）
⑩その他　［其他］（　　　　　　　　　　）
　想定された読み手　［设定的读者］（　　　　　　　　　　）
　題目/主な内容　［题目/主要内容］（　　　　　　　　　　　　　）

A 授業の先生　［老师］ B 中学・高校時代の友人　［初中・高中时的朋友］ C ルームメート　［室友］ D 日本人の友人　［日本朋友］ E 家族　［家人］ F アルバイト先の同僚/上司　［打工处的同事/上司］ G 就職を希望する企業等　［求职的企业等］ H その他　［其他］（　　　　　）

☆日本語学習の動機について☆

16. 日本語を専攻した理由は何ですか。**複数選択可**。［你为什么选择日语专业？可多选］
①日本語・日本文化に興味がある　［对日语・日本文化感兴趣］
②大学受験時の先生や友人の薦め・親の希望　［高考时老师及朋友的推荐・父母的希望］
③将来の就職のため　［为了将来的就业］
④当初希望した専攻に進学できなかったため　［高考时未能升入所报的其他专业］
⑤その他　［其他］（　　　　　　　　　　　　）

17. 将来はどのような進路に進みたいと思っていますか。［大学毕业以后你打算做什么？］
①中国の大学院に進学［在中国读研究生］
②日本の大学院に留学［到日本读研究生］
③中国で就職［在中国就业］
④日本で就職［在日本就业］

⑤その他の進路[其他打算]（　　　　　　　　　　　　）

18. **17. で①、②を選択した場合**、具体的にどのような専門分野を目指していますか。**複数選択可。**
[在17. 中选择①、②的请回答此问题。你的目标具体是什么专业？可多选。]
①日本語学[日语语言学]
②法学[法学]
③日本文学[日本文学]
④経済学/経営学[经济学/企业管理学]
⑤社会学[社会学]
⑥日本語教育学[日语教育学]
⑦その他[其他专业]（　　　　　　　　　　　　）

19. **17. で③、④を選択した場合**、具体的にどのような仕事をしたいと思いますか。**複数選択可。**
[在17. 中选择③、④的请回答此问题。你具体想从事什么工作？可多选。]
①旅行社/航空会社[旅行社/航空公司]
②外資企業/合弁会社[外资企业/合资企业]
③政府機関[政府机关]
④日本語教育機関（大学、専門学校等）[日语教育机构(大中专院校)]
⑤その他　[其他工作]（　　　　　　　　　　　　）

☃ご協力どうもありがとうございました。☃

付録3

博士論文調査協力者募集のお願い

私は日本の大阪大学大学院言語文化研究科博士後期課程2年に在学している劉偉と申します。中国人日本語学習者のライティング力を向上させるために、アカデミック・ライティングの基礎段階の文章構造について研究しています。現在、博士論文のデータ収集のため、中国の大学における日本語専攻のライティング教育について調査をいたしたく、協力者を募集しています。皆様には下記の要領で、ぜひご協力頂ければありがたく存じます。

○ 応募条件

1. 中国の4年制大学に在学し、日本語（文化、文学、経済、異文化コミュニケーション等）を専攻している3、4年生（2004年或は2005年入学者）。
2. 日本語による文章作成および録音インタビュー（日本語、中国語のどちらでも可）の依頼に積極的に応じてくださる方。（詳細は、**協力内容**を参照）
3. 協力内容に関して後日不明な点がある場合、電話やE-mailなどで連絡が取れる方。

○ 協力内容

作業1: 日本語を使用して、こちらで提示したテーマで600字～800字の文章を2編作成する。時間制限はあるが、完成できない場合は、当日中提出可。

作業2: 作業1で作成した文章について、こちらで配布した評価基準に基づき自己訂正を行う。時間制限はあるが、完成できない場合は、当日中提出可。

作業3: 文章作成のプロセスや訂正箇所等について、録音フォローアップ・インタビューを受ける。

場所: 大学キャンパス内（こちらで指定させて頂きます）

時間: 作業1　土曜日 or 日曜日（およそ3時間前後）
作業2　作業1の次の土曜日 or 日曜日（およそ3時間前後）
作業3　作業2終了後1週間以内のご都合のいい時間帯（およそ30分前後）

○ プライバシーの保護

今回の調査資料・結果は研究の目的以外には使用しません。また協力者のプライバシーに関する事柄は全て匿名（仮名・イニシャル）で表記し、プライバシー保護には十分な配慮をします。テープなどの資料は、筆者と筆者の指導教員のみが見るものとし、許可なく第三者の目に触れることは絶対にありません。

○ 謝礼他

調査協力者には、文房具や謝金などの薄謝をお渡しします。
協力者にはフィードバックをし、今後の日本語のライティング等についてアドバイスをさせて頂きます。

○ 応募先

劉　偉　Tel
E-mail

☺ご応募を心よりお待ちしています☺

付録4

調査協力承諾書

私は劉偉の博士論文のための調査の目的と内容を理解し、協力することを承諾します。

年　　月　　日

氏名

サイン又は印

連絡先

電話番号

E-mail

付録5

初回作文サンプル

テーマ　自分の外国語学習の方法　　　**学年**

18:00 − 19:11

　外国語学習と言えば、つい聞く、話す、読む、書く、訳すという五つの基本的な能力を思い出した。私は大学入学から日本語の勉強を初めたのである。初めの時、日本語学習経験が少しもなかった私は先生の言う通り勉強しかできなかった。一年生の時、「一年生は読む力、話す力、聞く力を練習しなければなりません。二年生や三年生はおもに話す力、書く力と訳す力を練習すべきです。」と先生は言った。

　だから、一年生の時は毎日教科書の前文と会話などをくりかえし読んだ。今から見れば非常に簡単な会話だけど、毎日クラスメートと何度も練習した。ヒヤリングの能力を高めたいから、ラジオでNHKなどの日本語番組を聞いたこともある。でもやはり何も聞きとれなかったから、あきらめたしかない。一年生の時、特に前半の頃は教科書の内容を十分に身につけた。

　二年生の時は話す能力を高める時期だと思う。教科書を十分に理解し運用できる上に、より多くの中国語か日本語で書く、日本の習慣と風物などを紹介する本を読むのは日本語の勉強にとても有利だと思う。それに、日本の番組を見るのも日本語の能力を高める。日本のことを多くて深く理解できれば、日本語能力が高くなれるのだ。

　三、四年生の時、重要的なのは話す力だけでなく、書くことと訳すことも訓練すべきだ。私は日本の事情を内容とする練習をすすめる。四年間日本語を勉強しても、日本のこと、特に日本人の考え方は私たちにとってはやはり難しい。全部ではなくて、ただ日本の事情は主な内容として、日本語能力を高めるのを目ざして、聞くこと、話すこと、読むこと、書くことと訳すことを練習すべきのである。

テーマ　自分の外国語学習の方法　　　学年

　外国語学習の方法と言えば、人によって違うはずである。自分にふさわしい方法を見つけたら、外国語を身つけることは易くなる。これから四年間の外国語の勉強を通して、自分の方法を説明させていただく。

　一つの外国語をよく身つけようとしたら、まず、それに趣味を持つべきである。もし趣味がなければ、どんなに努力しても、何の役にも立たない。この趣味を持てから、方法が出てくる。外国語学習と言えば、五つの部分を離れない。聴解、話す、朗読、書く、訳す。まず聴解から説明する。聴解は一日の努力からできたものではない。長い期日がつもったものである。それと、毎日練習するべきである。放送を聞いたり、テレビを見たり、日本語を聞こえることこそ、それは大事である。また、聞く時間は人によって違う。だから、自分に適合する時間を自分で決めたほうがいい。

　次ぎは話す。暇な時、友達とか先生とか、一緒に喋べたり、話し合ったりする。もし機会があれば、日本人と喋べるのはとてもいい。話せるだけ話せる。暇があれば是非話してください。

　それから、朗読。私の場合は、毎日朝六時から習った文章を朗読する。一時間半くらい続ける。晩になると、7時から8時まで朗読する。朗読するのはやはり自分の日本語の語感を練習する。

　書くと言えば、毎日日記を書くことができる。文語について、あるいは、文章の結構について、役に立つ。また、多くの文章を読むことは書くにとって、多きな役に立つことができる。

　最後は訳す。それは大量の単語、知識が需要である。だから、単語のつもりがとても重要である。普段は大量の単語をつもって、いろんな本を読んで、自分の知識面を広める。

　以上は、自分の説明である。

テーマ：自分の外国語学習の方法　　　　学年

　高中で英語を専門にして、勉強していましたが、それに、大学で新たな外国語—日本語を専門として、学んでいます。自分の経験から見れば、外国語学習というものは容易にできるものではないと思います。
　特に、~~自分~~この三年間ぐらいの日本語勉強を振り返えると、失敗いっぱい、とても苦しいプロセスだと思います。
　初めて、日本語を勉強した時、英語と大きな違いがある、ということに気付きました。発音でも、文法でも表現の習慣でも、皆随分違います。どうやって日本語を上手にできるようになるのか、悩んでいました。
　先生の指導により、だんだん日本語に馴染みました。まずは、新たな態度で日本語を扱います。日本語は英語と違いますので、英語に対する学習方法はたぶん当らないだろう。だから、ちょうどいい習い方を見付けるのは必要なんです。次は、できるだけ、日本に関することを勉強すべきです。ごいや文法ばかり学んでいれば、不充分です。日本文化や歴史などの本を読んだり、日本のドラマを見たりするのはよいではないだろうかと思います。日本のことがいろいろ分かれば、日本語への興味はいっそう深くなります。そして、日本のドラマを見ると、たくさんの日本語らしい表現を習えます。それ以外、練習は重要な役割を果せます。練習を通じて、ごいや文法への理解を強めます。そして、練習があってこそ、非常に似ている文法や表現を掴めます。たとえば、最初は「ご苦労さま」と「お疲れさま」この両つの表現に対して私はまり分かりませんでしたが、友達との練習によって、分かるようになりました。だから、練習は外国語学習に欠せないものです。
　以上は私自身の外国学習の方法ですが、皆にちょうどいい方法ではないかもしれません。自分の考えによって、~~方法~~適当な方法を捜すべきです。

テーマ 学業成績の優秀な人は必ず適切な就職先が見つかるか 学年

　大学を卒業して、理想の仕事を見つけるのは大学卒業生の願いだ。自分に適切な就職先を見つけるのはいろいろな工夫が必要だ。その中に、大学の学業成績は企業に入る踏み台といわれている。しかし、学業成績の優秀な人は必ず適切な就職先が見つかるか。十数年の前はそれが事実だが、今は大分違うのだ。

　以前、大学に入る学生はとても少なくて、入られる学生はとても優秀なので、一生懸命勉強した。その結果、学業成績が優秀なのは言うまでもない。当時、高学歴というのは大学を卒業するのだ。多くの会社は新人を雇用する時、学歴を重んずるのだっだ。だから、学業成績の優秀な人は容易にいい就職先を見つけた。

　しかし、大学教育が普及するにつれて、その見方は変わていく。今、学業成績の優秀な人は必ずしも適切な就職先が見つからない。学歴を重んずる時代はもう消えてしまった。学歴より能力の方が重要だと考えられている。現在人材を求める時、学業成績が基礎で、その上、もっと優れた能力が必要だ。例えば、他人と付き合う能力、自分の意見をうまく伝える能力、他人と協力能力などは多くの会社が要求する。学歴成績だけ優秀でも、それらの能力を欠けるのは適切な就職先を見つけるになかなか難しいことだろう。一生懸命勉強しても人と付き合いは苦手な大学生は少なくない。会社に入って、大学で勉強した知識が全部使えるわけではなく、改めて会社が要求されたことを勉強し始めると言われている。それで、学歴成績が優れたのは必ずしも学習能力が高いとは言えない。それを頼りに、この人が本当に優秀な人材というのはなかなか判断できない。そういう風に、現在、会社は人材を求める時　普通の見方だと思う。

　このように、学業成績の優れた人は必ずしもいい就職先が見つからない。人の優秀かどうかはいろいろな方面から判断するのだ。

テーマ　大学でのアルバイトは学業にどのように影響するか。　学年

　今いろいろな大学生はアルバイトをする。もしアルバイトをする時間が多くなるなら、勉強する時間は必ず少なくなる。このように大学学業にどのような影響を出るか、今話そう。

　事物は両面性があるから、アルバイトは学業への影響にいいことと悪いこともある。

　まずアルバイトは学業へのいい影響を話そう。アルバイトをするとお金を稼ぐことができる。お金があれば自分の学費と生活費を心配しない。それなら落ち着いて大学で勉強する。そして、アルバイトをする時、授業中にない知識を勉強できる。自分の社交能力や眼力などの能力を充分に鍛えることができる。それにアルバイトをするなら勉強する時間が少なくなるから、大学生は時間を有効に使い、学習の効率をよげることが分かる。これによってよい成績を修める。

　しかし決して全部の大学生は学習時間を有効に使うことが分かることではない。ある大学生はひたすらアルバイトをし、お金を稼ぐと、学業がおろそかにする。それからアルバイトをすると身が疲れることになり、学習の精力がなくなってしまう。そして、ある人はアルバイトを大量前にすると勉強する時間はほとんどないである。これによって学業をだんだんおろそかにすると、学業試験あるいは資格証明書の試験がパスできないと、卒業する時仕事を探しない。自分の前途に影響する。

　だから学業に影響しないことを前提としてアルバイトをしたほうがいいである。両者の関係を正確に扱あなければならない。

付録6

推敲作文サンプル

名前：	学年：3年	テーマ：課題2③

「今日、アルバイトをしましたか」という挨拶は~~もう流行になった。大学生の間にアルバイトが~~流行している。多くの人が大学生のアルバイト現象に対し反対な意見を出した。彼らは「大学生の責任はすべて勉強を中心にし、アルバイトなんか悪影響を与えられる~~のは当たり前のことだ~~」と思う。しかし、私はそう思わない。学習に悪い影響を与えられる同時、大学でのアルバイトはいい影響も与えられる。~~しかし、いい影響がよく見られる。~~

大学で毎日本を読むのはつまらないものである。本から身につけた知識がなかなか理解し難い。社会に出て、実際の生活にその知識を運用したい。だから、アルバイトをしたい大学生が増え続ける。もし毎日そう~~考える~~ばかり、授業の粋が身につけるのが無理なことであるかもしれない。そして、今の大学生が最初見付ける仕事は専門に関してものではない。ただ家庭教師などの仕事である。それは自分の毎月の生活費を儲けるため~~だ~~~~の~~である。そうすれば、自分の専門知識を固めないかもしれない。学習に悪い影響を与えられる。

大学に入って、毎日よく勉強して、自分の知識を固めた後、専門に関してアルバイトを探せるのは学習にいい影響を与えられると思う。丰富な知識を持って、社会に出たら、得難い経験をつむのはなかなか忘れがたい。自分の能力を高められ同時、人生の体験も丰富される。今後社会人になることにとって、いいことだと思う。

大学でアルバイトをするのはいい経験だと思う。それを通じて、家庭の負担も減少することができるし、得難い経験をつむこともできる。大学生は学習とアルバイトの間にあるバランスをつかむことを学ぶべきだ。そうすると、一挙両得のことができる。専門に対してアルバイトは会社に入る踏み台である。そうから見ると、大学でのアルバイトは学習に悪い影響よりいい影響を与えられるでしょう。

名前	学年：3 年	テーマ：課題 1①

小さい時、二つの小学校で勉強した経験があった。つまり、転校生になったことがあった。

一年生のごろ、私は石家荘市草場街小学校で勉強した。私の家が同区の中華南街にあった。草場街と中華南街は、工農路に橋のように接された。

毎朝７時半頃、自宅から自転車をかけて出発した。まず中華南街に沿って、北の方へ行って、そして市立供电局を経るから、約五分をかかって、十字路に達する。それは中華南街と工農路の交差点だ。この時西の方へ転じて工農路に入っていく。この路の両側せたくさん八佰屋があったので、ちょっと狭そうに見えた、だ。これらの八佰屋さんを越して、第三番目の十字路が見えるまでの後まだ北の方へ行く。その街は草場街だ。私の小学校が交差点の北、やく百メートルにあった。

二年級になると、転宅とともに別の区の小学校に入った。この小学校が自宅との距離がよく短いから、歩くいでもいい。家の窓を通に学校が見えた。私は自宅と学校は同じ街にあったのだ。

面白いことながら、中学校はまたこの街にあった。でも、小学校より少しも遠いだと思う。まず小学校を越し、また十分ぐらいで到着できた。十字路の付近にあったし、ある商業銀行に対した。

これ以上は母校である小学校または中学校から自宅までの行き方だ。

名前	学年：3年	テーマ：課題2③

昔、女性の使命は夫を支え、子供をしつけることだと思われた。仕事や勉学より家庭のことを優先すべきであった。私は納得できなかった。女性もいろんなことができるし、男性のように仕事や勉学を優先してもいい。もちろん、家庭のことを無視するわけではない。

私は小学校から勉学を第一位にしてきた。小さいことから親に言われた。「女の子でも知識を習んで、将来いい仕事を見つけて自立すべきである」と教えられた。母も父も共働きして、家庭を支えている。いつも残業して、時々父が家事をする。父は「母も夢がある。働いて夢を叶うのはすごいでしょう。夢を叶うには男女の区別がない」と言って、母を支えて、私の世話をしてくれた。もちろん、母も家庭のことを考えている。働いて、お金を稼いで、もっといい生活を目指している。家にもっと幸せな生活を送るように頑張っている。

母の姿を見ると、私は頑張らなければならない気がする。女性も勉学や仕事をして、自分の夢を実現することができる。家庭のために、自分のやりたいことをあきらめて、それは悔しいであろう。男性なら、全力で自分のやりたいことをやってもかまわないが、何故女性ならあきらめるか。家庭のことも大切であるが、勉学や仕事などやりたいことも大切であろう。伝統観念を破って、女性でも自分のやりたいことを優先すべきであると思う。たぶん家庭のことは一番やりたいことだと思う人もいるが、それを優先してもよいであろう。要するに、女性は自分の一番やりたいことを優先すべきである。

名前	学年：4年	テーマ：課題1③	

「興味はいい先生」ということわざがある。

小学四年から英語の勉強が始めた。~~新たなものとして、その勉強は何の抵抗感もなく好きだったので~~、英語が好きになったから、順調にすすめられるのであった。学習の方法というのは、~~全く~~そんなに重視しなかったが、ただ毎日よく聞く、よく話す、よく読書する、よく書く、四つの先生の口での「外国語学習のコツ」をすれば、良い成績を取れるのは容易だった。~~今考えれば、小学校の先生は成績がそんなに重視せず、子供たちを英語の好きな道に導くのである。~~

中学校は違って、大量的な宿題がある。ただの好き、または前の積み重ねは十分ではなくなった。その時、勉強の自主性が重要だった。私は教材のほかに、英語に関する新聞やニュース、雑誌を沢山読み、英語のドラマもよく見たのである。そして、「英語コーナー」という外国教師と~~話せる~~交流できる活動を参加し、本場の英語ができたのである。

高等学校の時、私は外国語学校に転校した~~ことがある。英語の強い学生たちのために全英語教育が始めた。大学への進学の競争は激しすぎで、外国語学校の特長を生すために、書けきれない宿題があった。でも、始めは辛かったと思ったが、机械的な練習に英語に潜んでいる規則が見つけられた~~。宿題をできるだけすべて真剣にして、先生のペースによって授業の前に予習し、後はよく複習するのは必要だと思う。

全自主化になった大学~~に~~では、英語の授業がなくて、そして国内英語テストの内容は全く勉強しなかったから、図書館や本屋に行ってそれについての本を読んで、単語を暗記しなければならない。単語を覚えるために、文を作るのはいい方法だと思う。

~~大学は日本語専門で~~、卒業してから、英語の力を強めたいと思って、香港のような英語が通用する所へも行きたい。いい勉強の環境も重要だという経験だから。

一言いえば、ずいぶん適当な学習方法かもしれないが、自分に合う方法で何よりも マイペースで すすめれば 一番いいと思う。

名前	学年：4年	テーマ：課題2

大学でのアルバイトは学業にの影響がよいかよくないかアルバイトの種類によって違うと思う。日本語学科の学生であれば、専門関係のアルバイトをすれば、学業によい影響をもたらす。それ以外のアルバイトをすれば、時間のむだづかいではないか。

今隣に座っているその同じ文章を書いている呂さんと私を例として説明したい。

呂さは一年生と二年生の時、アルバイトをしなかったようである。授業以外の時間、いつも図書館で勉強していたそうである。私の場合は、一年生と二年生の時、学生会と学校にあるコーヒー屋にのアルバイトに夢中していた。日本語を勉強する時間がなかった。ちょっと本末転倒だと思う。

三年生の時、呂さは交流学生として、日本に留学した。私は日本語をちゃんと勉強したくても、どうしても進められな~~いようである~~。基礎がよくないから、言いかえれば、大学に入った時の私たちは、日本語能力が大体同じであった。その前皆だれでも日本語を勉強したことがないから。だけど、今の私たちは差が大きくなる。彼女の日本語がぺらぺらしているが、私はどもりがちである。

~~私たちの例からみると、語学を専攻する学生は、語学の基礎を勉強する時、しっかりと基礎を身につけ、アルバイトなどがしないほうがいいと思う。後三年生あるいは4年生になると、時々翻訳などのアルバイトをしても大丈夫だと思う。~~

ところで、アルバイトをするのはお金を稼ぐのである。語学の学生は一年生と二年生の場合、たぶん自分の専攻と関係のないアルバイトをするしかないようである。普段、そんなアルバイトの給料は少ない。三年生になると、四年生の場合はもちろん、基礎をしっかり身につけば、翻訳のアルバイトをすれば、より高い給料をもらえると思う。例えば、広東省の場合、家庭教師をしたら、時給30元ぐらいである。日本語翻訳であれば、1日250元から400元までの給料でももらえる。それもずっと大きい差がある。

以上で、語学を専攻している大学生は、できるだけアルバイトをしないほうがいいと思う。ちゃんと勉強することが大事。

付録7

フォローアップ・インタビューのサンプル

サンプル1（318）

<table>
<tr><th>課題1</th><th>課題2</th></tr>
<tr><td colspan="2">テーマの選択</td></tr>
<tr><td>第一个，觉得是太遥远的记忆，怕自己细节回忆不清。第二个，觉得这个题目挺大的，怕内容写得空洞，所以没有尝试。第三个，因为后面说日语或其他外语，我在学习韩语，觉得自己比较适合这个题目。</td><td>第一个，因为还没有打过工，没有什么经验，怕写得不真实。第二个，我觉得可能……第三个，是直觉性地选择了第三个。</td></tr>
<tr><td colspan="2">書く前の行動</td></tr>
<tr><td>因为自己在学习韩语，就想到了韩语的一些学习方法。毕竟是日语的课题研究，只是想以韩语作为一个引子，引出自己对日语学习的一些心得。</td><td>其实在写这篇文章之前的晚上，我们在寝室卧谈了一下。正好谈到这个，大家结婚之后家庭重要还是工作重要。所以就把当时的谈话内容想了一下，把大家的观点总结了一下。</td></tr>
<tr><td colspan="2">論理展開</td></tr>
<tr><td>一边写一边想的。因为是语言的学习方法，感觉比较散。日语的发音、单词、语法、口语、听力等，一边写一边想。</td><td>因为之前就接触过这个话题，头脑中有一个大概的、算是比较清晰的思路吧。就已经想好这样的结构。</td></tr>
<tr><td colspan="2">評価基準</td></tr>
<tr><td colspan="2">有参考作用。我觉得比较重要的是文章内容先要符合标题。因为高中应试教育的影响，写语文作文的时候，老师会强调，如果文章跑题的话，即使用词再准确，分数也会很低。觉得不要离题还是很重要的。</td></tr>
<tr><td colspan="2">項目1：選んだテーマを十分に理解して、それに合った内容を書いていますか</td></tr>
<tr><td>说是客观一些，不要太主观地写出来这篇文章。
Q：文章的自我评价
我其实……好像犯了马虎的毛病。在写之前，没有看到「自分の意見を言わず」，而且我又是从我最近学韩语说起，所以会比较主观一些吧。例如，「どの外国語も発音が基本だと思います」……其实，这个好像是我本人的观点，但是，我觉得也是大家的观点。我觉得大家也是这样想的，发音很重要，发音不好的话，听力和口语都不会太好。……刚才的例子，改成「…だと言われます」就比较客观。</td><td>展述的方法比较自由，可以引用一些例子之类的。主张、论据、解说。
Q：文章的自我评价
好像还行吧。</td></tr>
</table>

（接上表）

課題1	課題2
項目2: 自分の主張や最も述べたいことは明確に示していますか	
因为题目的限制，在学习语言方法这一方面，想告诉读者的话挺多的。因为学习一门语言不是靠一两句话就能说明方法的。最想说的话没有，但是有很多想说的话。	论点是第一段第一句。
項目3: 文章に合った文体を使っていますか	
用的是敬体。其实我平常写作文的时候用的都是简体。我想这个调查可能会发表出去，比较重要，为了尊重调查人和读者，所以使用了敬体。 Q: 日语的文体 简体和敬体。	
項目4: 文章の全体的構成と論理展開は明確で適切ですか	
第一段，先以自己学习韩语为例子，算是一个抛砖引玉，引题。之后，第二段，借由学习韩语的经验，说明发音的重要性以及怎样练习发音。第三段，就是第二点，背单词。第四段是口语，会话能力。第五段，是怎样提高写作能力。最后一段，总结全篇。 Q: 第一段，自己学习外语的经历，和题目的关系？ 因为，第一段写出了学韩语的经历，写的是因为自己太自负，开始不太认真学发音，引出发音是很重要的。 Q: 关于发音的论述中，哪些是自己的方法？ 「テープを聞きながら発音を練習する」是方法。 Q: 句子中的表述是「…を練習することはもっとも重要だと思います」，是意见还是方法不明确。 Q: 分段的标准？ 生词的地方，我写的是怎样记住生词。这里主要是强调记下来、写出来，跟发音就分开了。口语、会话能力和写作能力，这本来就是两个方面。 Q: 会话能力和写作能力这样的“……能力”的分类标准是一类的，发音、生词这些的分类标准是一类的，两者标准不同。 前两个是最基础的。先是发音正确才开始背单词。之后才能连成句子去说。具备了一定的说和听的能力，写出来才会准确。 Q: 从最基础的开始，水平慢慢往上走，这样的思路吗？ 是的。先以基础开始，像盖金字塔的感觉吧。 Q: 最后一段，和题目的关系？ 因为……其实无论用什么方法，其中都有努力在里面，把以上四段的共同点提取出来，加以强调。既是平时做的，又是自己的感想。 Q: 如果改成「私は外国語を身につけるために日々努力しています」？ 这样改是什么意思？是强调自己的决心吗？也表示自己也在这样做吗？	第一段，提出论点。第二段，因为我觉得家庭更重要一些，说了家庭的重要性，家庭为什么重要。第三段，说出以家庭为重的合理性。最后一段，总结以上第二、第三段。 Q: 第二段是家庭的重要性，它和论点的关系是什么？ 论点是家庭的重要，第二段说的是家庭为什么重要。因为在这一段还不想比较这两个方面。 Q: 第二段的「家族」和「家庭」，为什么用「家族」这个词？ 「家庭」指一家几口人，「家族」可能会包括上一辈，下一辈，比较温暖。 Q: 第三段两个词都用了。和「女性が家庭にいるべき」「家庭の暖かさ」的关系？ 因为这一段，首先说“男主外，女主内”，为什么女性更应该在家里，因为女性会把家庭的所有人照顾得更好。比起男性来说也更适合在家里，做一些家务。女性以家庭为先，无论对孩子、丈夫还是自己都会有更大的好处。 Q:「家庭の暖かさ」和「女性は家庭を優先すべき」的关系？ 我强调的不是「家庭の暖かさ」，而是女性在家里的时候的「暖かさ」，就是说，女性在家里的「暖かさ」比男性在家里的「暖かさ」更「暖かい」。

（接上表）

<table>
<tr><td>課題1</td><td>課題2</td></tr>
<tr><td colspan="2">再推敲の修正方針</td></tr>
<tr><td>可能在学习的方法方面会再加一些内容。因为这四段当中，主要强调每项重要性的句子也很多，陈述的句子内容还是少了一些。如果重新写的话，强调方法的内容还是会加强一点吧。</td><td>最后一段提到了「高い地位、たくさんの財産」，强调工作和学习对女性不太重要这一点，可能会把最后一段放到前面，第三段说完女性在家里会把家照顾得更好，使家庭有温暖，与女性工作的家庭的感觉做对比，再着重强调一下吧。</td></tr>
<tr><td colspan="2">書き易さ</td></tr>
<tr><td colspan="2">如果很客观地说的话，应该是课题1更顺手。这个题目都是自己身边经常接触的东西，所以比较熟悉。但是课题1比较松散，课题2因为之前头脑中已经有论据等，在写的时候还是感觉课题2更顺手。</td></tr>
<tr><td colspan="2">普段の作文</td></tr>
<tr><td colspan="2">因为之前受中文作文的影响，老师都不提倡去抄作文，或者借用一些比较好的文章。所以在写日语作文时，都是在自己头脑中组织句子。但是最近发现，这样对自己日语作文能力提高不是很快，也开始着手看一些作文书、报纸、杂志之类的。可以把上面的句子变成自己的句子写出来。
写好以后，平时不会修改，考试的时候会修改。参考老师的修改，学一些词的搭配或者词的用法，体会汉语和日语的差别，例如专有名词。修改后会记住自己的错误。</td></tr>
<tr><td colspan="2">感想</td></tr>
<tr><td colspan="2">因为不是自己做这项调查，所以没有意识到重要性。通过今天的访问，学到了很多东西。在写作方面真的有很大的帮助，特别是关于审题以及怎样去布置段落结构和扣题方面。</td></tr>
</table>

サンプル2（337）

<table>
<tr><td>課題1</td><td>課題2</td></tr>
<tr><td colspan="2">テーマの選択</td></tr>
<tr><td>第一个，从小学到中学我从家里到学校基本上只花几分钟时间，也不用过马路，基本上没有任何可描述的。第二个，参考后面的信息，我觉得好像没有什么自己的东西。第三个，我觉得可以说一些自己的东西，跟别人不同的。</td><td>因为第一个以前写过很多次，也写不出其他更有新意的。第二个，我也在想这个问题，没有办法得出很确切的答案。第三个，从去年开始有点在考虑这个问题，看过很多日剧，『働きマン』『姉っこ』等，感觉虽然还没有到考虑这个问题的时候，但是已经预见了以后会遇到，所以就考虑一下。</td></tr>
</table>

（接上表）

課題1	課題2
書く前の行動	
回顾了一下从大一入学开始是怎样学习的。因为以前也会有很ばか的学习方法，我把那些排除掉了，提炼出了一些有效的、对自己有用的方法，写了出来。	回顾了一下看过的日剧，然后把自己投身到里面想象了一下，自己遇到这种情况该怎么办。然后想了一下社会上别人的看法。比如一些特立独行的新女性出来后社会是怎么评价的，然后把自己的想法稍微总结归纳了一下。
論理展開	
基本上是一边写一边想的。写得离题太远的时候，只好想办法把它拽回来。因为从小就没有写提纲的习惯，也会经常什么都不想就开始写，可能会很难，之后写得很流畅就会收不了尾，这是我的一个很大的欠缺。	
評価基準	
我基本上是参考这样来改的。可是……我不太会改文章。虽然我知道应该这样，可是在实际的操作上我还是感觉不是很得心应手。	
項目1: 選んだテーマを十分に理解して、それに合った内容を書いていますか	
我觉得应该重视“具体的方法”。不是自己的评价之类的，主要是描述性质的文章，而且是说理的文章。并不是我感觉到学习有乐趣，而是我怎样去学习的具体的、客观的内容。 Q: 文章的自我评价 一般。因为我经常会夹叙夹议。从小就养成了这样的习惯，说出了这样一种方法后，就一定会说它对我有什么帮助，我从中得到了什么。纯议论、纯叙述的话我还是有欠缺的。 Q: 具体例子 “一年级上学期的时候主要是五十音图的记忆，非常枯燥。重复发音练习之后，对五十音图就记住了。这个阶段我觉得非常重要。”我觉得这是议论。	这是一个论说文，就是把自己的观点明确地表达出来。 Q: 前面的课题提示 ……我没有注意到这里。……这三个都已经有。
項目2: 自分の主張や最も述べたいことは明確に示していますか	
我觉得应该是最后的一段。这是我的一个议论。我给出了初期、中期两个阶段的学习方法。但是这两个阶段的学习方法对我一个人而言都是很有用。有可能别人按照这个方法学习，但是并没有收到预期的效果，所以我觉得还是要因人而异，因材施教。要选择适合自己的方法。	基本上这篇文章我写的时候也是比较慌乱的。因为写完第一篇感觉脑力已经用尽了，而且我写这种议论文，没有特别的哪一段说出自己的论点。所以现在来看的话，估计……一定要找原文的话，应该是第三段倒数第三句「現在の女性は…責任を負うのである」。

（接上表）

課題1	課題2
項目3：自分の主張や最も述べたいことは明確に示していますか	
Q：题目是“自己的外语学习的方法”，最想告诉读者的是“要因人而异……”？ 也可以这么说吧。我作为过来人的感觉，说出我的方法是很有效的，可是如果你照我的做了没有收到成效，我不负责。这是一个开脱责任的做法。	Q：论点和题目的关系？ 关系在于……因为我觉得，女性之所以从前开始就为了家庭牺牲其他方面，主要是社会观点的关系。在应该以家庭为重的观念的强迫下，牺牲了其他方面。但是我觉得女性一生其实没有为自己而活。所以现在女性应该是为自己而活的。自己做的事情自己来承担，不需要去依靠其他人。以前女性依靠其他人是因为自己没有事业，只在家庭里面，所以其实没有真正地为自己活。但是现在女性有了自己的事业。经济基础决定上层建筑，有了自己的经济基础之后，就可以用自己的意识去决定很多事，不会被其他所左右。我大概就是想表达这样的观点。
項目4：文章に合った文体を使っていますか	
我觉得目前比较需要克服的一点就是，我对哪种文章要用哪种文体有点弄不清楚。 Q：日语的文体 首先写在书面上的不应该是「です、ます」应该是「である」这一类的。我就尽量用简体。但是我觉得不应该这么简单粗暴地来划分。例如，一篇说明文应该是怎样的，一篇记叙文应该是怎样的，一篇议论文应该是怎样的，这些我弄不清楚。我现在只是很简单地用「である」，但是我觉得有点不太对劲。	60分吧。我觉得自己陷入一个怪圈，只要写作文一定是「である」，我自己已经很厌烦了，可是没有办法改掉，因为我不知道其他的方法。
項目5：文章の全体的構成と論理展開は明確で適切ですか	
第一段，我写了些这篇文章的意图。就是告诉读者学习日语的方法，为什么是学习日语的方法，是因为我的专业是日语。第二段，基本上讲的是我觉得最重要的方法，最重要的时期，也就是五十音图的时期应该用什么方法。具体方法是，没有近道可走，必须死记硬背。第三段，克服了这一点之后，次于这一点但依然很重要的，就是听和说，怎样攻克这两点。要提高听力水平的话一定要把自己处身于那种环境下。要提高口语的话一定要说，并且跟能够熟练、准确使用日语的人说，如果实在找不到的话就从模仿开始，模仿也是很重要的。最后一段，在开脱责任，就是说我觉得这两种方法有用，但总的来说还是要选择自己适合的方法。	第一段，是社会对女性的态度的根源，认为女性应该为了家庭抛弃其他的根源来自封建制度，被儒学所影响。第二段，具体描述女性在这几千年遭受的对待。由根源到表现。例如从来都是把女性当成男性的附属品等事实。第三段，进入现代之后一方面的确有所改善，讲好的一面。但这都是表面的现象，内心深处还有以前的影响。最后一段，感觉要提醒现在社会上还抱着陈旧观念的男性，不要觉得女性还是附属品，这样的话迟早会被女性所抛弃。男性应该觉醒。

（接上表）

<table>
<tr><td>課題1</td><td>課題2</td></tr>
<tr><td colspan="2">項目6：文章の全体的構成と論理展開は明確で適切ですか</td></tr>
<tr><td>Q：第三段的句末表现，比起“自己的方法”，更像“自己的建议”。
可以这么说。因为我都说这些只是一家之言。我也不是专家，是作为一个普通的日语学习者提出的建议，是没有权威性的，所以只能说是自己的方法，所以就不自觉地加了那些。
Q：例えば、「聴解力アップするため、いろいろと練習しなければならない」这一句话，作者平时有没有在练习，从这一句话里面读不到。前提是自己是否在做这样的练习？
是的。我基本上都是以自己的亲身经验来写的。所以都是我自己做过的才这样写上去。我这么做有效果了所以我觉得这个方法好。</td><td>Q：第二、三段分别是古代和现代的事实。它们和题目的关系？
当时写到这里，我就觉得自己已经偏题了。因为我觉得，本来是想写女性应该怎样做到两立，或者分成两部分，一部分选择家庭，一部分选择事业、学业。但是写到这里我发现已经刹不住了。
Q：最后一段是在向男性讲？
我就觉得这里相当的偏题。本来应该面向女性的一个内容，但是现在好像变成了代表女性向男性宣战的一种形式。</td></tr>
<tr><td colspan="2">再推敲の修正方針</td></tr>
<tr><td>我觉得还是要考虑现状。因为目前我还是觉得这几点是最重要的。</td><td>我会按照我当初想的，女性应该怎样做到家庭和事业的两全，而不要为了什么而抛弃什么。可能会一直到第三段第三行「見事にしている」保留，后面改成，现在女性依然受到困扰，在家庭方面。因为女性也有了自己的事业，所以难免会牺牲一边，但是女性应该努力做到两全。即使热爱工作也不要完全陷入工作，还是要抽出时间来经营家庭，这样才是成功的女性。任何一边牺牲了都不能算是成功的女性。很难做到，但是一个美好的希望。男性应该帮助女性，这样才是一个现代的家庭。</td></tr>
<tr><td colspan="2">書き易さ</td></tr>
<tr><td colspan="2">说明性质的。因为说明性质的不太费脑筋，只要说明自己当时是怎么做的。感觉有一个东西摆在那里，只要表现在纸上就可以了。议论性质的话还要自己构思怎么论述，有可能写到后面发现跟前面矛盾。</td></tr>
<tr><td colspan="2">普段の作文</td></tr>
<tr><td colspan="2">我基本上没有修改的习惯，因为一般会越改越差。老师的修改，基本上是改错别字或语法上的问题。结构上不太注意。最后写评语的时候会有些关于还可以写哪些内容的建议。</td></tr>
<tr><td colspan="2">中国語の影響</td></tr>
<tr><td colspan="2">从结构方面，基本上还是用中文的知识。但是遣词造句方面，没有想到先用中文想一遍再翻译成日语。</td></tr>
</table>

（接上表）

課題1	課題2
感想	
我还是很深刻地意识到自己的不足。发现自己的很多通病。例如，从头到尾都是「である」，在写议论文的时候，前面想法还是很清晰，但是后面越写越混乱，自己都不知道在写什么。 Q: 总是用「である」是不好的？ 我觉得太多了。感觉好像名词后面用「である」，动词后面用「のである」。 Q: 别的感想 我觉得以后修改文章的时候可以参考这几点。这是一个比较好的参考，以前修改时都是看着哪里不顺眼就改一下，完全没有一个准则。	

サンプル3（329）

課題1	課題2
テーマの選択	
第三个，比较容易写。我没写过那种说明性很强的文章，所以觉得第三个会比较容易点。第一个，直接将自己看到的东西描写出来，这种题目比较难写。第二个，也是描述性比较强，我不太擅长写。	三个我都觉得比较容易写。第二个感受比较深刻。第一个，我自己没有做兼职，也不知道对学业有什么影响，我觉得大学期间应该以学业为主。第三个，我觉得现在还没有接触到这种问题。
書く前の行動	
先想了一下自己的学习方法，然后开始想要怎么写。开始想到的东西不多，就开始下笔，一边想一边写。	先把自己感受最深的写出来，再详细地分点说明。
論理展開	
我两篇文章都是一边写一边想的。	
評価基準	
我觉得这些都比较细，我修改的时候没有这么细。都是通不通顺，内容上有什么补充或需要修改的地方就改了一下。	
項目1：選んだテーマを十分に理解して、それに合った内容を書いていますか	
不要写自己的意见，把自己的方法写出来，不是议论性的而是描述性的。 Q：文章的自我分析 我觉得我写的还是有一点议论性的。一写下来就有一些议论的性质在里面了，所以我觉得还是没有贯彻这一点。 Q：具体例子 我觉得为什么我要这样做，就是在讲自己的意见。第一段「私の考えでは…高められると思う」这一句就有自己的感受。	要写自己的看法，支持论点的论据、论证。 Q：文章的自我分析 我的看法我觉得是有的，但是好像论据不是很足。

（接上表）

課題1	課題2
項目2：自分の主張や最も述べたいことは明確に示していますか	
最后一句。	第一句。
項目3：文章に合った文体を使っていますか	
Q：日语的文体 好像多数是议论文，「である」「のだ」。老师告诉我们写作文一定要用这种文体。 Q：文章的自我分析 一直都没有写过这种文章，也不知道要用哪种文体。但是老师说写作文要用「である」，所以就用了这种文体。	我觉得相符合。
項目4：文章の全体的構成と論理展開は明確で適切ですか	
第一段，先写自己的学习方法，首先是学口语性的句子。第二段，从教科书里面的内容，怎么去学日语。第一段是听，听ニュースとテレビ番組。第二段是读。第三段是总结，概括自己的学习方法。 Q：第一段按句子分析。第二句开始是方法，第一句是什么作用？ 导入。 Q：从第二句开始就是看和听？ 对。 Q：第二段，划掉了一句话。 这句话累赘了，是上面内容的重复，所以划掉了。 Q：第三段，在第一次写和第二次修改时相差很多。除了听和读，还有说。 第一段讲过，我在看节目的时候就着重学习听和自然地说，这里也算是一样的内容。修改时……我觉得这一段也是自己的想法，为什么我觉得要着重学习听和说，对于文学作品的读没有太重视。 Q：「話す」和「読む」是同一个意思吗？ 这里的「話す」是平时的日常会话；「読む」是对于文学作品的朗读。 Q：文章一共介绍了几种学习方法？ 看电视、听广播、读文学作品。	第一段，先写自己在学校里的经验，学习成绩在学校里是很重要的，但是在社会上就没有能力重要了。第二段，学校里学到的东西不一定涵括所有外面用到的东西。第三段，写一个人才，公司需要的人才，不仅是学习成绩好，还要有很多长处，对工作的热忱、勤奋等优点也需要。最后一段，也是一个总结，再一次强调了自己的论点。 Q：第一段第二、三、四句说了成绩的重要性，后面说能力的重要性。两者没有关系？ 我的意思不是不挂钩，成绩也很重要，但是工作后比成绩更重要的还有其他。 Q：第一段，基本没有讨论到成绩和就业的关系？ 是的。 Q：第二段，划掉了一句话。 这一句有点重复。第一段第一句已经明确地提出了论点，这里又提了一次，所以划掉了。 Q：第二段，说的是“能力和工作的关系” 还是“成绩和工作的关系”？ 好像没有谈到成绩和工作的关系吧。

（接上表）

課題1	課題2
項目5：文章の全体的構成と論理展開は明確で適切ですか	
Q：「話す能力」在哪里？ 应该是第一段，我也写了边看边学，就是「まねをする」，这应该是「話す能力」的一部分吧。 Q：最后一段，为什么用「ところが」？ 我上面讲的是要学文学作品，我自己也这样做，但是我不太重视。所以使用了「ところが」转折。 Q：前面用了很大笔墨谈“读”，这样的话不是否定了前面的意思吗？ 我觉得自己好像有一点是为了考试而去读文学作品，但是自己没有多大的兴趣。	Q：重新审题 是“适合自己的工作”。我觉得它和“好的工作”不一样。 Q：关于学习成绩和找到适合的工作的关系的论述在哪里？ 我写这篇文章的时候好像没有留意到“适合的”工作。 Q：第三段最后一句关于人脉作了描述，之前有吗？ 没有。我写的时候突然想到了这一点，就加了上去，但是没有展开。 Q：为什么用了「更に」？ 我想说的是，另一方面还有一个问题，就是人脉，没有想到「更に」是强调后面的内容。 Q：最后一段，偷换了概念，把之前的“工作”换成了“恰当的工作”？ 当时我没有把“恰当的”联系起来，只把学习跟找工作联系起来，并忽略了。
再推敲の修正方針	
应该也是这样。	把“适合的”跟成绩挂钩，再想一次。可能一开始还是写成绩是很重要的，但是进入社会之后成绩也比不上其他的能力。然后再写不同的职业还要有相应的知识，如果以后要想找到适合自己的工作的话，就要先在这方面努力一下，学习成绩还是不能普及每一方面。然后再写一下……把人脉扩大讲一下。因为这也是一个很重要的问题，在中国要想找到好工作不仅要有好成绩等，人脉也是很重要的。最后再总结一下。
書き易さ	
第二篇。因为自己能想到什么就写什么。第一篇要根据自己的实际情况去描述。还是写自己的想法比较容易一点。	
普段の作文	
写好后不会修改。老师通常不改，就是给一个a、b之类的分数。上课的时候，会讲一下对题目的理解，题目是关于什么的，有时候会发一些资料，然后叫我们自己构思自己写。	

（接上表）

課題1	課題2
中国語の影響	
好像没用到。中文的文章肯定要写自己的论点，然后摆出很多论据，现在写日文的文章就把自己的想法写下来，还没有用到那么多的论据。在日语中也用过名言警句等，但是要先查字典。对此老师没有作评论。	
感想	
引起我对写说明性文章的重视。平时是想到什么写什么，现在如果马上叫我写一篇说明文，我好像就写不出来。还有议论性的文章，我觉得现在好像没有什么论据，就是想到什么写什么，没有重视到论点什么的。	

サンプル4（420）

課題1	課題2
テーマの選択	
第一个，因为我家离学校比较近，没什么内容可以说的。第二个，这个图案本身我也不是很熟悉，不太了解，觉得没有什么好说的。第三个，一看就觉得比较想写，因为自己比较有心得。	这三个都比较好写，都具有普遍性。但是第三个，因为我们学校女孩子比较多，经常讨论，说得太多了，所以不想写了。第一个也是说得很多。第二个，比较想辩论一下。
書く前の行動	
主要是想从哪几个方面来写，主要写哪几个方面的内容。例如，我是选择了时间顺序，从初中、高中到大学，然后各个期间有什么外语的学习特点。因为这个特点是不断变化的，然后在脑海中稍微总结了一下。	我是想驳论，也就是反驳“学习优秀的人一定能找到好工作”，想究竟从哪几条理由来写，考虑哪些内容，以及顺序。
論理展開	
段落的话，没有怎么考虑。展开的方法，稍微想了一下，比如说总分总。写之前稍微想了一下，写好开头，在写的过程中一边写一边想。 Q：有没有写的和构思的不同了的情况？ 写第一篇的时候，发现本来脑子里想写的东西还是蛮多的，但是写下来之后发现没两句话。因为我选的是比较精炼式的写法，所以就挑特点来写。写完小学、初中的特点的时候就发现，大学好像没什么话题好写了，又想了想怎么写大学，把剩下的稿纸的空白添上。本来想写的要点只有几句话，又临时扩充了内容。课题2也是，写到后半部分不知道该写什么好了。然后……开始说驳论，后来说智商很高的人不一定能找到好工作，因为很多人是「勉強バカ」，而且后来就想说这也关乎运气，随后发现其实还有很多条理由可以写。这些理由是不是有足够的力度来证明我的观点，然后就否定了我之前写的所有内容，后来坚持了一下，就把它写完了。我一般是开始的时候感觉特别好，写到一半就觉得写什么都不是，写到最后觉得还凑合。	

（接上表）

<table>
<tr><td>課題1</td><td>課題2</td></tr>
<tr><td colspan="2">評価基準</td></tr>
<tr><td colspan="2">在修改的时候还是有参考作用的。例如项目1，我写课题1的时候，明明是说明文，但是我写的是「…と思う」，有点偏自己主观方面的话，然后就修改成了一般的陈述句。然后……还有项目5，我也修改了一些不太合适的词语。</td></tr>
<tr><td colspan="2">項目1：選んだテーマを十分に理解して、それに合った内容を書いていますか</td></tr>
<tr><td>具体、客观地来说明。我写得不够具体，写得比较泛，我采取了时间跨度比较大的选材内容，所以没有写得非常具体。另外，客观的话，因为这些都是我自己总结出来的，可能还带有我自己的主观性，我觉得这个非常重要就写了，其他的可能也很重要，但是我没有写出来。
Q：第一稿是主观的，后来修改成客观的例子？
第一段末尾把「と思います」删掉了。「なったのではないでしょうか」也改成了陈述句的「…なったでしょう」。「なったのではないでしょうかと思います」这样的句子肯定是不行的。
Q：客观地描述自己的学习方法是矛盾的？
应该是好好回忆一下，在学习的过程中有哪些方面是自己比较着重的，确实是自己比较下了大力气的，或被老师强调要求过的。我觉得可以把握好平衡的。比方说，写的内容最好宽泛一点，如果只是说说我觉得读书很重要，只写一条读书的话，肯定不够客观，如果写出了读书之外还有什么很重要，我的方法还有哪些，多列举一些，把它们的轻重缓急分清楚，最重要的写到前面，然后其次，最后……这样内容宽泛一点。</td><td>できるだけ具体例をいれ……这个，主张、论据、解说我忘了看了。说按照以下的条件进行写作，主张、论据、解说。我忽视了这个最主要的条件，但是基本上按照这样写出来了。</td></tr>
<tr><td colspan="2">項目2：自分の主張や最も述べたいことは明確に示していますか。</td></tr>
<tr><td>我觉得最想告诉读者的话基本上都说出来了。由于字数的限制，写得不够充分，很多想说的还是没有说明白。所以虽然是很想说的，但是不是最想说的还不一定。我最想说的是初中和高中阶段的，上大学以后，因为……主要是初中、高中读书比较认真，所以印象比较深刻，上大学就不太认真了，方法也就不太好总结了。</td><td>主张是第一句话。</td></tr>
<tr><td colspan="2">項目3：文章に合った文体を使っていますか</td></tr>
<tr><td colspan="2">文体我没有注意到。通常都是以「です、ます」体来写的。
Q：日语的文体
「です、ます」、あるいは「た、る」、もっと学術的なものならば「である」。</td></tr>
</table>

（接上表）

課題1	課題2
項目4：文章の全体的構成と論理展開は明確で適切ですか	
我是用“总—分”的方式，先说我觉得我的学习方法是根据不同时期方法也不同。开头先总述一下，下面就分别来论述初中、高中和大学的方法。由于时间关系，最后没有再总结一下。第一段是总说。第二段是分说初中部分的。我写的时候还是采用总分的方式，先说我初中、高中的时候主要在读和背方面下了功夫，然后说了原因。因为那时候没有别的参考书，所以学得比较踏实，每次都会熟读课文，然后发现熟读课文以后，相关的语法和单词都能记住了，日语的基础也在这样的过程中积累起来。第三段，说上高中的时候，因为还要考日语能力测试，所以在教科书以外还要自己增加了一些考试的对策练习，在这样的过程中，自己相关知识也扩展开来。第四段，跟前面两段的逻辑不太一样了，只是说大学以后按照时间顺序，我有了电脑，开始沉迷于电脑忘了学习，但是后来又恢复过来，又上了很多选修课，在选修课上学到了很多知识，包括读书、写论文，最后成为一个不仅懂日语，而且懂日本的事情的人。 Q：第二段、第三段都有学习的方法。第四段的学习方法具体在哪里？ 我的意思是说，多上一些选修课，扩大知识面，然后多读书以及写论文，就是「しかし三年生になってから…」这句话。	首先也是“总—分—总”的形式。第一句先说我的观点是不能这样来说。然后再分析理由，说有很多条，然后再开始一条一条地总结。先是第二行「まずは…」，说成绩好的人不一定各方面都好，都符合对方公司的要求。不符合要求的话也就不能找到想找的工作。这样的人例子很多，只是成绩好，情商不高；只是学习好，不会参加社会性的工作以及实践。下一条是「それに、…」说找工作还是一个非常需要缘分、需要运气的事情。因为毕业生和公司的需求几乎是对等的，但是怎样得到信息很难，还要准备面试、考试，这个过程中也会发生很多问题，例如时间不凑巧、路上出现意外等。所以即使你是很优秀的人才，但是不一定有运气能够知道公司的消息，能够成功面试上。最后又举例说，即使成绩很好的同学，找到了工作，但是有可能不顺心，这就是说「適切な就職先」的问题，不顺心、不喜欢这份工作，所以这也是「不適切」。最后说，所以说我觉得成绩好的人一定能找到合适的工作肯定是开玩笑的话。 Q：「ましてすでに契約…」的例子是总体的例子？ 对。是整体的总结。 Q：为什么划分成一个段落？ 因为当时在写的过程中，忽略了分段的问题。当时写得很快，想把自己想写的东西写出来，没有考虑到分段，而且只写了两条，有点少了，选的内容也不够有说服力吧。 Q：怎样划分段落？ 第一句话是一段，最后一句话是一段，「それに」那里再分一段，分成四段。

(接上表)

<table>
<tr><td>課題1</td><td>課題2</td></tr>
<tr><td colspan="2">項目5: 日本語の文法や表現は的確に使っていますか</td></tr>
<tr><td>写的时候比较慢，没有太大的问题。句子有些太长的改短一些，助词的用法等也很注意。</td><td>表达上，因为是议论文，所以写的时候比较顺畅，没有太大的……前后不搭配这样的问题，只是改了一些很细小的问题。
Q: 第二句的意思?
「人柄も良い」の後に読点を入れる。</td></tr>
<tr><td>再推敲の修正方針</td><td></td></tr>
<tr><td>大学期间的内容会稍微再总结得好一点。确实这样看来，第四段没有说出什么学习方法来，只是解释了没有学习的原因。例如，上大学之后就多看一些日剧呀电影呀，从自然的学习材料中积累知识，多上选修课，多看一些书，属于自我地去扩展知识，而不是从老师那里汲取什么东西。因为上大学对我来说已经是日语的高级学习阶段，跟初级、中级是不一样的，这个高级阶段的学习方法我觉得应该再好好总结一下。
Q: 最后没有总结?
写完之后觉得やっとできました。就懒得再写一段了，而且觉得这样的总分结构刚刚好。</td><td>可能这两个原因稍微少写一句话，再加一些原因。例如，第一条，「このような人の例が多いですが。」这句话可以删掉。下一句的「例えば」也可以删掉。这篇文章我是写了三点原因的。一条是「まずは…」。第二条是「そして」，说是正因为他学习很好所以可能眼光很高，什么都不想去，所以没有合适的，最后都有可能找不到工作。然后还有第三条「それに、…」
重新构思的话……总觉得论点不太充分。比方说第一条，总觉得少了半句话，说是成绩好的人，不一定性格就好，符合公司的要求，所以就不一定能找到合适的公司。说的是这个人的自身条件的问题。第二条说的是这个人的主观思想的问题，他的要求太高的话也找不到合适的。第三条是说如果运气不好也找不到合适的。基本上看还可以吧。</td></tr>
<tr><td colspan="2">書き易さ</td></tr>
<tr><td colspan="2">第二种。因为写文章主要是表达自己的想法，而且议论文的话，只要脑子里有了想法，所要反驳的内容就会很清晰地呈现出来。但是说明文的话，就要考虑我该怎么来说明，写的内容不太明确。比方说课题1，很难总结，而且要客观地来写。我比较怕写说明文。比方说，哪怕是中文的文章，介绍一所房子，就会想是从门口开始写起呢，还是按照空间从上到下还是从前到后什么都要想很多。但是议论文就可以按照自己的方法来写，我想写第一条就写第一条，然后第二条……基本上内容比较好把握。</td></tr>
</table>

（接上表）

課題1	課題2
普段の作文	
交给老师的作文的话，很少自己修改。如果发短信的话，不管是日语还是中文，写好以后都要再看一看。就觉得发短信是表达自己的想法，完全代表自己，而且对方也会很注重短信的内容，所以就想尽量写得最符合自己的心情，而且语言也要合适一些。但如果是作文的话，总有应付的心态，而且如果读者是老师，他要看很多篇文章，不会特别在意自己这一篇，然后……写给自己看或写给自己珍惜的人看的东西会更用心一点。 老师的修改，通常会改语法错误、内容上的前后不搭配，或者老师觉得句子不通顺的。这是中学时候初级、中级老师的改法。到了大学，高级的老师就比较注重内容上的表达是否有条理，是否能够说明问题等。其实上大学前两年老师也会改内容上的东西，表达惯用语语法等。	
中国語の影響	
有。比方说作文该怎么展开，都是小学中学语文课上学来的方法。这些知识和日文的作文完全不矛盾。因为文章都是相通的，基本上两种语言的文章在写法上没太大的区别。	
感想	
この課題は私自身にも興味深くて、だからとても、力になればいいと思いますから、やりました。やっぱり、日本語の作文とういのは、教えにくい授業だと思います。私もアルバイトで日本語の教師をやっていますから、ほとんど毎回の授業のあと、学生に「今日のコメントを書いてください」と言って、半分ぐらい、あるいは三分の一ぐらいの学生しか宿題を出してくれないです。だから気になって…そのクラスの学生は中級ぐらいのレベルで、やっぱり作文を書くのを嫌で、書けないので、書きたくないようです。だから、作文の授業には、どのように学生の意欲を引き出して、そして彼らの作文の習得に役に立つことは非常に大事だと思います。	

サンプル5（426）

課題1	課題2
テーマの選択	
第二个题目比较感兴趣，写起来比较好写。今年是北京奥运年，看到这几个福娃，就有想写的冲动，觉得这个题目很有意思。 Q：选第二个的人很少 因为第一个和第三个都是和自己关联密切的事情，第二个只是简单的介绍文而已，但是我觉得比较好写一点。	因为我们今年是大四的学生，整个大四大家都在找工作，身边的人和我一样都在找工作。就会碰到学习优秀是不是会选到喜欢的职业的问题，从踏入大四到现在几乎天天都在思考。所以这个题目也有想写的欲望。第一个和第三个也很好写。大学兼职的四年来也都在做，对学业既有好的影响又有坏的影响，我觉得我也可以写。第三个，因为我作为女性这个问题以后也要考虑到。这三个都很值得讨论。但是和自己关系最深的，大学四年是不是真的能找到适合自己的工作的问题，对此一直在思索。并且通过这一年来的所见所想，觉得比起“一”和“三”，第二个问题更有写的冲动。

（接上表）

<table>
<tr><td>課題1</td><td>課題2</td></tr>
<tr><td colspan="2">書く前の行動</td></tr>
<tr><td>拿到一个题目，首先要思考怎么写，围绕什么来展开写作。所以前面的几分钟，首先参考资料再思考要怎么样展开描述、介绍。构思了一下。</td><td>基本上也是在构思。因为需要一个主张和论述的过程。我在想，题目实际上是一个一般疑问句，应该要选一个观点出来。到底是不是学业成绩优秀的人未必能找到适合的工作，所以我先确定了想法、主张。然后想要怎么样展开论述。构思了一下。</td></tr>
<tr><td colspan="2">論理展開</td></tr>
<tr><td colspan="2">动笔之前有一个大概的模型。
Q：写的过程发现和构思的不一样了？
有。我觉得课题2出现比较多。因为课题1是说明文，好像只要根据提供的资料把它写成完整的句子，串联起来就好了，不会跑得太远。课题2因为是论述文，确定了观点之后就在想，可能要先介绍一下“适合自己的工作”到底是什么，从这个概念出发来写。然后第二个问题就是“成绩优秀的人”怎么样，因为之前构思时想到同学的例子，他学习成绩很优秀，但是在就职时却输给了成绩不如他的人，所以他很痛苦。因此我就想把这件事放到里面来写，但是写着写着发现字数好像超了，所以就觉得好像不用这个例子也可以，所以写到第三段时，就把例子简单再分析了一下，添作了一段。</td></tr>
<tr><td colspan="2">評価基準</td></tr>
<tr><td colspan="2">有参考作用。我觉得这是一个方向性的东西，让自己来对比一下有没有做到这样的一个标准。我觉得学习到很多东西。</td></tr>
<tr><td colspan="2">項目1：選んだテーマを十分に理解して、それに合った内容を書いていますか</td></tr>
<tr><td>从三个题目中选一个，不要说出自己的意见，具体客观地来说明。然后又有字数限制又有时间限制。
Q：文章的自我分析
我做到了。因为好像只是简单的说明文。</td><td>三个题目中选出一个。要「できるだけ具体例を入れて」，就是要有具体的例子，要适量加入自己的主张、论述、解说方面的。所以更多的是从自我出发的观点。
Q：文章的自我评价
我觉得中心论点很明确，在第一段话。因为我觉得这种文章开门见山比较好，从一开始就摆出自己的观点，围绕这个观点再来分析会好一点。</td></tr>
<tr><td colspan="2">項目2：自分の主張や最も述べたいことは明確に示していますか</td></tr>
<tr><td>基本的信息都告诉读者了。除了提供的情报以外加了一句话。因为我觉得这些吉祥物都是比较好兆头的东西，合乎人们的心愿，所以加了最后一句话。
Q：第一段的“北京欢迎你”？
资料里面没有，因为我看新闻的时候知道这样的情报。所以觉得也可以加进来。</td><td>第一段第二句。</td></tr>
</table>

（接上表）

課題1	課題2
項目3：文章に合った文体を使っていますか	
Q：日语的文体 「ます」体、「である」体、「だ」体とか。他には…やっぱりさっき話した内容。 Q：口语和书面语 对，这个也有。就是不能用口语。我觉得自己从作文课上学到的就是对文体的注意。所以我都会检查句子后面的文体有没有一致。所以我觉得做到了。	我是觉得没问题。
項目4：文章の全体的構成と論理展開は明確で適切ですか	
第一段，我先引入，介绍一下这五个吉祥物是什么东西。所以第一句话，先引入今年八月会在北京举行奥运会，就会联想到吉祥物。从第一段引入来介绍一下福娃的情况，就是今年的福娃和以前的吉祥物不同，介绍了它们的名字。第二段，具体介绍了五个福娃的情况，分别作了介绍，比较长一点。我不知道这么长的篇幅看起来会不会比较累，但是不知道应该怎么处理，因为这五个东西是一体的，好像放在一段也行。在写作的时候我发现，句型比较简单，有点重复的感觉。所以害怕看起来有点单调。第三段，要作为一个总结，再说一下五个福娃的原型是比较好兆头的东西，它们还传达了人们的心愿，就是希望世界人们都期待2008年奥运取得圆满成功。	第一段，引入了大家、周围的朋友之间，有很多人误以为成绩优秀的人一定能够找到适合自己的工作岗位。第二句话就摆出了我的观点，就是我不认为学习成绩好就一定能找到适合自己的工作。然后我就在想为什么两者构不成因果关系。就要分析一下他们每个代表的是什么。所以首先要想一下“合适的工作”到底是什么，是不是像很多人说的钱越多工资越多，这个工作就越适合自己呢？我觉得金钱虽然重要，但并不是“合适的工作”的标准。 Q：修改的时候增加了很多内容。第二段第二句话开始到第四行，「給料が…分かるだろう」。出于什么样的目的？ 当时我在想，这也是从实际出发，写的时候想把“适合的工作”进行定义，就是它是自己的兴趣所在，还有就是它带给你的工作价值所在，所以就从「適切な就職とは何か」开始思考并写下来。然后就在想，要想的话会有很多人的意见，然后就参考了现实中很多人的意见，就是工资代表一切。工资是不是代表一切，我觉得在考虑一份工作是否适合你的时候，很多人都会考虑到工资的问题，所以我觉得把现实的描述插入会饱满一点，现实一点。 Q：第三段？ 第二段分析的是“适合自己的工作”是什么，这一段分析的是“学业成绩优秀的人”是什么。因为我们说到这个话题涉及两方面，第二段分析到

（接上表）

<table>
<tr><td>課題1</td><td>課題2</td></tr>
<tr><td colspan="2">項目4：文章の全体的構成と論理展開は明確で適切ですか</td></tr>
<tr><td></td><td>一方面，第三段当然要分析到另外一方面。所以我分析了一下学习成绩优秀的人到底是怎样的人，我觉得简单来说也就是在自己的专业方面花了很多时间精力很努力地去学习，取得优秀成绩的人。但这只能证明他们有学习的能力。
Q：第四段？
第二、三段分别分析了各个方面，这一段，合起来放到一起来考虑他们是不是有因果关系，就是“是不是学习成绩优秀的人一定能找到适合自己的工作岗位呢”，我发现并不是这样的。有必要把两个因素放到一起。我发现在我们身边的人，学习成绩优秀，但不一定能找到适合自己的工作。这是从自身和朋友的经验出发，成绩好却找不到适合自己的工作的一个原因，是自己对自己不了解，不知道自己适合做什么，并且有一种误解，比较浮躁，觉得自己成绩好什么都可以做，这是不符合实际的一种心理状态，所以我从这方面分析了一下，就是如果找到合适的工作，还是要看你的兴趣是什么，你觉得自己喜欢做什么、可以做什么、未来想要成为什么样的人，多从这些问题去出发，去思考，而不要总与自己的成绩挂钩。</td></tr>
<tr><td colspan="2">項目5：日本語の文法や表現は的確に使っていますか</td></tr>
<tr><td colspan="2">我觉得可能里面还是会有错误，但是我用了4年学的日语来组织语言。</td></tr>
<tr><td colspan="2">再推敲の修正方針</td></tr>
<tr><td>我觉得有更多资料的话，我会再去查一下……这个福娃是中国的某个画家设计的，我会查他的创作动机，福娃在世界大受欢迎的原因，会挖掘以下这方面的资料。</td><td>因为有字数限制，所以同学的例子没有放到里面去。如果没有字数限制，这个话题可以写成很大的论文，毕业论文也可以。最主要是要找事实，可以从周围的朋友和别人的故事，来证明学习成绩和找不找得到适合的工作没有必然的联系的。引用一些名人名言，在第四段中加入同学的例子，更有说服力地证明自己的中心论点。</td></tr>
<tr><td colspan="2">書き易さ</td></tr>
<tr><td colspan="2">课题2比较容易。因为说明文……可能跟个人有关，把他整理出来，串联起来，写成文章可能好一点。课题1的禁锢太多，提供的信息也有限，发挥的空间也有限。</td></tr>
</table>

（接上表）

課題1	課題2
普段の作文	
写好后会修改。一般，文体的一致很重要，因为中文写作不用考虑到这个问题，日语刚开始练习作文的时候经常被老师纠正文体。所以到现在都觉得文体很重要，如果文体不一致的话看起来就会不整洁、不美观。老师的修改，主要是日语的表达。构思、文章全体的构成等也会说。修改好的文章，过一段时间后再几篇文章集中起来看。	
中国語の影響	
Q：日语作文中名人名言的引用 有。主要是ことわざ的引用。「石の上にも三年」とか、比较通俗易懂，并且从古代流传下来的。 Q：中文的写作经验的运用 会。因为思维已经固定了，只是用新学的外语来表达而已，所以还是会受到中文写作的影响。我觉得中文日文很多方面是相通的。人在表达自己思维、构思方面，如果中文的写作很好，思路很清晰，用日语来表达的话也会很好。	
感想	
学到了很多。すごくいい機会です。もし参考になればいいなと思います。私もこの文章を書いているうちに自分もいろいろ考えました。久しぶりの文章ですが、この前に卒業論文のためにいろいろ準備しましたけど、やっぱり日本語で文章を書くことはすごく難しいことだと思います。でもぜひ頑張りたいと思います。	

謝　辞

本書は、2010年に大阪大学大学院言語文化研究科に提出した博士論文を基礎として修正作業を施し、まとめたものです。本研究を遂行し、まとめるにあたって、実に多くの方々にお世話になりました。この場を借りて、感謝の意を述べさせていただきたいと思います。

まず、博士論文の執筆と審査の折には、丁寧なご指導と貴重なご助言をいただいた、大阪大学言語文化研究科の村岡貴子教授、日野信行教授、大谷晋也准教授に心より感謝申し上げます。村岡貴子先生には、終始、あたたかい激励と懇切なご指導、ご鞭撻をいただきました。自由な雰囲気のもと、研究環境から学会発表、学会誌投稿の支援までさまざまな面で見守ってくださいました。日野信行先生には、英語教育学や言語教育全般にわたる見地から数多くの貴重なご意見、ご指摘をいただきました。大谷晋也先生には、言語教育政策などの観点から有益なご助言をいただきました。

そして、岩根久教授には、研究を進める環境を整えていただくことに始まり、初期段階から実に多くの議論に付き合っていただき、とりわけ統計処理に関してはご指導を数多くしていただきました。また、筆者の博士前期課程の時から副指導教員を担当していただいた齋藤渉准教授には、常に励ましの言葉をいただき、あたたかく見守っていただきました。

本研究における意識調査に快くご協力くださった、中国の大連理工大学、河北大学、広東外語外貿大学、山東理工大学、泰山学院大学、長安大学、西安外国語大学、陝西師範大学の先生方、学生の皆様および卒業生の方々にも心より感謝の意を表したいと思います。さらに、日々の勉強に忙しい中、4ヶ月にもわたる本研究のフィールドワークに参加し、放課後や休日に幾度にもわたって調査にご協力くださった、大連理工大学、河北大学、広東外語外貿大学で日本語を専攻している、2004、2005年度生の方々にお礼を申し上げたいと思います。また、調査を行った大学の先生方、特に大連理工大学の李篠平准教授、河北大学の張如意教授、広東外語外貿大学の丁国旗教授には、調査対象者募集から調査実施にいたるまで、多大なご協力をいただきました。日本人教員の方々にも、ご多忙の中ご協力をいただきました。心より感謝いたします。

学会においてさまざまな先生方に助言と叱咤激励をいただいたことは、本研究の発展に大きくつながりました。ここですべての方々のお名前を挙げることはできませんが、その中でも特にお世話になった古城紀雄教授（大阪大学）、因京子教授（日本赤十字九州国際看護大学）、仁科喜久子教授（東京工業大学）、大島弥生准教授（東京海洋大学）に心より感謝申し上げます。

言語文化研究科の飯田泰弘氏には、ご自身の多忙な研究があるにもかかわらず、本研究についての有意義な議論、幾度となく励ましの言葉をいただきました。また、本研究のデータの判定などでは、伊藤文彦氏、森川洋美氏、加藤泉氏、桝本智佳子氏、足立陽子氏のご協力をいただきました。皆様に深くお礼申しあげます。

本研究のフィールドワークの遂行にあたり、大阪大学から学生海外短期研究留学助成金をいただいております。また、博士前期課程から後期課程における学業遂行にあたり、ロータリー米山記念奨学金、大阪府国際交流財団奨学金をいただいております。ここに感謝の意を表したいと思います。

本書は2015年度華南師範大学外国語言文化学院の出版支援制度による助成を受けて刊行されました。貴重な出版の機会をいただき、心より感謝いたします。また、暨南大学出版社の劉晶女士には始終お世話になり、誠にありがとうございました。

本研究の過程において、実に多くの方々のご協力やご支援をいただき、本当にお世話になりました。すべての関係者の方々に、改めて心から感謝申し上げます。

2015年10月1日

華南師範大学　外国語言文化学院

劉　偉